Catch on!
知道的書

DEAR CHAIRMAN

BOARDROOM BATTLES
AND THE RISE OF
SHAREHOLDER ACTIVISM

JEFF GRAMM

大股東寫給經營者的

8封信

巴菲特、葛拉罕與維權投資人
如何影響近代企業的思想與行動？

傑夫·葛蘭姆 ───── 著
陳昌儀 ───── 譯

獻給我的雙親

目錄

前言 —————————————————— 006

1. 班傑明・葛拉罕對上北方油管公司：
   現代股東維權主義的誕生 —————————— 023

2. 羅伯特・楊對上紐約中央鐵路公司：
   范德比鐵路線的委託書之狼風暴 —————————— 047

3. 華倫・巴菲特對上美國運通：
   大沙拉油騙局 —————————————— 081

4. 卡爾・伊坎對上菲利浦斯石油公司：
   企業狙擊手的興起與沒落 —————————— 111

DEAR CHAIRMAN

BOARDROOM BATTLES
AND THE RISE OF SHAREHOLDER ACTIVISM

5. 羅斯・裴洛對上通用汽車：
現代股份有限公司的崩壞 ———————————— 145

6. 卡爾拉・謝雷爾對上謝雷爾膠囊公司：
膠囊裡的王國 ———————————— 179

7. 丹尼爾・洛伯與維權避險基金：
侮辱人的花招 ———————————— 211

8. BKF 資本集團：從眾的侵蝕力量 ———————————— 241

結語 ———————————— 269
特別收錄：原始信件 ———————————— 281
謝辭 ———————————— 333
各章注釋 ———————————— 337

前言

　　1966 年，威廉・史蘭斯基（William Shlensky）終於再也壓抑不住他的怒氣。他是一家知名股票公開上市公司的老股東，但長期以來他因持有這些股票而倍受折磨，因為這一家企業的經營績效毫無競爭力可言，他也因此承受了超過十年的財務虧損。它是一家歷史悠久的企業，擁有幾乎一個世紀的歷史，曾是整個芝加哥的榮耀。不過，過去三十年間，其他較資淺的競爭者利用新技術來革新整個產業，而在此同時，這家公司卻固守它的象牙塔。該公司的總經理暨執行長是芝加哥當地最著名的商人之一，不過，他也是異常頑固的守舊主義者。他堅持「棒球是白天的運動。」[1]

　　比爾・史蘭斯基（譯注：即威廉・史蘭斯基）十四歲時，父親給了他兩股芝加哥小熊隊（Chicago Cubs）的股份。這是一個殘酷的禮物，不僅讓他當了一輩子無法享受勝利歡欣的球迷，他在公司治理（corporate governance）方面領教到的教訓更加苦澀。在他獲得這兩股小熊隊股票後十四年間，小熊隊在國家聯盟（National League）的排名，沒有一年擠進前段班。事實上，在那十四年間的一半時間裡，這支球隊不是的排名不是吊車尾就是倒數第二名，而且只有一個球季贏球。更糟的是，小熊隊不是只有在棒球領域表現徒勞無功，這家公司已有多年未曾申報營業利益（operating profit）了。

　　1960 年代中期，美國職業棒球大聯盟（Major League Baseball）的球賽有大約 60% 是在夜間進行。此時球迷已極端習慣在燈光下欣賞棒球賽，多數球隊也幾乎都把所有非假日的賽程安排在傍晚過後的時段。小熊隊是唯

一堅持不讓步的球隊。1965 年時,位於芝加哥南部的芝加哥白襪隊(Chicago White Sox)的平日夜間球賽,平均吸引了 1 萬 9809 個球迷前來觀賽;相反的,小熊隊的平日白天球賽則只吸引 4770 個棒球迷,相對慘澹許多。這兩個球隊的週末到場球迷人數堪稱旗鼓相當,都大約是 1 萬 5000 人,即使如此,這個數字和白襪隊平日夜間球賽的球迷人數比起來,都顯得有點黯淡。[2]

史蘭斯基認為小熊隊陷入了一個惡性循環:球隊拒絕在瑞格利球場(Wrigley Field)舉辦夜間球賽,導致他們在雇用與培養人才方面的能力受到限制(譯注:因票房收入不好),而這又進一步導致球隊不斷輸球,到場觀賽球迷人數也因球隊表現不佳而每下愈況。於是,他打算想個辦法來改善這個局面。

《大股東寫給經營者的 8 封信》一書是談論**股東維權主義**(shareholder activism)——即股票公開上市公司的投資人不願意繼續忍受一個沒能力的蠢蛋來幫他們經營公司,並揭竿而起。多數人消極看待持有大型股份有限公司股的投資行為,如果持股人不認同企業經營階層管理公司的方式,他們很快就會賣掉這項投資標的。不過,也有某些投資人會毅然決定積極介入公司,試圖提高自己的持股的價值。本書就是聚焦在股東由消極觀察者轉變為積極參與者,並著手為他的論述抗辯的那個戲劇化時刻。

股東維權主義並非近幾年才有的現象。只要是有公眾股東的股份有限公司,投資人、董事會成員和高階主管之間的關係,就難免有陷入緊張狀態的一天。四百年前,憤怒的「荷蘭東印度公司」(Dutch East India Company)股東就企圖藉由遊說活動來擴權,並指控公司董事自肥。[3]到了十九世紀的美國,股東也繼續密切關注經營橋樑、運河、碼頭、鐵路和銀行業務的股票公開上市公司。其中,鐵路業的控制權爭奪戰更是層出不窮,

包括 1860 年代末期戰況激烈的伊利鐵路戰爭（Erie War）。不過，過去一百年堪稱美國公司監督（corporate oversight）領域的戰國時期，企業經營團隊和股東之間頻頻爆發激烈的權力鬥爭，類似的案件數創下歷代新高，而股東權力也因此達到空前高水準。如今，沒有任何股票公開上市公司大到股東無法與之對抗，換言之，除非執行長和董事設法確保公司的投票控制權，否則每個企業都隨時都可能成為被鎖定的潛在目標。

情況是怎麼發展成這樣的？為何股東能在企業控制權的角力戰中勝出？哪些人是開啟這個所謂股東至上（shareholder primacy）時期的主要參與者？若想了解股東興起的歷程，我建議應該追本溯源：剖析歷史上幾個最偉大的投資人企圖干預股票公開上市公司經營狀況的原始信件。這些信件和隱藏在信件背後的情節，訴說了過去一個世紀的股東維權主義歷史；從 1920 年代班傑明・葛拉罕（Benjamin Graham）與北方油管公司（Northern Pipeline）之間的鬥爭、1980 年代羅斯・裴洛（Ross Perot）與通用汽車（General Motors）之間的較量，到如今經常獲得媒體吹捧的避險基金「暴亂煽動者」的英勇行為等。我們將討論委託書之狼（Proxyteer）、大型綜合企業集團首腦，以及企業狙擊手（corporate raider），另外，我們也將討論大型股票公開上市公司如何對付這些人。

我選擇了歷史上八個重要的股東干預經營的案件，同時也在書中附上了那些股東所寫的原始信件：

班傑明・葛拉罕對上北方油管公司
班傑明・葛拉罕致小約翰・戴維森・洛克菲勒（*John D. Rockefeller Jr.*）信件
1927 年 6 月 28 日

這是歷史上最早由專業基金經理人發動的股東維權行動之一，在這場運動中，班傑明‧葛拉罕試圖說服北方油管公司將剩餘資本分配給股東。

羅伯特‧楊（*Robert R. Young*）對上紐約中央鐵路公司（*New York Central Railroad*）
羅伯特‧楊致紐約中央鐵路公司股東的信件
1954 年 4 月 8 日

「委託書之狼」羅伯特‧楊在 1954 年對威廉‧懷特（William White）領導的紐約中央鐵路公司宣戰，《霸榮》（Barron's）雜誌將那一年形容為「委託書大戰年」。

華倫‧巴菲特（*Warren Buffett*）對上美國運通（*American Express*）
華倫‧巴菲特致執行長霍華德‧克拉克（*Howard Clark*）信件
1964 年 6 月 16 日

「大沙拉油騙局」（The Great Salad Oil Swindle）幾乎擊垮了美國運通公司，還觸發一場小規模的股東造反活動。而華倫‧巴菲特對這家公司的投資，則是他一生職涯的重要轉折點。

卡爾‧伊坎（*Carl Icahn*）對上菲利浦斯石油公司（*Phillips Petroleum*）
卡爾‧伊坎致董事長暨執行長威廉‧道斯（*William Douce*）的信件
1985 年 2 月 4 日

歷經吉姆・林恩（Jim Ling）、哈洛德・西蒙斯（Harold Simmons）和薩爾・史坦伯格（Saul Steinberg）等短暫插曲後，我們進入了**企業狙擊手**世代，且看卡爾・伊坎如何利用密爾肯的資金奧援，正面挑戰焦頭爛額的菲利浦斯公司。

羅斯・裴洛對上通用汽車
羅斯・裴洛致董事長暨執行長羅傑・史密斯（Roger Smith）信件
1985 年 10 月 23 日

當通用汽車公司為了將它的最大股東、也是世界上最了不起的商人之一 —— 趕出董事會而支付鉅款給這名股東之際，被「毒藥丸計畫」（poison pills）與「綠票訛詐」（greenmail，又譯為溢價回購）擠壓到極限的機構投資人，終於再也忍不下去，停止冷眼旁觀。

卡爾拉・謝雷爾（Karla Scherer）對上謝雷爾膠囊公司（R. P. Scherer）
卡爾拉・謝雷爾致謝雷爾膠囊公司股東信件。
1988 年 8 月 4 日

謝雷爾膠囊公司的最大股東遭到一名只顧著鞏固自身勢力的執行長和一群受他控制的董事所掣肘。她正好是這名執行長的太太，也是該公司創辦人的女兒。

丹尼爾・洛伯（Daniel Loeb）對上星辰天然氣公司（Star Gas）
丹尼爾・洛伯致董事長暨執行長艾瑞克・塞芬（Irik Sevin）信件

2005 年 2 月 14 日

在丹尼爾・洛伯一手運作下，一名績效落後的企業執行長遭到「斬首示眾」。隨著避險基金產業逐漸成熟，洛伯和他的同夥也從惹人厭的牛虻也變身為叢林之王。

卡羅・坎內爾（*J. Carlo Cannell*）對上約翰・李文（*John A. Levin*）與 BFK 資本集團（*BKF Capital*）
卡羅・坎內爾致 BFK 資本集團董事會成員信件
2005 年 6 月 1 日
董事長暨執行長約翰・李文致 BFK 資本集團股東信件
2005 年 6 月 16 日

幾個精明又享有高薪的避險基金經理人鎖定 BFK 資本集團，批判該公司付給它表現優異的基金經理人過高的薪資。不過，這一場鬥爭導致 BKF 公司變成一片焦土，股東價值幾乎徹底遭到毀滅。

整體而言，這些案例說明了股東維權行動如何運作，也讓人了解公司派與維權股東變得如今這般惡意相向的歷史脈絡。其中幾場爭鬥是典型高調的股東運動，像是惡意的狙擊手或是委託書之狼相關案例。另外，有幾個章節則聚焦在諸如班傑明・葛拉罕和丹・洛伯等創新者，他們以優雅的新技巧來和經營團隊交戰。剩餘的章節則是描述華倫・巴菲特與羅斯・裴洛等擁有改變周遭市場的人格力量的人。

透過歷史上的事件來研究股東維權運動，就能看出當今投資人對股票

公開上市公司的巨大影響力，也會知道這樣的影響力將在未來引發什麼樣的問題。我們也能藉此搞懂董事會的運作模式、驅動經營團隊績效的要素，以及為何企業監督作業有可能糟糕到無以復加。如今這個股份有限公司化的世界，把多到難以想像的責任託付給企業領導人以及掌握企業領導人生殺大權的股東。過去幾個世紀以來，有限責任型股份公司改造了這個世界。未來的局面取決於我們如何管理我們的大型機構。誠如羅斯・裴洛在對通用汽車的其他董事演說時提到的，「我們必須認清美國企業界的一個獨特流程：由於成熟的股份有限公司的所有權不夠集中，所以這些公司的經理人掌握了挑選董事會成員的生殺大權，問題是，董事會成員是股東的代表。」[4]

羅斯・裴洛發表那場演說後不久便離開通用汽車，並在最緊要關頭離開他向來鍾愛的美國電子數據系統公司（Electronic Data Systems）。裴洛不是唯一對股票公開上市公司的公司治理備感挫折的人。艾莉絲・施洛德（Alice Schroeder）在《雪球：巴菲特傳》（The Snowball）中提到，華倫・巴菲特相信，擔任企業的董事是他最糟糕的商業錯誤。[5] 雖然他們兩位堪稱世界上最樂觀且最精力充沛的商業領導人，但不管他們有多麼無法忍受那些股票公開上市公司的董事會，除了咒罵一番，他們也一樣無能為力。如果連華倫・巴菲特和羅斯・裴洛都那麼難以對董事會造成正面的影響，我們這些普羅大眾又要如改善大型股票公開上市公司的監督？

裴洛和通用汽車的決裂看似股票公開上市公司治理最黑暗的時刻，不過，事實證明，那是公司治理的救贖時刻。眼見 GM 為了趕走董事會中對維權最不遺餘力且最投入的成員，寧可花費近七億五千萬美元，畏縮長達幾十年的股東們終於按耐不住。他們重新振作起來，開始著眼於他們的應盡義務。從很多方面來說，我們的股東維權歷史，堪稱幕後消極投資人（這

些投資人才是掌握美國企業多數投票權的實體）的歷史。在班傑明‧葛拉罕於 1914 年起展開他的華爾街（Wall Street）生涯時，典型的股票公開上市公司（就算不是大型鐵路公司）的控制權，還掌握在少數持有大量股份的內部人手中。到了 1950 年代，股票公開上市公司的所有權分佈逐漸擴散，原本一大批又一大批被少數人持有的股份，一點一滴地分散到急於參與美國經濟成長利益的新一代投資人手中。所謂的委託書之狼就善加利用這個新現象，在市場上搜刮大批求售的遺贈股權，同時啟動精心設計的活動，說服股東投票選他們來擔任企業董事。

當「**委託書之狼**」運動在 1950 年代達到最高峰之際，企業股票所有權大規模普及，經過漫長的時間後，投票權才又重新集中。這一次，投票權並不是聚集在企業資本家手中，而是被大型機構控制─像是退休基金和共同基金等專業受託機構，這些機構為廣大的投資人團體管理資金。1960 年代時，這些機構投資人堪稱市場的主宰者，到了 1970 年代，他們還算擁有相當的自主權，但到了 1980 年代，這些機構投資人卻成為企業狙擊手和忙著鞏固自身勢力的經理人龍爭虎鬥下的犧牲品，面臨被吃光抹淨的窘境。但到了某個時點，機構投資人又開始施展他們的力量。如今，他們正默默和維權避險基金合作，以便更嚴密控制股票公開上市公司的經營團隊。

維權股東通常都是一些多采多姿的人物，其中很多人一開始都是以華爾街外部人的姿態，展開維權股東生涯。他們個個懷抱一展身手的遠大志向，而且也都找到一些有創意的方法─他們鎖定股票公開上市公司為收購目標，藉此獲取利益。不過，就核心而言，卡爾‧伊坎、羅伯特‧楊、哈洛德‧西蒙斯、路易士‧沃夫森（Louis Wolfson）和丹尼爾‧洛伯其實是同一族類。在「爭取股東權利」口號的背後，躲著一群以追求自身利潤為

目的的活躍經濟參與者。本書討論的投資人其實多半屬於反對派角色，他們事後並未推動顯著的根本變革，唯一值得讚譽的例外是華倫‧巴菲特。這些投資人的戰術之所以各異，原因只在於他們各自面臨的外在動態條件不同，例如取得資金的能力、企業法律防衛行動、政府監理法規、所有權結構，以及最重要的－其他股東的共鳴。

我寫這本書的目的之一，是為了協助讀者評估蘊藏在特定維權運動中的學問，同時區隔**什麼是優質的干預行動，什麼樣的干預行動又有害無利**。每一章內容都深入探討相關的案例，我們可從中觀察過去常聽到的口號和譁眾取寵的手法，進而對主要參與者、他們的意圖和動機做出理性評價。我們將深入探討幾個和股票公開上市公司的結構有關的議題，同時討論諸如毒藥丸計畫等鞏固勢力的手段。但這終究不是一本有關企業監督的理論論文。本書主要是要探討如何做出優質的務實商業判斷，不是如何推行最佳公司治理作業。

我們將透過這本書體會一個道理：**股東維權行動可能被用在良善的用途，也可能遭到濫用**。這種運動能對浪費寶貴資產的無效率企業造成鞭策效果，但也可能促使企業經營階層做出有害且引發動盪的短期策略性決策。總括來說，維權運動的關鍵議題在於誰能把公司經營得更有聲有色－是專業經營團隊、一個不太當責的董事會，還是一個只追求自身利益的財務投資者。

隨著「**股東民粹主義**」（shareholder populism）的興起——這特別體現在紐約證券交易所於 1950 年代為促進股票所有權分散而展開的「**人民的資本主義**」（people's capitalism）宣傳活動上——由諸如吉爾伯特（Gilbert）兄弟、維爾瑪‧索斯（Wilma Soss）和羅夫‧納德（Ralph Nader）等改革

運動參與者領軍的社會導向維權行動也陸續展開。對諸如詹姆斯・派克（James Peck）這樣的人，我除了尊敬還是尊敬。他為了逼迫「灰狗巴士」（Greyhound Bus）公司整合南方的巴士路線而購買該公司一股的股份，不過，我大致上將會略過這類的股東維權行動，因為不管這些維權股東有多麼努力逼迫股票公開上市公司切實負起經營責任，如果他們無法勾起其他股東的獲利動機，公司經營團隊就不會真正感受到變革的壓力。過去一百年來，**公司治理領域的最大變化，都是大股東尋求透過自身的投資來取得經濟利益的心態所促成**。本書就是聚焦在這類股東。

本書也多半未討論一心以謀利為目的的股東和諸如勞工與社區等利害關係人之間的衝突。相信所有對資本主義心懷不滿的人，聽到卡爾・伊坎要求蘋果公司將現金退還給股東，完全不討論是否要利用那筆資金來實現有利於社會的更高尚用途，應該都會覺得很沮喪。不過，這本書並不是要討論資本主義的功與過。本書的關鍵前提之一是，股票公開上市公司的宗旨之一，是要在法律允許的範圍內為股東創造最多利潤。這或許並非某一家股份有限公司的精準合法宗旨，而且不盡然見容於你的哲學理念，但這的確是企業公司治理制度（這個制度的基礎是股東投票選出的董事會）下的務實結果。所以，在我看來，一個企業狙擊手取得「太平洋木材公司」（Pacific Lumber）的控制權後，一舉砍光成千上萬英畝老紅木的作為固然令人痛惜，但這個令人痛惜的結果，其實是猖獗的資本主義所造成，不該歸咎於企業狙擊行為或股東維權行動。

很多學者認為經濟學家米爾頓・傅利曼（Milton Friedman）1970 年在《紐約時報雜誌》上發表的〈企業的社會責任就是提高自家的利潤〉一文，開啟了一個全新的股東至上世代。不過，如果你現在閱讀米爾頓・傅利曼

的那篇文章，便會發現，某種程度來說，他如此解析企業宗旨實乃不可避免。我們將在本書探討股東如何與為何會贏得美國企業界的控制權。從羅夫‧納德（譯注：著名的改革暨維權人士）本人的例子就可大略揣摩出箇中緣由——他在 2014 年發表一份公開聲明，批評自由媒體公司（Liberty Media）在一份股權全面收購提議中，「以虛報低價、惡意隱瞞的手段，低估天郎星衛星廣播公司（Sirius XM）的股東價值」。[6]

在如今這個世界，即使羅夫‧納德那種維權主義立場能促進股東價值，股票公開上市公司的其他利害關係人也已被邊緣化。當比爾‧史蘭斯基就芝加哥小熊隊拒絕在瑞格利球場舉辦夜間球賽一事，對該球隊展開抨擊，菲爾‧瑞格利（Phil Wrigley）就辯稱，夜間球賽會對周遭鄰里產生負面的影響。法院事後也裁定，該公司以瑞格利鎮（Wrigleyville）居民健康為考量的商業判斷確實合情合理。一開始的情勢看來，利害關係人似乎罕見地戰勝股東，不過，結局並非如此。史蘭斯基雖未能成功促使瑞格利球場舉辦夜間球賽，但不管菲爾‧瑞格利做了什麼，經濟學的影響終究太過強大。夜間球賽的照明燈注定到來，而當 11 萬瓦的燈光讓球場變得燈火通明的那一刻，比爾‧史蘭斯基就在球場的看臺上。

身為一個管理小型避險基金的價值型投資人，我的經驗當然形塑了我個人對股東維權行動的意見。我認為我必須趕緊解釋是什麼潛在因素導致我產生這個偏差，這一點很重要。我的基金持有一個投資部位相當集中的長期投資組合。我們只投資大約十五家企業，而且我們的基金是其中很多企業的最大外部股東。這代表我們為了追求較高的報酬，多少必須在流動性（liquidity）方面作一點犧牲，而且我們的投資人必須是非常長期導向的投資者，唯有如此，我們才能真正落實這一檔基金的策略。但這也代表

萬一我們對某一家企業的董事會或經營團隊不滿意，也不太能夠「用腳投票」，而當我們因誤判一家公司的價值而迫於無奈地必須快速出清相關部位時，就會發生非常嚴重的虧損。

因此，我的基金投資策略是否奏效，取決於那些企業的經理人是否好好經營他們的事業，並明智地配置公司的現金流量。我們的基金所投資的企業的經營階層品質，對基金的績效攸關重大，所以，我總是花很多時間評估企業執行長和董事會成員，我花費在這方面的時間和了解企業業務及評估企業價值的時間不相上下。我必須承認，這個流程有可能很讓人洩氣。在正常的市場狀態下，就算找到一家估值（valuation）低廉的好公司，它通常又會有公司治理方面的毛病。所以，如果我幸運地找到一家估值偏低且營運良好的優質企業，我就會立刻出手，努力不要錯過它。

擔任基金經理人近九年，我愈來愈不信任股票公開上市公司的經營方式。我通常會在低市值（capitalization）企業的「荒漠」裡尋寶，希望能從中找到不錯的投資概念，但這些企業的公司治理有時真的糟到無以復加。我曾經在投資很大量的資金到幾家股票公開上市公司後，到頭來卻發現他們存心壓榨公司的股東，另外，我也以局外人的身份，冷眼旁觀到更多類似的情況。這讓我對諸如卡爾‧伊坎等秉持短線謀利方法的投資人更心懷感激。伊坎無情襲擊企業的行為常引來外界的大力撻伐，不過，每當我開始憎恨他為了牟取短線報酬而將某一家企業變成潛在收購標的的行為時，我還是忍不住會想，天啊，他投資股票公開上市公司已經五十年了，兩相對照，我說穿了不過是若干憤世嫉俗的偽善者之一罷了。身為專業投資者愈久，我就愈能認同卡爾‧伊坎絲毫不信任股票公開上市公司經營團隊的心態。如果你可以藉由賣掉一家企業，為自己和其他股東掌握快速賺取利潤的機會，為什麼要留那麼多時間給經營團隊去胡搞瞎搞？

但在此同時，我周遭也有很多短視的投資人對於是否要授權給精力充沛的基金經理人感到進退兩難，畢竟基金經理人通常並不了解他們投資的企業的微妙營運狀況。幾年前，我寫過一封維權股東信件給某股票公開上市公司，當時該公司的創辦人正打算將公司下市，轉為私人企業。我那時管理的基金持有該公司非常大的股權，所以我代表基金，表達我們希望爭取更高估值的期待。在寫這封信時，我不斷想起我在此前一年和該公司執行長及其他幾個大股東開會的情況。

　　當時那個執行長才剛上任約三個月，正努力解決各種問題，試圖讓公司恢復元氣。他其實有非常多事要做。根據消費者調查，該公司的品牌排名比很多更大且更有獲利能力的競爭者高。另外，在這個全球性品牌佔盡優勢的世界，它經營著相當重要的內需型業務。那個執行長深知他有一個優異的本業投資機會，而且能透過該公司的品牌創造更多價值，問題是，大股東卻對他的意見充耳不聞。當時我們坐在紐約曼哈頓某旅館的會議室裡，股東們輪番轟炸那個執行長，質問他打算如何處置該公司的現金餘額。想當然爾，他們希望他利用那筆錢做任何事，但就是不希望他把錢投資到原本的業務。幾個月後，當該公司宣布下市計畫時，我實在也想不出任何理由來怪罪公司派。

　　經年累月下來，我漸漸搞懂一件事：我比較適合尋找優質的投資概念，較不適合管理維權干預活動或擔任企業董事。我向來不是會積極緊盯著投資組合裡的每一家企業並時時敦促它們進行變革的那種堅定維權主義者。我通常都是基於防衛的考量才會擔任企業的董事，主要目的多半是為了藉由協助公司管理其資本支出，以便保護我自己的投資。儘管如此，因為我的基金一向持有小型公開發行企業的大量部位，所以，難免總有大動干戈的時候。在職涯起步階段，我曾幻想自己是個有建設性、能和優質企

業經營團隊合作無間的維權主義者。但不久後我便體認到那是痴心妄想。在90%的情況下，要做到有建設性且合作無間並不難，但在真正攸關重大的10%情況下，經營階層和股東的利益通常互相抵觸，這時要合作無間可就大有難度了。在制訂足以影響公司未來的關鍵決策時，有「建設性」的股東總是容易被忽略。

第一封維權股東信

我的投資生涯是在2000年代初期的避險基金榮景期逐漸成形，那段時間正好也是維權股東大量竄出頭的時期。在描述那個世代的報刊文章中，最精彩的一篇莫過於史帝夫·費雪曼（Steve Fishman）在2004年為《紐約》（New York）雜誌撰寫的一篇封面故事，文章的標題是「在最短的時間內變成最有錢的人」（Get Richest Quickest）。文章是以某避險基金（目前已消滅）一個二十幾歲的分析師訓斥某股票公開上市公司執行長的內容作開場。那個分析師說：「明年還會在這裡的是我們，不是你，」[7]我記得我把文章交給辦公室同仁傳閱，看完後，我們一致感到嘆為觀止：世界上怎會有這麼討人厭的分析師？不過，如今再回頭閱讀那篇文章，我體會到我們和他其實並沒有兩樣。當時也年輕氣盛的我們和他一樣，都是意氣風發的避險基金分析師（如今我們那一檔避險基金也不復存在），而且都自信滿滿地認定那些公司管理不善。

那一年稍早，我寫了人生第一封維權股東信件給供應 Moons Over My Hammy 三明治和大滿貫（Grand Slam）等精緻美食的丹尼斯公司（Denny's）（精選信中內文：**梅隆 HBV 基金〔Mellon HBV〕對於訂價合理且可靠的火腿蛋〔還有麵包和土司〕餐飲連鎖業務深感慰藉**）[8]。如今回頭看這封

信，還是覺得當時的看法很有道理，因為該公司股價已達到我們第一次購買價格的 20 倍，不過，這封信也有點諷刺，因為儘管當年自信滿滿，但我其實只懂一點皮毛，對實際情況的了解極其有限，因為就在我寫那封信前三年，我連「資產負債表」和「現金流量表」都沒聽過，也沒聽過華倫‧巴菲特這號人物。我根本不知道避險基金是做什麼的，也不知道什麼是投資銀行業務。不過，我們當時並不認為那些事很重要。我們沒有經驗，也沒有很大量資金可依靠，只想靠著許多蠢想法來打天下，幸好那些蠢想法當中有一些真正聰明又有創意的點子。

由於我們這個青澀的避險基金的成立宗旨是要從事「基本面投資」，所以，除了從工作中的虧本錯誤中學習，我們實在沒有太多其他管道可學習所謂基本面投資的技藝。市面上幾乎沒有任何有關這個主題的有用書籍，也只有少數商學院傳授真才實料的證券分析課程。所以，為了學習如何成為更優秀的投資人，我們開始閱讀華倫‧巴菲特寫給波克夏海瑟威公司（Berkshire Hathaway）股東的年度致股東信函，以及喬爾‧葛林布萊特（Joel Greenblatt）的《你也可以成為股市天才》（You Can Be a Stock Market Genius）。我們還蒐集許多維權股東信件。我們將在本書稍後篇幅探討基金經理人羅伯特‧查普曼（Robert Chapman）如何孕育出豐富的「憤怒 13D 信件」（angry 13D letters。譯注：13D 表格原本是美國證券管理委員會規定取得股票公開上市公司 5％以上股權時，就必須申報的表格。表格的第七項要求提供「證明文件」，某些維權股東因此將這個項目解讀為自由發揮個人意見的篇幅）文學傳統。我們保留了相關的所有檔案。

在我看來，本書最重要的特色是含括了最後的附錄「維權股東原始信件集」，這些信件是促成本書內容的主要動力。價值型投資人的內心其實

是新聞工作者，他們總是迫不及待地蒐集自己想要的事實，進行自己的分析。我竭盡所能引用本書主角所寫的文字或他們曾過說的話，希望能以他們的言論與文字來引導本書的敘事脈絡。所以，隨著每一章內容而翻印的原始信件，都代表著每一個股東維權案例的關鍵核心。這些信件除了讓我們了解什麼是股東維權運動，也蘊藏了非常寶貴的商業及投資教誨。

華倫‧巴菲特曾說，如果要他開一門投資課程，「課程內容只會有一個接一個的評價個案研究。」[9]哥倫比亞大學商學院（Columbia Business School，1950 年代時，巴菲特在此求學）的很多價值投資課程，主要就是以這個概念為基礎。我也開了一門價值投資課，我要求學生每星期研究一家新公司，我沒有使用任何教科書，也沒有指派任何外部讀物。然而，學生最常要求我幫忙的就是要我推薦值得閱讀的書目。

遺憾的是，對於胸懷大志、企圖以選股致勝的人來說，由於可歸納出來的長期投資理論概念並不多，故實難以粹煉出一本教人如何藉由長期投資獲取利益的教科書。因此，每當學生問我該讀什麼書時，我總是引導他們閱讀股東寫給股票公開上市公司的董事會和經營團隊的原始信件。**一封精彩的股東致企業董事長或執行長信件，足以讓我們了解投資人如何和企業董事及經理人互動，從而體會他們如何思考自己眼中的標的企業，以及他們計畫如何透過這些企業獲取利益。**

這類信件對商業界來說是非常有用的資訊，但令人無法置信的是，這項資訊卻逐漸消失在歷史的洪流裡。我能找到幾十年前大學美式足球賽的詳細個人成績表，但要找到一家中型企業的 1975 年年報，卻是困難到令人難以置信。但這其實並不意外，因為長久以來，外界並不重視華爾街及美國企業界的檔案資料庫，一般人認為這些事項太過瑣碎，最後甚至認為這些東西可有可無。總要等到一段漫長的不節制時期結束後，大眾才又回

頭聚焦在一些和商業倫理學有關的書籍（像是《繁華盛事》〔The Go-Go Years〕《老千騙局》〔Liar's Poker〕《當天才變成蠢才》〔When Genius Failed〕、《大到不能倒》〔Too Big to Fail〕），但不久後，世風又隨即趨於放縱。

我辦公室附近的某個街角有一間大型的金融史博物館，擁有雄厚的資金後盾的它，主要收藏古老的股票憑證、債券、銀行票據和貨幣，還有股票報價機與計算機等。不過，有誰真的在乎那些東西？說穿了，這些東西就像是金融體系的地質碎屑、被丟棄的工具和這個行業的法定貨幣罷了。當然，真正重要的是自古以來各個商業領袖的想法與概念，只可惜我們並沒有好好將那些東西保留下來。

股票公開上市公司內部總是充斥利益抵觸和衝突。要研究這類獨特的機構，最好是從股東和企業經理人及董事交會的**斷層線**出發。本書將追隨羅斯・裴洛、卡爾・伊坎、華倫・巴菲特和班傑明・葛拉罕等人的腳步，漫步在那條斷層線上。我們無法解答股票公開上市公司的所有公司治理問題，不過某些偉大資本家前輩的經驗，還是足以為我們指點部分迷津。

我的書桌上隨時都會擺放一套維權股東信件集。在我眼中，其中每一封信都是展現資本主義的影響力的絕佳實例：一個股東決定介入經營階層的關鍵論點被濃縮為一封信。商業界有時候很骯髒，而我認為要了解這個領域，最好的管道莫過於研究當中的許多衝突。這些信件代表美國商業界最有意思的一群參與者的聲音，而透過這些聲音，我們也得以了解美國商業界的真正運作模式。

1

班傑明‧葛拉罕
對上北方油管公司：

現代股東
維權主義的誕生

「現金資本遠遠超過這些油管公司經營正常業務之所需，也
超過因應任何合理或有事件（contingency）所需提撥的水準，
故應以特殊股利和／或減資等方式，將現金資本歸還給股
東，畢竟這是股東的財產。」

——班傑明‧葛拉罕，1927 年

「我 ── 堅定的寇帝斯 - 巴爾波亞（Cortez-Balboa，譯注，寇帝斯和巴爾波亞都是 15-16 世紀的西班牙殖民探險者，巴爾波亞發現了太平洋）── **就站在此地，我鷹一般銳利的目光，見到了一片新太平洋。」**[1]

那一年是 1926 年，班傑明‧葛拉罕坐在位於華盛頓特區的「州際商務委員會」（Interstate Commerce Commission，以下簡稱 ICC）閱覽室，研究北方油管公司的資產負債表。當時華爾街沒有任何人會不厭其煩地查看該公司的公開 ICC 報告，連長年負責追蹤北方油管公司的證券經紀商人員也不例外。當時該公司的股價疲軟無力地停留在 65 美元左右，而那份報告顯示，北方油管公司的年度每股盈餘超過 6 美元，不僅如此，它還持有數億美元的投資證券，換算下來，那些證券價值每股 90 美元。班傑明‧葛拉罕多年後在回憶錄裡描述了他當時的感覺：「我手上握著一個珍寶。」[2] ── 只要他能說服北方油管公司的經營階層將公司的財富分享給股東，他就能賺一筆可觀的財富。

當時的股票市場比賭場好不了多少，但班傑明‧葛拉罕根據嚴謹的公司基本面要素分析，發展出一種獨到的價值型投資風格。葛拉罕和他的追隨者聚焦在企業的「內在價值」（intrinsic value），並因此成功地利用「市場的無效率」（market inefficiencies，這種無效率狀態是較投機的投資大眾造成），來獲取龐大的利益。後來，隨著葛拉罕的教誨逐漸為世人所接受，市場漸漸變得更有效率，股票的價格也比他那個時代更貼近公平價值。不過，有一種**套利**（arbitrage）活動迄今仍舊風行，那種套利機會導因於企業經營階層和股東之間經常發生的利益分歧。

當班傑明‧葛拉罕在 1926 年槓上北方油管的經營階層，他選擇了一條前人未曾走過的道路來追求他的目標。在那個時代，股東干預行動通常和

大型弱勢所有權人之間牙戲拖棚般的爭議有關，或是和企圖介入掌握公司控制權的策略性買家有關。最近一份學術研究報告，以圖表呈現了1900年至1949年間的股東維權運動，從中可發現，只有七個案例是由自己經營投資工具的金融買家所發起的攻擊性維權活動。[3] 不僅如此，在早期，很多控制權爭奪戰都相當節制，例如，貝奇證券公司（J. S. Bache）在1911年尋求進入「中央皮革公司」（Central Leather）董事會時，也只不過是要求該公司為股東提供每一季的更新財務數據而已。[4]

為什麼二十世紀初期的股東維權行動那麼稀少？第一個原因是，當時股票公開上市公司的所有權本就集中控制在少數人手中—通常是創辦人、家族企業老闆或創業金融家。也因如此，外部股東很難擁有任何影響力。[5] 第二，股票公開上市公司分享給股東財務資訊非常少，這導致投資人不太有能力客觀評估公司的價值。葛拉罕發現，北方油管公司同時有這兩個問題。其他股東完全不知道該公司囤積了那麼多資本，而洛克菲勒基金會實質上只用23%的股權，就控制了北方油管公司的經營階層。

除了上述結構性限制，還有一個微妙又難以理解的社會限制：當時的華爾街堪稱一個菁英內部人俱樂部，而這個菁英團體將積極進取的股東視為意圖勒索的登徒子。不過，這一切的一切都已逐漸改變。班傑明·葛拉罕領頭發動一場基本面分析革命，而1934年《美國證券交易法》（Securities and Exchange Act）的揭露規定，更讓他猶如獲得東風相助。接下來，股票公開上市公司的所有權迅速普及，最終劇烈改變了公司監督的本質。至於人與人之間的禮節呢？凡是牽涉到實實在在的金錢輸贏，禮節當然被拋諸腦後。大型鐵路公司是第一批對廣泛的股東群分享詳細財務資訊的股票公

開上市公司。進入二十世紀前那幾年，很多鐵路公司經常陷入惡意且卑鄙的控制權之爭，像是伊利鐵路（Erie Railway）委託書爭奪戰，以及康尼利厄斯·范德比爾特（Cornelius Vanderbilt）的收購紐約中央鐵路公司等。[6]

　　班傑明·葛拉罕通常被視為現代避險基金經理人和維權股東的智慧始祖。不過，這樣的看法還不足以表達他的功動。葛拉罕的確是避險基金先驅之一，他創辦了一家專門放空證券的合夥企業，而且早在「瓊斯集團」（A. W. Jones，經常被視為世界上第一檔避險基金）[7]之前，就開啟了收取績效費的先例。**葛拉罕也是史上最早將股東維權運動列為其投資策略固有環節的專業投資人之一。**他第一次意圖積極介入經營的企業就是北方油管公司。不過，他一開始並不知道要從北方油管公司手上奪取這些寶物有多麼困難。葛拉罕的維權行動是經典的「小蝦米對上大鯨魚」範例—區區一個投資人勇於對一家資本過多的企業發出戰帖，要求它退還現金給股東，這也是歷史上最早的現代股東維權行動案例之一。

革命性概念

　　不久前，為了尋找班傑明·葛拉罕針對北方油管公司的問題而寫給「洛克菲勒基金會」的信件，我特地開車到紐約的斷頭谷村（Sleepy Hollow）。我是從布魯克林出發，一百多年前，葛拉罕是此地「貝德福德—斯特文森男子高中」的資優生。「布魯克林—砲臺公園隧道」讓我得以快速通過華爾街 —— 在1914年的華爾街，葛拉罕展開他的一生職涯，並成為「我所屬領域的聰明傢伙」[8]（這是葛拉罕本人的說法）。我選擇走哥倫比亞大學的「亨利哈德森公園大道」，如今這所大學的學生還是根據葛拉罕寫的一本教科書來學習證券分析，雖然這本書的初版發行迄今已經過八十年，

卻還是持續印行。接著,我進入「威斯特契斯特郡」,葛拉罕的學生華倫‧巴菲特成家不久後,為了「葛拉罕—紐曼公司」(Graham-Newman)的一個工作機會,在 1954 年舉家搬離內布拉斯加州的奧馬哈,到此地定居。下了索米爾河公園大道後,在距離洛克斐勒莊園大約 10 英里處,我經過了威斯特契斯特丘公墓,班傑明‧葛拉罕的骨灰在 1976 年被埋葬於此地。

班傑明‧葛拉罕雖過世近四十年,卻依舊是投資圈屹立不搖的指標人物。葛拉罕的投資合夥公司固然為他贏得名聲(葛拉罕 - 紐曼公司營運二十一年間的績效遠遠超過市場),他撰寫的投資文獻和他幾名學生的卓越成就,更是他留給世人的寶貴遺產。[9] 每個人都熟知華倫‧巴菲特,但別忘了還有華特‧蕭洛斯(Walter Schloss),他曾在葛拉罕—紐曼公司擔任分析師,後來在 1955 年自立門戶,創辦自己的基金。直到 2000 年,蕭洛斯的基金創造了 15.7% 的年度複合報酬率,相較之下,標準普爾 500 指數(S&P 500)的年度報酬為 11.2%。如果在 1955 年投資蕭洛斯的基金,目前的資產會是原始投資金額的 700 倍,而如果堅持投資 S & P 500 指數,大約只增值 120 倍[10]。除了巴菲特和蕭洛斯,葛拉罕也教過價值型投資人比爾‧魯安(Bill Ruane)和艾爾文‧康恩(Irving Kahn)。長期而言,他們的基金績效也都顯著超越市場。

班傑明‧葛拉罕的書早已是投資人崇拜的名著,到今天都有一定的銷路。《證券分析》(Security Analysis,與大衛‧達德〔David Dodd〕合著)是一本厚達七百頁的教科書,內容包含許多過時的會計議題討論與枯燥乏味的鐵路債券分析。不過,在某些價值型投資人眼中,1934 年、1940 年、1951 年或 1962 年版本的《證券分析》就是不一樣,而在這些版本之間作選擇,更堪稱一種自我表現的行為,就好像音樂愛好者選擇自己最喜愛的地

下絲絨（Velvet Underground）唱片似的。而如果要我向門外漢推薦葛拉罕的這本著作，我個人比較偏祖 1949 年的版本。另外，葛拉罕的著作還有在 1950 年深深吸引著十九歲的華倫‧巴菲特的《智慧型投資人》（*The Intelligent Investor*）一書，這本書永久改變了巴菲特的一生。

《證券分析》一書聚焦在債券及股票價值的評估，以及其發行實體的根本營運狀況，《智慧型投資人》教導我們的東西也一樣重要－它讓我們了解如何看待市場。這些是葛拉罕最永恆的教誨，因為「反復無常的市場」是導致眾多胸懷大志的投資人垮台的最重要原因。學習如何評估企業價值很簡單，但如果不了解市場和風險，下場一定會很慘。

《智慧型投資人》最著名的內容是**市場先生**（Mr. Market）寓言和「**安全邊際**」（margin of safety）的概念。葛拉罕先是說明市場起伏將對投資人造成破壞性的財務與心理壓力，接著他介紹「市場先生」出場－他將狂亂的股價波動擬人化。想像你花了 1000 美元，換取一家私人企業的一股股份，而市場先生是你的合夥人之一，他會讓你知道他每天認為你的股票值多少錢：有時候他會賦予那一股股份相當合理的價值，但他也經常被貪婪和恐懼牽著鼻子走，對你開出遠高於或遠低於合理價值的價格。有兩件事是確定的：如果你願意用他開的價格賣出或買進股份，他一定樂意向你買進或賣出那一股股份，而就算你不願意接受他的開價，他也不會感覺被冒犯。橫豎市場先生隔天又會準備好對你開出新的報價。

市場先生是樂於助人的流動性來源，照理說，他是個不可多得的寶貴商業夥伴。當他的價格過高，你可以把股份賣給他，而當價格過低，你可以向他購買股份。所以，你沒有道理因為市場先生的開價，而改變你對那一股股份的評價。但在現實世界，投資人卻經常因市場起伏的影響而做出

失準的判斷，最後老是在錯誤的時機買進與賣出股票。

　　例如，在上漲的市場中，我們很容易禁不住誘惑而投機買進股票。在下跌的市場，由於當下的整體氣氛非常悲觀，我們又很容易失去信心，進而在不值得的價格賣出。[11] 葛拉罕寫道：「對真正的投資人來說，價格起伏只有一個重要的意義。市場的起與落，讓這個投資人有機會趁著價格大幅下跌之際明智地買進，並在價格大幅上漲時明智地賣出。在其他時刻，如果他不要理會股票市場波動，只注意他得到的股利報酬和標的企業的營運成果，那他的績效勢必會好很多。」[12]

　　班傑明・葛拉罕在《智慧型投資人》的結論部分，討論了安全邊際的概念，他認為這是「核心投資概念」。就某些方面來說，葛拉罕對他所謂的安全邊際，要求非常嚴格。舉個例子，以鐵路公司債券來說，葛拉罕要求公司的稅前盈餘必須足以支應五倍以上的固定支出，才算達到他的安全邊際要求。但他也提出一個較根本的描述。以價值低估的股票來說，葛拉罕認為股票價格和它的「鑑定價值」之間的差異，可以做為防範盈餘降低的安全邊際。[13] 現代人可能認為「股票隱含『內在價值』」的見解沒什麼大不了的，但在班傑明・葛拉罕那個時代，那卻是革命性的概念。

　　葛拉罕在 1914 年抵達華爾街時「公司債」（corporate bond）和「優先股」（preferred stock）市場的交易規模遠遠超過「普通股」（common stock）。舉個例子，流通在外的鐵路公司債券總值，比鐵路普通股的市值高出 50%。[14] 鐵路公司股票則約佔所有公開發行之股權證券價值的 40%。[15] 雖然在那二十年後，證券交易法才開始規範企業必須定期申報財務報告，但州際商務委員會和各式各樣的州級主管機關，分別會蒐集非常大量的鐵路公司資訊。當年交叉持股的情況很普遍，所以，某一家鐵路公司常會持

有另一家鐵路公司的股票。在這種情況下，如果一個投資人能找到一檔物超所值的鐵路股，那他不僅能經由那一家股票發行公司的股份來獲取利益，也能購買持有該公司大量股票的其他鐵路公司的股份，從中獲取間接的利益。

　　由於鐵路公司可公開取得的營運數據非常多，加上有能力分辨出贏家企業的投資人能因此獲得龐大的利潤，所以，你應該會想，華爾街人士理當會竭盡所能，勤奮地鑽研 ICC 報告。但取而代之的，誠如葛拉罕在回憶錄中提到的：「普通股分析領域人士多半把這大量的財務資訊當成垃圾丟掉。」[16] **當時真正能驅動市場的只有謠言和內線消息。**一家公司的股票有可能因投資人猜測該公司將接獲一筆大客戶訂單而突然飆漲。市場參與者多半只關注大型投機者的意向，因為這些大型投機者有可能藉由積極的買進或賣出，來推升股價或壓低股價。誠如葛拉罕解釋的：「在華爾街老手眼中，鑽研一大堆枯燥乏味的統計數據似乎很蠢，因為在一般人眼中，這些統計數據並非決定股價變化的要素，真正驅動價格的要素都是和人性有關的要素。」[17]

　　葛拉罕是個思慮清晰且嚴謹的思想家，他在研究一家公司時，完全不去理會市場謠言，只專注在該公司的歷史財務數據。他會為了理解一家企業的真正情況而努力遠離華爾街的雜音。接著，他會從這個理解出發，判斷這家公司的未來盈餘或資產清算價值是否讓它隱含內在價值。一旦他更了解一家公司的內在價值，他就會把這些股份視同一種局部的所有權權益，並根據這個標準來評估這些股份的價值。葛拉罕後來寫道：「我透過真正透徹的證券價值分析，找到一片華爾街檢驗處女地。」[18]

　　班傑明・葛拉罕的「**華爾街學院院長**」（the Dean of Wall Street）稱號，

絕非浪得虛名，因為這個產業事後崛起的很多巨擘都曾是他的學生。不過，這個稱號也是對他的學者態度的讚許。葛拉罕回憶錄的特色是他引用很多羅馬古詩，而非各式各樣的股市語錄。而且葛拉罕決定投入商業職涯以前，還在為了要接受哥倫比亞大學哲學系、數學系或英語文系的哪個教職邀請而傷腦筋。班傑明‧葛拉罕是思慮周全的投資界局外人，而他也善加利用這個特質來為自己創造優勢。由於他一心一意追尋內在價值，才能夠過濾掉瀰漫在華爾街的種種胡扯和雜音。[19]

葛拉罕知道價值低估的普通股能為投資人提供某種安全邊際，而且普通股的上漲空間還很可能優於多數債券投資標的，這些觀點一樣是領先時代潮流，一如他對統計數據和內在價值的執著。1914 年時，多數投資人聚焦在債券，並將普通股貶抑為純然投機的標的。即使到 1950 年代葛拉罕退休時，股票市場依舊普遍被視為充斥騙局與投機者的荒原，而實際上的情況也相去不遠。當時多數老練的投資人還是以投資債券為主，股票是投機者、操縱價格者的天下，當然，也是葛拉罕和他弟子的天下，他們默默在股市獲取優渥的利益。不過，債券投資人不僅僅因為漠視股票的重要性而錯過了原本可取得的利潤；普通股的持有人還能享受一項重要的權益—他們可以投票選擇企業董事會的組成成員。這個權利讓大股東有機會干預公司的治理。所以，股票市場也是爭取企業控制權的市場。

無意間找到的好標的

北方油管公司是 1911 年成立的八家油管公司之一，這些公司是應美國最高法院為打破老約翰‧洛克斐勒（John D. Rockefeller Sr.）的標準石油公司（Standard Oil）壟斷權的訴求而成立。1926 年時，葛拉罕在州際商務委

員會的年報中查詢某些鐵路公司的數據，不經意注意到一個和油管公司有關的統計表。這份表格的下方寫了一行字：「擷取自它們提供給委員會的年報。」[20] 葛拉罕並不知道油管公司必須向 ICC 申報財務資訊，所以，他假設所有華爾街同儕也都不知道這個訊息。接著，他迅速搭火車到華盛頓特區。

結果他發現，原來每一家油管公司都會向 ICC 申報一份長達二十頁的年報，當中包含非常詳盡的財務報表。這份報告上甚至包括員工薪資表、資本支出表、股東姓名及地址，還有一項最讓班傑明‧葛拉罕感興趣的：**證券投資**。相較之下，油管公司提供給股東的財務報告，可說是精簡到令人難以置信 —— 股東收到的報告是只有一行的損益表和一份極端濃縮的資產負債表。當葛拉罕打開北方油管公司的 ICC 報告，他發現該公司的投資清單上，詳細列出價值數百萬美元的美國政府證券與鐵路公司債券清單。

研究過北方油管公司的營運指標後，葛拉罕相信該公司有能力以特殊股利的形式，輕輕鬆鬆配發每股 90 美元給股東。即使將公司持有的證券投資項目全數分配給股東，北方油管公司還能保有獲利能力，而且零負債。葛拉罕的計畫將為股東帶來一筆幸運的意外之財。當時該公司在市場上的每股價格才 65 美元，如果公司真的配合他的想法，持股人不僅能獲得那 90 美元的分配，還能繼續保有原本的權益，換言之，他們還是保有分享北方油管公司未來盈餘的權利。葛拉罕要做的，就是說服經營階層將這些資金配發給股東。多年後，他寫道：「我實在太天真了，以為這件事很容易搞定。」[21]

葛拉罕在他的回憶錄中，詳述他和北方油管公司高階經理人開會的情形。他們對葛拉罕的點子很反感，壓根兒不想把鉅額的現金發還給股東。

他們逐一反駁葛拉罕的論述，最後索性告訴他：「油管公司的業務既複雜又專業，你對這些事只略知一二，而我們已經在這個行業幹一輩子了。我們當然比你更清楚怎麼做對公司和股東是最好的，請你信任我們有這個能力。如果你不認可我們的政策，容我們建議，或許你應該效法穩健投資人在這種狀況下的可能作為—那就是賣掉你手上的股票。」[22]

　　班傑明・葛拉罕既然明知該公司有能力立刻分配 90 美元給股東，哪有道理接受經營階層的建議，以 65 美元賣掉他的股份？該公司的超額現金與證券的價值，絕對超過整體本業營運的價值。由於北方油管公司沒有投資既有本業的需要，又找不到可透過收購或研究開發等來擴展業務的機會，所以它確實沒有太多實用選項可部署它的超額資本。

　　葛拉罕展開的第一波股東維權行動算是相當謙和，他只不過打算在北方油管公司的年度股東大會上留下一段聲明記錄。但這個想法就已讓該公司的經營階層非常吃驚，不過，他們還是對葛拉罕表示，歡迎他參加這場預定在 1927 年 1 月舉辦的會議。北方油管公司的高階主管辦公室距離華爾街僅幾個街區之遙，就位於百老匯 26 號的標準石油大樓。ICC 報告上條列的二十三名北方油管公司股東當中，有十七個人住在紐約市或附近。不過，北方油管公司卻選在賓州的小城鎮「石油城」（Oil City）召開年度股東大會，石油城位於匹茲堡北方九十英里遠之處。想當然爾，班傑明・葛拉罕是唯一與會的公司外部人。

　　股東大會的常規事務完成後，葛拉罕站起身來，徵詢董事長是否能讓他朗讀一份和北方油管公司財務狀況有關的備忘錄。董事長回答：「葛拉罕先生，能否請你以臨時動議的方式提出你的要求？」於是，葛拉罕提出

一個允許他進行簡報的臨時動議。

接著，董事長問會場上的所有人：「有人附議嗎？」雖然葛拉罕隻身千里迢迢地搭乘夜車趕到匹茲堡，再轉搭極不舒適的地方列車到石油城，會場上卻沒有人附和他的動議。葛拉罕事後細述他們的回答：「很抱歉，但似乎沒有人願意附議你的動議。那我們是否應該終止這項動議？」幾秒鐘後，股東大會結束，葛拉罕被迫收拾行囊，回到紐約市。[23]

班傑明・葛拉罕帶著苦澀的心情結束石油城之行，但他的焦點更加明確了。他購買更多北方油管公司股份，並開始設想明年的股東大會上要採取什麼樣的攻擊計畫。**他決定策劃一場能爭取到兩席董事的競選活動** —— 委託書爭奪戰。接下來一整年間，他親自和每個持有 100 股以上股份的股東見面，討論北方油管公司的財務狀況。如果葛拉罕爭取到足夠股東的委託書，他將能掌握兩席董事，到時候他就擁有有利於將該公司超額資金分配給股東的明確授權。他鎖定的主要目標是該公司的最大股東 —— 洛克斐勒基金會。

1927 年 6 月，葛拉罕寫了一封信給洛克斐勒基金會，他在信中強調了北方油管公司及其他油管公司「荒謬且令人遺憾的事態。」[24]（見本書附錄中的原信）葛拉罕自我介紹是北方油管公司僅次於該基金會的最大股東，並寫道，油管公司的投資部位讓這些企業簡直成了「投資信託」（investment trusts），而非工業企業，換言之，該公司的股份已變成古怪的合成證券 —— 這些證券表彰一筆鉅額的優質債券所有權和一個小型工業業務的股權。葛拉罕說明，諸如洛克斐勒基金會等股東，正因這樣的財務及營運結構而受到怎樣的懲罰：油管公司不僅必須就它們自身的利息收入繳納企業所得稅，

投資人還不能透過公開市場，以約當該公司投資部位的完整價值賣掉手上的股份。如果北方油管公司和其他油管公司能將其超額資本發放出來，股東就能受益良多。

班傑明‧葛拉罕在那封信的結論中主張，股東應該判斷一家企業利用超額資本的效率是否允當：「我們相信，持平而言，關於這個方向的創議，應該是由股東提出才適當，而非經營階層…要判斷業務上用不到的資金應該留在公司或提領出來，首先應該是由這些資本的所有權人（譯注：即股東）決定，而非管理資金的人決定。」

洛克斐勒基金會的財務顧問伯特蘭姆‧卡特勒（Bertram Cutler）讀完這封信後，便親自與葛拉罕見面。卡特勒解釋，基金會從不干預它轉投資的企業的營運。葛拉罕則說，他也不是要干預北方油管公司的營運，只是要求把剩餘的資本分配給股東而已。卡特勒禮貌地聽完葛拉罕的所有觀點，但不為所動。

少了洛克斐勒基金會的支持，葛拉罕需要其他股東的票。後來他成功達到目標，爭取到許多小股東的委託書。1928 年 1 月，葛拉罕掌握的票數已足夠爭取到兩席北方油管公司董事。在石油城召開的股東大會前夕，葛拉罕和他的律師團與北方油管公司的經營階層見面，清點各自掌握的票數。在委託書爭奪戰中，股東能一票多投，不過，最近一次投的票才算數。葛拉罕事後描述當時的景象：「經營團隊看到他們徵求到的很多委託書因股東事後又把委託書改交給我們而失效，顯得既吃驚又狼狽。雖然過了那麼久，我依舊記得，當我們出示我們手上一份代表三百股股份的委託書時，老布希尼爾（Bushnell，北方油管公司的執行長道格拉斯‧布希尼爾）不經意地發出了痛苦的驚叫聲。」布希尼爾對那個股東改變心意轉而支持葛拉

罕一事特別感到震驚，「他幾乎窒息地說：『他是我的老朋友，』『他把委託書交給我那天，我還請他吃午餐！』」[25]

葛拉罕和他律師在北方油管公司 1928 年的股東大會上，順利贏得該公司五席董事中的兩席。在標準石油公司的所有關係企業中，他們是**有史以來首次經由投票被送進董事會的外部人**。[26] 儘管如此，他們在董事會上的席次仍是少數。雖然股東表達了支持返還資本的強烈訊息，葛拉罕還是做好了心理準備，要和另外三名董事打一場有關公司財務議題的硬仗。幸好，那場硬仗並未開打。就在股東會結束後幾個星期，北方油管公司的經營階層就意外主動提出一份將現金分配給股東的計畫。

球員兼裁判

現代觀察家可能會對北方油管公司那種不光明磊落的行為感到很訝異，不過，即使到今天，這樣的情況也不算罕見。目前還是有很多企業會選在類似石油城那種偏遠的地點召開年度股東大會。

舉個例子，2014 年，雪佛龍公司（Chevron）將股東大會地點從靠近舊金山的公司總部，改到位於德州的米德蘭（Midland）。就算股東搭飛機到距離最近的大型機場，也得再花四個小時以上的車程才能抵達會場。葛拉罕第一次參加北方油管公司的年度股東大會得到的待遇很糟吧？但現代股東就沒有遭受那樣的對待嗎？雖然股票公開上市公司依法必須在年度大會中針對股東的問題交出令人滿意的回答，但公司派有時會拒絕配合。再舉個例子，2006 年時，家得寶公司（Home Depot）的董事會就直接略過股東大會程序。不僅如此，該公司那好戰的執行長羅伯特‧納德利（Robert Nardelli）還限制每個股東只能提一個問題，而且由穿著家得寶圍裙的打手，

負責強制執行限時六十秒的規定。[27]

　　北方油管公司執行長第一次和葛拉罕見面時那種「不聽命於我就滾蛋」的說話方式，也是企業一貫的作風。從葛拉罕那個時代迄今，無數投資人受到相同的對待。有時候公司派的說法甚至更邪惡；**內部人會刻意說公司的績效不好，企圖說服股東不要買更多股份。**華倫・巴菲特早期的投資標的當中也曾有這樣的例子，其中商人全國房地產公司（Merchants National Property）的總經理就曾寫信給巴菲特，說葛拉罕對該公司房地產的評價「高得太離譜」，所以，公司來年的淨利將遠低於巴菲特估算的數字。[28]過去也曾有一個股票公開上市公司的董事長告訴我，他的事業「毫無價值可言」，說我「瘋了才買他公司的股票。」[29]

　　不過，以北方油管公司來說，除了公司經營階層把大股東之一當成麻煩製造者以外，該公司的「英雄故事」中還潛藏一些令人擔憂的問題。我們在本書的前言討論過，股票公開上市公司的目的就是要為股東創造利益，這代表經營階層和董事會必須善加利用公司資產，讓投資人的報酬得以最大化。若果真如此，為什麼北方油管公司的經營階層要把那麼鉅額的現金和債券隱藏起來，不讓股東知道？該公司不僅拒絕和股東分享超額現金，它敷衍了事的揭露作業，更導致股東搞不清楚該公司流動資產的真正價值。

　　北方油管公司是企業權力制衡機制崩壞的典型案例之一：**一個漠不關心的股東群，加上一個受關鍵經營團隊成員擺佈的董事會。**在該公司的五人董事會中，有三名成員是高階經理人，包括總經理，還有兩個直接隸屬於標準石油體系的董事。[30]就如詹姆斯・麥迪遜（James Madison）在美國名著《聯邦黨人文集》（Federalist Papers）中警告，「所有人都不應該『球員兼裁判』」[31]。而北方油管公司的高階經理人因控制了董事會，而成了自

己的監督者，換言之，他們犯了球員兼裁判的毛病。原本董事理當受股東監督，但在葛拉罕介入以前，該公司的股東幾乎沒有任何置喙的餘地。

洛克斐勒基金會持有該公司非常多股權，不過，它卻自認是消極的投資者。其實在葛拉罕首度到石油城參加股東大會的幾年前，洛克斐勒的律師湯瑪斯・迪比沃伊斯（Thomas M. Debevoise）曾寫過一封信，給洛克斐勒基金會的原始受託保管人之一維克利菲・羅斯（Wickliffe Rose，他也是通識教育委員會〔General Education Board，以下簡稱 GEB〕的總經理），他在信中討論 GEB 作為一家股票公開上市公司股東的角色：「我認為在這些案例中，貴委員會應採取一致且必要時可公開表明的立場─即貴委員會是個捐贈股份有限公司，所以，它只是以投資人的立場持有手上的證券，換言之，它並不準備主導一家商業股份有限公司的活動，這一點很重要…另外，當它不滿意它的基金所投資的任何一家股份有限公司的經營階層，唯一可採行的途徑就是賣掉那一項投資…」[32]

聰明的專業者 vs. 拙劣的資金管理者

所以，在班傑明・葛拉罕開始監視北方油管公司以前，該公司的經營階層根本無須對任何人「當責」（accountable）。該公司的大量現金和證券，讓它的經理人獲得一個能保住現有工作機會、所得和地位的巨大緩衝，由於沒有人對經營階層施壓，要求他們關懷股東，所以他們也選擇不向標準石油大樓外的任何人透露公司優異的財務狀況，一切都是為了幫自己保住藏在那棟大樓裡的大肥缺。在缺乏當責的文化下，經理人很容易做出圖利自己而非考量股東利益的決策，這是人性。

當然，資本配置作業令人質疑的企業，絕非僅有北方油管公司一家。

還有很多其他公司 —— 幾乎每一家股票公開上市的油管業者 —— 都對股東隱瞞了公司持有超額資本的事實。在北方油管公司事件過後幾十年間，班傑明‧葛拉罕繼續對不少坐擁大量現金的企業展開類似的維權股東運動，意圖逼迫他們提高對股東的股利發放金額。這些企業多半是和北方油管公司類似的遲鈍企業，經營團隊也多半對股東權益視而不見。舉個例子，葛拉罕在 1947 年針對新阿姆斯特丹意外保險公司（New Amsterdam Casualty）展開委託書爭奪戰期間，該公司的經營階層還宣稱公司的典型股東持股非常少，就算提高股利也無法激起股東的興趣。

北方油管公司對葛拉罕的回應也非常直接。由董事會成員簽署的一封致股東信函上表明：「我們相信整個局面可歸結為一個問題，我們請教各位股東 —— 你們願意為了取得我們立即將現金資產分配給股東的承諾，而將公司的經營交給對這個高技術行業的經營一竅不通的人嗎？」[33]

北方油管公司的聲明雖有些微誤導之意 —— 班傑明‧葛拉罕其實並不想取得公司控制權，而且不打算干預核心業務 —— 卻也道出了多數資本配置糾紛的癥結。**身為一個投資人，你應該信任經營團隊和董事會，相信他們會善加利用資本來投資公司的業務，以便為股東創造最高的長期報酬嗎？或者你信賴一個可藉由敦促公司發放股利或實施庫藏股買回等，讓你在近期之內獲得利益的維權股東？**經理人當然會有「自保優先」的偏差，而股東則容易被短期利潤說服。在一個理想化的世界，董事會有能力消除這些偏差，但在現實世界，它通常會屈從於其中一方，也因如此，最後的結果有可能會很難看。

很多股票公開上市公司的資本支出成果糟糕至極，我實在忍不住要在此提出幾個特別誇張的例子。當然，談到這些「豐功偉業」，絕不能漏掉

1980 年代的通用汽車，我們在稍後章節將詳細討論這個案例。當時的執行長羅傑‧史密斯（Roger Smith）不僅浪費了幾百億美元在一些令人質疑的購併案件與資本支出專案，還花了 7 億美元把羅斯‧裴洛踢出董事會。另外，1989 年時，西方石油公司（Occidental Petroleum）宣布將花 5 千萬美元建造一間博物館來存放該公司董事長暨執行長阿曼德‧漢墨（Armand Hammer）的藝術品收藏，但據說這個專案的最終成本高達 1.5 億美元。漢墨還動用公司的資金購買藝術品，包括用 500 萬美元購買李奧納多‧達文西（Leonardo da Vinci）的筆記本《萊斯特手稿》（*Leicester Codex*），後來漢墨將之改名為《漢墨手稿》（*Codex Hammer*）。[34]

阿曼德‧漢墨這種自肥行為只是冰山一角，因為把過多資本配置到經營階層個人利益的企業實在是不勝枚舉。舉個例子，2000 年時，世界通訊（WorldCom）將公司的 20％現金餘額貸放給執行長伯納德‧艾伯斯（Bernard Ebbers），好讓他償還個人融資交易帳戶的負債，[35] 這個件事一直到 2002 年才曝光。當然，就濫用公司資本的層面來說，最顯而易見的例子就是濫花在擺派頭、薪資和開除績效不彰的高階主管等用途的資金，誠如家得寶、惠普、美林和輝瑞藥廠等公司的例子。

另外，還有大到驚人的鉅額資本被浪費在拙劣的策略性購併案上。就在 2008 年金融危機爆發前，荷蘭銀行（ABN-Amro）和美國國家金融服務公司（Countrywide Financial）的收購者，都在短短幾個月內破產。[36] 還有各式各樣的礦業與煤炭公司也在 2010 年和 2011 年的產業循環高峰，發揮了類似的價值毀滅本領。另外，談到爛交易，絕不能漏掉 2000 年時代華納為了和美國線上合併，而將公司的 55％股權平白拱手讓人一事。

然而，以上述某些毀滅性案例來說，這些災難企業的股東並非全然沒

有責任，而且其中很多企業的拙劣資本配置決策，都是來自試圖安撫反復無常的投資人的董事會。一如某些景氣循環型企業會在產業景氣循環高峰期購買較多資產，在股票上漲階段，積極的庫藏股買回活動也傾向於增加。[37] 從溫迪克西百貨（Winn-Dixie）到辦公室補給站（Office Depot）等企業，都因為退還太多現金給股東，反而導致公司沒有足夠現金可用，最後面臨跛腳的命運。[38] 更極端的案例之一是電路城公司（Circuit City），它是一家電子零售商，為了讓電視機看起來比較明亮、音響聽起來比較響亮，它總是將店面布置得像山洞一樣黑暗且深邃。[39] 當百思買（Best Buy）和好市多努力為顧客提供更愜意的購物體驗時，電路城並沒有改裝自家店面，而是在 2000 年代中期花十億美元買回庫藏股，最後以破產與清算收場。

雖然基於事後諸葛之便，我們可以大聲奚落企業的經營階層，說那些決策作得非常爛，但多數資本配置決策並不是非黑即白，委託書爭奪戰更鮮少是正邪分明的鬥爭。即使是像北方油管公司那麼顯而易見的案例，都難免引發「怎樣才叫正確治理公司」等難以回答的問題。我們把多數責任歸咎給經營團隊，但企業的不良行為絕對不只是企業經理人單方面造成。以北方油管公司來說，在葛拉罕出現以前，以洛克斐勒基金會為馬首是瞻的股東群太過縱容經營階層。原本理當監督經營階層的董事會，也反成了受制於執行長的禁臠。所以，北方油管公司的董事會和股東，也必須為該公司那「荒謬且令人遺憾的事態」負起一點責任。

班傑明·葛拉罕的股東維權運動方法，幾乎**完全聚焦在改善標的公司的資本支出政策**上。這個方法非常有意義，因為**即使是精通本業經營的經營團隊，也可能拙於資金的管理**，而投資人本身則理當是精通於企業價值評估與資本配置的專家，如果他們能夠搞懂一家企業的經濟狀況，就應該

很能夠找出該公司的最佳資本用途，包括將現金再投資到公司本業、買回公司庫藏股、發放股利給股東，或是進行焦點明確的購併與投資等。這類股東干預行為也和符合股票公開上市公司的建構方式一致：董事負責監督執行長，並幫忙看好公司的荷包。執行長負責經營事業，而董事會則掌握預算核准權、設定重要員工的薪資，以及對股東負責。

不過，班傑明‧葛拉罕協助發起的股東維權運動，有可能不僅是以干預標的企業的資本配置為目標。如今任何進犯董事會職權的維權股東運動，都可能不止影響到公司的資本支出政策，連執行長的職責和整個公司的控制權都有可能被接管。

全新的世界秩序

1927 年時，班傑明‧葛拉罕為了能發表一席演說，長途跋涉到石油城，但那裡沒有人把他視為一個實在的威脅。北方油管公司的經營階層嚴重低估了葛拉罕為爭取董事會代表權而戰的意願和決心。他們的自滿讓我們得以注意到，當時的委託書爭奪戰確實是非常罕見。誠如葛拉罕在他的回憶錄中解釋的，那是因為試圖干預公司事務的股東，通常被當成可疑且令人唾棄的人物。他寫道：「在早期，華爾街事務多半是根據精心策劃的詳盡規則進行的紳士之爭，而其中一個基本的遊戲規則正是：「不要亂踩別人的地盤。」40

一如既往，葛拉罕決定不遵守「基本的遊戲規則」。他認為華爾街投資人太過善待企業經營團隊，而且，他一點也不會因代表股東和公司派鬥爭而感到不安。這個態度對他的追隨者造成了深遠的影響，其中很多人堅持貫徹「背叛華爾街權力體制」的投資職涯，只不過每個人的作法或有不

同罷了。在班傑明·葛拉罕一戰成名之前，普通股市場是投機者來回炒作的天下，這個市場通常不會對企業的根本業務產生顯著的影響。而葛拉罕導入了一個全新的世界秩序，他將公開上市的股份視為對企業內含價值的一部分權益，並利用這些股份來作為確保公司董事與經理人對自身行為當責的強大工具。

葛拉罕針對北方油管公司發起的委託書徵求活動，甚至對華爾街的精英份子造成影響。1928 年的股東大會後，北方油管公司的董事們迅速改弦易轍，支持現金分配，這樣的態度大轉彎讓葛拉罕非常訝異。他後來才知道，原來當洛克斐勒基金會交出支持經營階層的委託書時，一方面也要求北方油管公司必須將超額現金分配給股東。多數其他油管公司也紛紛從善如流，將超額現金返還給股東。葛拉罕寫給該基金會的那一封信，想必獲得了對方的認同，最終更產生強大的影響力。[41] 雖然洛克斐勒基金會先前強調它不會干預其轉投資企業的營運，但它不僅對各油管公司提出這類要求。就在葛拉罕展開這場運動後一年，小約翰·洛克斐勒展開了他自己的委託書爭奪戰，他在該基金會的支持下，成功驅逐了印度安納標準石油公司（Standard Oil of Indiana）的董事長。

雖然北方油管公司最後變成一項絕佳的投資標的，但因為葛拉罕管理的投資組合一向分散投資到許多標的，所以，他的報酬並未因此一飛沖天。從葛拉罕回憶錄對這項投資的記錄，可以感受到他比較重視追逐獵物的那種快感，而非真正捕捉到的獵物。我無意低估他為了幫投資人創造絕佳報酬而煞費的苦心，不過，那就是班傑明·葛拉罕的一貫作風。

葛拉罕退休後，讀了伯納德·巴魯克（Bernard Baruch）的回憶錄，這個著名的金融家在回憶錄中描述他如何決定辭職，並把全副心力放在自有

資金的投資上。葛拉罕寫道：「我記得讀到這個我認為沒有說服力的自私決定時，臉上露出了有點鄙視地微笑。我當時想，這麼一個天賦異秉且超級富有的年輕人，怎麼會決定把全副心力投注在賺很多錢上，而且是只為自己賺很多錢？這多麼令人不恥啊！」

華倫・巴菲特在艾莉絲・施羅德的《雪球》中細述，葛拉罕曾告訴他，千萬別一心只想著錢：「華倫，記住一件事：金錢不會對你我的人生造成太大的差異。我們到自助餐廳吃午餐，每天工作，還不是一樣過得很愉快。」[43] 當巴菲特開始遙遙領先公司內部其他分析師，成為超級明星時，葛拉罕不僅幫他出上舞蹈課的錢，而且他還跟舞蹈工作室確認巴菲特是否真的有去上課。

葛拉罕年僅六十一歲就退休，他提出讓華倫・巴菲特接替他在葛拉罕一紐曼公司的無限責任合夥人（general partner）地位以及擔任投資組合經理人職務等條件，巴菲特當然非常興奮且躍躍欲試。不過，他之所以願意忍受紐約的生活，全是因為住在紐約能和他心目中的投資英雄共事。隨著葛拉罕退出，巴菲特也決定搬回奧馬哈，成立他自己的公司。最後，葛拉罕在 1956 年結束他公司的營運，到加州享受他的退休生活。

班傑明・葛拉罕從投資事業淡出後，度過了整整二十年的退休生活。他到世界各地遊歷，針對各式各樣的議題到國會作證，擔任「政府員工保險公司」（GEICO）董事，並四處發表和投資有關的演說。他修訂《證券分析》一次，修訂《智慧型投資人》三次，並出版一本烏拉圭翻譯小說。葛拉罕甚至發明一種計算尺和一個能聰明記憶「摩斯密碼」的系統。他退休後一直和華倫・巴菲特保持密切聯繫，巴菲特還協助安排葛拉罕和他以前的學生之間的定期靜修活動。葛拉罕晚年有一部分時間住在法國，並於

1976 年在當地過世。

　　大約在葛拉罕在華爾街找到第一份工作的六十年後 —— 也就是在他過世前不久 —— 他最後一次修訂了《智慧型投資人》一書。他在這份修訂版本中加入以下聲明：「從 1934 年起，我們就透過我們的著作主張，股東應該以更明智且更積極的態度來對待企業經營階層。」[44]

　　即使葛拉罕預見到自己對後代投資人的亙久影響力，勢必也會對幾個門生在他過世幾十年後賺到的鉅額財富感到震驚。1976 年年底，巴菲特的波克夏海威公司僅持有價值 1.21 億美元的股票，到 1996 年時，那個數字已達到 280 億美元；[45] 而到了 2013 年，波克夏海威公司更持有 1280 億美元的普通股，外加許多極端寶貴的私人企業，包括政府員工保險公司、柏林頓北聖太菲鐵路（Burlington Northern Santa Fe），以及中美能源公司（Mid-American Energy）。[46] 巴菲特和他的追隨者以班傑明‧葛拉罕的價值投資架構為基礎，分別又開發與琢磨出他們自己的投資風格，他們順著美國長期經濟擴張的趨勢，創造了令人吃驚的鉅額財富。

　　隨著美國變得非常富裕，加上股票公開上市公司已愈來愈普及化，處處都曾爆發企業控制權爭奪戰。以今日的標準來說，葛拉罕對北方油管公司展開的委託書爭奪戰，算是相當溫和的一役。他寫道：「我們並不打算選董事會多數席次，因為那麼一來，我們就必須承擔經營公司的責任，而我們深知自己沒有權利接下那樣的任務。」[47] 但後代的維權投資人可就沒那麼節制了。葛拉罕為對付北方油管公司而展開的活動，是一場出乎該公司董事會意料之外的游擊戰。相較之下，到了 1950 年代，很多企業董事會本身已是戰場。

2

羅伯特‧楊對上
紐約中央鐵路：

范德比鐵路線的
委託書之狼風暴

「我們認為，紐約中央鐵路公司諸多事務的現狀令人感到遺
憾的根本原因是，根據去年的委託投票說明書，現任董事總
共僅持有 1 萬 3750 股的股份，換言之，還不到 1% 的四分
之一。」

——羅伯特‧楊，1954 年

1938 年，向來行事果斷且極有說服力的羅伯特·楊（他是德州人，對華爾街那些「討人厭的銀行業者」多所抱怨）為了爭奪切薩皮克與俄亥俄鐵路公司（Chesapeake & Ohio Railway，以下簡稱 C & O 鐵路公司）的控制權，而陷入苦澀的鬥爭。他的對手正好是討人厭的銀行業者「保證信託銀行」（Guaranty Trust），該信託銀行受託管理價值 8 千萬美元、以羅伯特·楊持有的 C & O 鐵路公司股票作擔保的債務。當保證信託宣布羅伯特·楊的債務擔保品的價值跌到規定水準以下，它隨即採取行動沒收這些股票，並打算利用這些股票的投票權，將羅伯特·楊趕出 C & O 鐵路公司的董事會。此時的羅伯特·楊才剛掌控 C & O 鐵路公司一年，但那個短暫期間內，他和鐵路公司同業及其主要放款人漸行漸遠，因為他相信保證信託和另一個討人厭的銀行業者──摩根集團（J. P. Morgan）──共謀將他踢出這個產業。

但就在 C & O 鐵路公司股東大會召開前幾個星期，一個聯邦法院發佈一項命令，暫時不准保證信託和羅伯特·楊以那些爭議股份投票。由於到股東會當天為止，這項命令依舊有效，故雙方被迫向 C & O 的其他股東爭取委託書。保證信託和羅伯特·楊原本都以為雙方將憑著那一大批股份一決高下，爭奪控制權，沒想到最後卻必須競逐六萬名 C & O 小股東的忠誠。

在第一輪委託書爭奪戰中，羅伯特·楊以巧妙地的戰術和他的往來銀行交戰。他的平民作風深深吸引新聞媒體，因為他訴諸大眾長久以來對華爾街銀行業者的怨恨，獲得一般人相當大的共鳴。羅伯特·楊策略性地公開發表一系列他寫給保證信託的惡毒信件。這些公開信件雖是寄給羅伯特·楊的對手，實際上卻是要影響 C & O 的小股東，而這幾封信也確實成為這場運動的強大武器之一。[1] 最後，羅伯特·楊贏得 C & O 鐵路公司普通股

的 41% 委託書。約當未受法院命令限制的總股份的 70%。[2]

C & O 鐵路公司委託書爭奪戰的結果，讓全國各地股票公開上市公司的董事會戒慎恐懼。因為當年年僅四十一歲的羅伯特・楊（後來《週六晚報》稱他為「果敢的華爾街『年輕人』」〔The Daring Young Man of Wall Street〕」）在沒有大量資金奧援的情況下，純粹靠著遊說大眾股東，就戰勝了勢力強大的保證信託（和涉嫌與保證信託共謀的摩根集團）[3]。

他也引來許多在「大蕭條」（Great Depression）時期開始打造個人事業王國的積極年輕人的注意。羅伯特・楊針對 C & O 鐵路公司展開的委託書徵求活動，讓這些年輕人悟出一個致勝的策略：透過委託投票來取得股票公開上市公司的控制權。隨著美國經濟在第二次世界大戰後開始擴張，這些年輕創業家紛紛效法羅伯特・楊的戰術，鎖定績效不彰的股票公開上市公司，包括大型鐵路公司和其他家喻戶曉的公司，如蒙哥馬利伍德公司（Montgomery Ward）、笛卡唱片公司（Decca Records）、二十世紀福斯（Twentieth Century–Fox），以及米高梅—洛斯（MGM-Loews）等。這一群令人不安的狙擊手在 1951 年獲得一個特有的稱號，當時聯合雪茄—威蘭商店股份有限公司（United Cigar–Whelan Stores Corporation）的經營階層為查爾斯・葛林（Charles Green）冠上了「**委託書之狼**」（Proxyteer）的名號。

1950 年代是投資人大豐收的十年。到目前為止，道瓊工業平均指數（Dow Jones Industrial Average）在那十年的表現還是穩居各個十年之首，上漲了 240%。[5] 五〇年代也是股票公開上市公司所有權結構大幅更迭的年代。當時華爾街方面以諸如紐約證交所發起的「持有你自己的美國企業股份」等運動，大力推廣股份所有權的普及化。而委託書之狼是對這項宣傳

活動的試煉。他們大量購買股票公開上市公司的股權（通常是向一些想要出清其持股的散戶持股人購買），再以捍衛股東權利的名義，對經營團隊發動攻擊。企業經理人通常都對那類委託書徵求行動的抱持懷疑態度。當企業執行長聽到有人徵求委託書時，第一個反應經常是一頭霧水：「誰？我從未聽過這個人的名號。」不過，委託書之狼絕對不容小覷。誠如查理·葛林所言：「如果持有股票不能讓我成為合夥人，那他們大肆宣傳持有股票就能成為美國商業界的合夥人之一的說法，就根本是胡扯。」[6]

委託書之狼運動開啟了當今所謂的企業狙擊時代。一如 1890 年代末期的企業合併熱潮與 1920 年代的股票市場操縱者，這些委託書之狼公然挑戰了美國人對資本主義及其社會影響的想法。這些年輕人高喊著「股東利潤優先」口號，並倉促強行進入董事會的作法，讓美國戒慎恐懼。當時多數人—包括很多企業高階主管—相信企業應以員工和社會福祉優先，利潤則是其次。不過，後來那種天真無邪的風氣很快就在這個國家消失。《霸榮》雜誌公開宣稱 1954 年是「委託書爭奪戰之年」[7]。那一年貓王艾維斯·普瑞斯利（Elvis Presley）錄製了他的第一張單曲，當時他那不入流的舞步就足以震驚了世間所有人。誰想得到短短不到三十年後，奧齊·奧斯本（Ozzy Osbourne）當眾咬下一隻蝙蝠的頭，還在阿拉莫紀念碑（Alamo）上小便？在此同時，卡爾·伊坎則坦率告訴一家標的公司的執行長：「我做這一切都是為了錢。」[8]

1954 年最大規模的委託書爭奪戰—也是那個時代的委託書競逐戰的「代表作」—就是這種活動的始祖羅伯特·楊本人所啟動。C & O 鐵路公司的成功經驗讓羅伯特·楊更有膽識，他接著鎖定美國第二大鐵路公司，也就是著名的紐約中央鐵路公司。爭奪范德比鐵路線控制權的戰爭，就好

像一齣活生生的企業民主大戲，這場戲吸引了整個國家的目光。交戰的各個派系共花了超過 200 萬美元競逐委託書。[9] 羅伯特．楊在《與媒體見面》（Meet the Press）中，和對手唇槍舌戰，各大日報上也充斥懇求委託投票權的廣告。

當初「范德比艦長」（Commodore Vanderbilt，譯注：康尼留斯．范德比〔Cornelius Vanderbilt〕的綽號）是透過激烈的割喉競爭和幕後蒐購股票等手段，在 1867 年取得紐約中央鐵路的控制權。近九十年後，羅伯特．楊則是透過討好普通股股東來展開他的襲擊。他善加利用自己的戲劇天分，將代表著正式法律文件的股東公報，轉化為娛樂性十足且不敬的書信。他寫給紐約中央鐵路股東的信件，挑撥意味濃厚，其中一封信的結語雖詞藻華麗，但挖苦意味十足：

如果任何銀行業者、律師、貨運公司、供應商或其他人，懇求你把委託書交付給現任的董事會，一定要問他有何特殊利害關係，或問他紐約中央鐵路公司為了這項服務而給他多少好處。一如現在擔任董事的銀行業者，他可能想要透過你的鐵路或銀行業者得到特殊的好處。[10]

羅伯特．楊是委託書之狼圈子裡的老手，而紐約中央鐵路公司委託書爭奪戰堪稱他和華爾街權力體制長達幾十年的鬥爭的高潮。因為此時的他早已非常有錢，分別在佛羅里達的棕櫚灘和紐約羅德島的紐波特興建了豪宅。不過，在他眼中，紐約中央鐵路是一項終極戰利品，是打敗摩根家族及其同夥並贏得范德比鐵路線的終極戰利品。

獨行俠

羅伯特・楊在 1916 年展開他的商業職涯，他最初是在杜邦（DuPont）黑色火藥工廠擔任低階的火藥生產工人。不出多久，他就成為生產線上火藥生產量最大的員工，並因此獲得表揚。後來，他的值班主任發現他既識字又懂得寫字，又進一步提拔他。到第一次世界大戰結束時，一路升遷的羅伯特・楊已成為杜邦公司位於德拉瓦州威明頓的財務部門員工，而且直接隸屬財務長唐納森・布朗（Donaldson Brow）管轄。

皮耶・杜邦（Pierre Du Pont）取得該公司的控制權不久後，羅伯特・楊便追隨布朗到通用汽車。他後來以文字描述他在 GM 工作七年期間的狀況：「我接受企業財務相關的訓練，我相信，放眼全國，沒有其他任何工作機會能比得上這個職務。」[11] 羅伯特・楊在 1927 年成為副財務長，而那正是 GM 邁向全盛時期之際。布朗向他保證，他遲早會晉升為資深高階主管，只是時間的問題。不過，羅伯特・楊心知肚明，通用汽車的最高主管職缺已被亞弗瑞德・史隆（Alfred Sloan）和唐納森・布朗卡位完畢。於是，他在 1929 年夏天到華爾街碰運氣，雖然此時的華爾街依舊火熱，但累積多年的財富將在短短幾個月內化為烏有。

接著，羅伯特・楊成為艾奎股份（Equishares）公司的財務長，該公司是皮耶・杜邦與約翰・拉斯寇伯（John J. Raskob）共同成立的新投資公司。[12] 由於他在股市崩盤前抱持偏空的看法，加上事後的選股相當精準，故在這家公司累積了相當不錯的資本基礎，也贏得了相當高的聲望。他在 1931 年購入紐約證交所的一個席次，並開始為自己及其他幾個客戶（包括布朗和史隆）的投資帳戶操盤。羅伯特・楊的操作成果非常優異。從 1931 年 3

月開始這項業務，到 1934 年和外部客戶終止關係為止，他的投資組合報酬率接近 40%，而這段期間，市場共下跌超過 70%。[13]

不過，羅伯特‧楊再次被他所謂「求變的活力」打敗。原本若不是布朗與史隆願意放任羅伯特‧楊全權掌控投資組合，並支付高額的績效費給他，他並不樂意和他們合作。不過，不久後他便後悔這樣的安排，因為有一次羅伯特‧楊在沒有取得他們二人許可的狀況下到海外度假，布朗為此發了一頓脾氣。那時，羅伯特‧楊終於領悟到，為他人管理資金的他，不可能享有像管理自有資金那般的獨立性。他不僅得向兩個老闆報告，而且這兩人還是他十年前在 GM 的上司。於是，他決定自己成立一家公司。

不是虛張聲勢的紙老虎

1935 年，梵‧史威林詹（Van Sweringen）兄弟控制的超大型鐵路王國「阿列格尼公司」（Alleghany Corporation）因鉅額的債務負擔而崩潰。這對兄弟後來雖順利募集到足夠資金，在取消回贖權的法院拍賣場上買回這家公司，但他們在十四個月內相繼過世。

1937 年時，羅伯特‧楊和兩個合夥人以區區 640 萬美元，共同購買了梵‧史威林詹兄弟持有的 43%阿列格尼公司股權。這項交易讓當年僅四十歲的羅伯特‧楊實質掌控了 2 萬 3 千英里的鐵路，以及帳面價值高達 30 億美元的資產。[14] 當然，這家企業負債累累，而羅伯特‧楊很快就發現，若想要保住阿列格尼公司對那些鐵路的控制權，就必須和債權人展開激烈的鬥爭。他的第一場戰爭便是 1938 年為了爭奪 C & O 鐵路公司而和保證信託展開的委託書大戰。一直到 1942 年，羅伯特‧楊才終於保住他對阿列格尼公司股份的所有權，並取得 C & O 公司董事會的明確多數席次。

等到羅伯特‧楊穩住對阿列格尼和 C & O 公司的控制權後，他又展開一系列收購計畫，但都失敗，不過，那些經驗奠定了一個良好的基礎，讓他得以解決 1954 年和紐約中央鐵路之間的衝突。他鎖定的第一個目標是普爾曼公司（Pullman Company），該公司是臥舖車廂所有權人和服務提供者。它的母公司是是普爾曼企業（Pullman Inc），由於政府命令普爾曼企業拆解它的業務，於是普爾曼公司在 1944 年被交付拍賣。當羅伯特‧楊的出價最高的消息一出，由紐約中央鐵路公司領導的一個鐵路公司聯盟也提交它的出價。這促使羅伯特‧楊提高出價，只不過，該鐵路公司財團隨即又提出一個和羅伯特‧楊不相上下，但獲得普爾曼企業董事會接受的出價。羅伯特‧楊當然大聲叫屈。他向 ICC 及法院提起訴訟，並決定訴諸一般大眾。

1947 年，ICC 和最高法院確認該鐵路集團收購普爾曼的案件合法。[15] 不過，就輿論的層面來說，羅伯特‧楊贏得了明顯的勝利。就在普爾曼的董事會於 1945 年年底接受這個財團的出價後不久，羅伯特‧楊就開始在全國各地刊登以鐵路產業為目標的廣告。他相信這些鐵路公司收購普爾曼公司後，原本因普爾壟斷業務而極端糟糕的顧客服務，將更永無改善的一天。他最著名的廣告詞是：「一隻豬走遍全國也不用換火車，但身為乘客的你卻要！」這句廣告詞引起長年對低劣鐵路服務不滿的顧客極大的共鳴。另一方面，羅伯特‧楊還將 C & O 吹捧為「顧客優先」的現代鐵路。

1947 年，羅伯特‧楊成功對強大的紐約中央鐵路打響第一炮。C & O 鐵路公司購買了超過 6% 的紐約中央鐵路公司股票後，羅伯特‧楊要求取得董事會的代表席次。他如法炮製，發起一場和對付普爾曼時相似的廣告戰。那些廣告被設計成 C & O 公司寫給紐約中央鐵路公司的備忘錄。其中一項備忘內容寫道：「C & O 公司致紐約中央鐵路之備忘二：為長期遭到

忽略的通勤者請願。既然服務可立即改善，何不現在就為他們提供更好的服務？」[16]

不久前才剛阻止羅伯特・楊介入普爾曼的 ICC，此時又限制他不得同時擔任 C & O 鐵路公司和紐約中央鐵路公司的董事，因為該委員會判定，一旦這兩家公司的董事擁有連鎖董事資格（interlocking directorships），就會導致兩條鐵路之間的競爭減弱。羅伯特・楊因 ICC 的這個「兩面審判」而震怒，因為 ICC 其實默許許多其他利益衝突的存在，包括那個鐵路公司聯盟收購普爾曼公司一案。當下來看，紐約中央鐵路公司贏得了勝利。不過，雖然羅伯特・楊垂頭喪氣地離開，但他的努力已在大眾心目中留下良好的印象，他甚至上了《時代》（Time）雜誌封面。就在 ICC 做出不利於他的判決之前，羅伯特・楊告訴一個記者，他隨時可以辭去 C & O 公司董事長職務，「在公開市場上一決高下。」他還補充：「他們太了解我了，知道我不是虛張聲勢的紙老虎。」[17]

1954 年 1 月 19 日當天，羅伯特・楊宣布辭任 C & O 鐵路公司董事。他也宣布，阿勒格尼公司已賣掉 C & O 公司的大批股權，並成為「紐約中央鐵路公司的大股東。」[18] 就算有任何人搞不清楚羅伯特・楊此舉的用意，也能從 C & O 公司的新聞稿上得知，羅伯特・楊已是「依法可取得另一家鐵路公司控制權的自由身。」[19]

短短幾天前，羅伯特・楊才剛在棕櫚灘和范德比艦長的曾孫哈洛德・范德比（Harold S. Vanderbilt）見面。哈洛德・范德比以發明「合約橋牌」（contract bridge，譯注：簡稱橋牌）而著稱，他是在等待通過巴拿馬運河的遊艇上發明這項遊戲的。他是羅伯特・楊的朋友，也是羅伯特在棕櫚灘和紐波特的鄰居，另外，他還是紐約中央鐵路公司的董事之一。整個局面

對范德比來說非常遺憾，因為羅伯特・楊這次和他見面是為了討論生意。羅伯特・楊說他和合夥人亞倫・克爾比（Allan Kirby）正大量收購紐約中央鐵路公司的股份，而且說明他的目標是要當該公司的董事長和執行長。范德比告訴羅伯特・楊，董事會將在 2 月 10 日召開的下一次會議中討論這件事。范德比說，當他把這些訊息轉達給紐約中央鐵路公司的執行長威廉・懷特（William White）時：「呃…情況顯示，下一場股東大會似乎將爆發一場委託書爭奪戰。」[20]

此時的威廉・懷特擔任紐約中央鐵路公司執行長還不到兩年。他和羅伯特・楊同齡，而他躍上權力顛峰的歷程也和羅伯特・楊一樣戲劇化。不過，雖然懷特的對手在火藥、車廂和資產負債表方面訓練有素，他本人也不是省油的燈，他是徹頭徹尾的鐵路人。他十六歲時就從高中輟學，到伊利鐵路公司上班。接下來二十五年間，他曾受雇於維吉尼亞鐵路公司（Virginian Railway），擔任總經理職務。三年後，他又擔任德拉瓦、克拉瓦納與西部鐵路（Delaware, Lackawanna & Western）的總經理，並在這家公司創造了令人驚豔的營運與財務轉機。

2 月 2 日當天，他們兩人在克萊斯勒大樓頂樓共進午餐，一開始，他們熱誠地討論鐵路產業的種種，接著，羅伯特・楊建議採用一項折衷方案。他提議讓懷特繼續當該公司的總經理與營運長，而羅伯特・楊則擔任董事長和執行長，而且他承諾提供一套價值不斐的股票選擇權方案給懷特作為酬庸。

但威廉・懷特並不打算為羅伯特・楊效命。從他加入紐約中央鐵路公司以來，該公司的盈餘增加了 37％，年度股利金額也從每股 50 美分增加到 1 美元。他是美國國內最受敬重的鐵路人之一，而且，他還兼任其他公

司的董事，包括美國電話電報公司（AT&T）與全國餅乾公司（National Biscuit，後來改名為納貝斯克公司〔Nabisco〕），外部商業歷練相當豐富。所以，他隨即拒絕羅伯特·楊提出的條件。幾個星期後，有人問懷特那伊頓午餐的結果是什麼，他回答：「橫豎我沒親吻那傢伙就是了。」[21]

董事會召開當天，羅伯特·楊宣布，如果他和克爾比未能成為董事，他將發動一場委託書爭奪戰。但紐約中央鐵路公司的董事會不為所動。它宣布：「若答應楊先生的要求，將有害本公司的最大利益…本公司大約在十八個月前才和懷特先生簽訂合約，禮聘他擔任總經理與執行長，而如今董事會並不願意懷特先生讓出他的職位。」[22]

就這樣，戰爭啟動。

羅伯特·楊回應：「真正的問題在於，如果是在股東與大眾獲得良好的服務而非被懲罰的前提下，公司的所有權人是否…能夠享受到美國體系中每個誠實企業都必須齊備的要素—也就是一個擁有紮實所有權且樂意強力為所有權發聲的董事會。我敢打包票，紐約中央鐵路的所有權人將在 5 月 26 日做出正確的決定。」[23]

威廉·懷特為討好外行的小投資人，承諾股東他將「赤手空拳打這場仗」。[24] 但他將所有的廣告預算全部配置到委託書爭奪戰上，還聘請紐約最頂尖的公關公司和該公司的外部廣告代理商合作。懷特將他的團隊以及其他專業的領導企業如委託書徵求公司喬傑森公司（Georgeson & Company）、克瑞瓦史萬摩爾公司（Cravath, Swaine & Moore）及克雷利高托列伯公司（Cleary, Gottlieb）等法律企業結合為一個強大的團隊。[25] 這個團隊嚴密分析紐約中央鐵路公司的股東群，以鎖定正確的州和媒體市場。紐約地

區的股東最多，大約佔總數的 30%，接著依序是俄亥俄州、賓州和伊利諾州。麻瑟諸塞州與加州也有不少股東。總之，這即將成為一場全國性的運動。

紐約中央鐵路公司的董事會充斥商業名人，包括美國最有勢力的銀行業高階主管。摩根集團的董事長喬治·惠特尼（George Whitney）就是紐約中央鐵路的董事之一，另外，大通國家銀行（Chase National Bank）、梅隆國家銀行及信託（Mellon National Bank and Trust），以及第一國家銀行（First National Bank）的總經理也都擔任該公司董事。除了摩根集團和梅隆集團的人馬，董事會裡還有兩個范德比家族成員，包括哈洛德和威廉·范德比，以及其他許多成功的商人。

懷特的防衛策略非常單純，**他將主打自己上任後的個人經營記錄與公司績效**。他相信，如果股東能看透羅伯特·楊的口號，就會搞清楚狀況，緊緊追隨經驗豐富的鐵路公司經理人。懷特也感覺自己有責任幫美國商業界抵抗羅伯特·楊所導入的那種民粹威脅。他不希望紐約中央鐵路公司成為第一家落入委託書之狼手中的大型企業。懷特在為了這場運動而召開的第一場會議中告訴他的幕僚：「如今美國企業所有權的分散程度已達到歷史新高，那是好事一樁，代表民主。但如果放任分散的所有權成為搧動者的工具，那就是…一種不幸。」[26]

相對的，羅伯特·楊一開始只用一個小團隊來應戰。他並未宣布完整的董事會候選人名單，而是選擇在委託書徵求活動期間，陸續向大眾推介這些人選，讓每個雀屏中選的人獲得最大的媒體曝光度。羅伯特·楊沒有聘請外部公關公司，也沒有找廣告代理商，因為他偏好自己寫廣告文案。他和克爾比找來 C & O 鐵路公司的公關主管來協助他們，另外只聘請幾個

資淺的助理協助處理行政事務和電話接聽事宜。羅伯特‧楊計畫向「大眾」說明「鐵路產業的概況 —— 連家庭主婦都懂得的概念。」[27] 當時一名公關業高階主管非常讚嘆羅伯特‧楊的文案撰寫能力 ——「只用隻字片語」[28] 就造成強大的效果。不過，儘管羅伯特‧楊的語言非常簡化，卻對紐約中央鐵路構成了精密且多面向的攻擊。他的三大主題是：

1）一定要用一個「以所有權作後盾的董事會」，取代紐約中央鐵路公司目前遭到銀行業者支配的董事會；

2）紐約中央鐵路公司的營運績效和股利發放記錄，相對比 C & O 公司差；

3）羅伯特‧楊所勾勒的鐵路產業願景：高速通勤鐵路與橫跨整個美國大陸的直達列車服務，用以對比紐約鐵路公司目前賦予乘客的劣質通勤體驗。

羅伯特‧楊將他的委託書徵求活動描繪為一場「大衛對上歌利亞」的戰爭。他主張，紐約中央鐵路董事會中那些呼風喚雨的銀行業利害關係人，正暗渡陳倉地一步步將公司的寶藏，拿去支應那一群委託書徵求部隊、廣告代理商和律師的酬勞。相對的，羅伯特‧楊的團隊則是自掏腰包，自負相關成本。羅伯特‧楊承諾，如果他順利當上董事長，一年只會象徵性地領 1 美元的薪資。他解釋，他擘畫中的董事會將會以所有權作後盾，故這個董事會一定會和外行的小股東（也就是他所謂的「珍妮阿姨們」〔Aunt Janes〕）站在同一陣線，共享利益。

在推敲股東宣傳文案與向小股東傳達各項訊息方面，羅伯特‧楊擁有一項獨特的優勢，就是「時間」。威廉‧懷特是一家大型鐵路公司的經營者，他得花很多心力在這個經營績效不彰的公司上，所以，他受到許多箝制。

他的委託書競逐活動團隊一週只能集會兩次，討論相關的策略。然而，羅伯特‧楊則每天投入委託書爭奪戰。他每天召開媒體會議，甚至花幾個小時處理電話事宜。他猛烈的攻擊砲火讓懷特疲於奔命，無法及時回應，而每每一回應，羅伯特‧楊又譴責懷特花太多時間在委託書爭奪戰，沒有認真經營公司業務。羅伯特‧楊指控，公司付華特薪水是要他負責經營鐵路業務，不是要他爭奪委託書，而懷特則暴躁地回應，藉由贏得委託書爭奪戰來保護股東，是他身為執行長的職責之一。懷特還補充，他依舊積極「經營紐約中央鐵路線上每一個點」的鐵路業務，「但我永遠不會是躺在棕櫚灘或紐波特經營鐵路業務。」[29] 在爭奪活動展開後六天，所有砲火逐漸轉為人身攻擊，愈來愈有針對性。

2 月 23 日當天，威廉‧懷特得知 C & O 鐵路公司持有的 80 萬股紐約中央鐵路公司股份（約該公司 12%的股權）即將轉手。不過，由於買方或賣方方面都沒傳出進一步資訊，故懷特逕行發出聲明：「似乎有人正共謀些什麼見不得人的勾當。」[30]

懷特和羅伯特‧楊都知道，C & O 公司持有的紐約中央鐵路公司股權（那是羅伯特‧楊擔任 C & O 鐵路公司董事長時購買的）攸關這次投票結果。財經專欄作家約瑟夫‧李文史東（Joseph A. Livingston）對那一大批股票的描述是：「它倒向誰，誰就會拿下紐約中央鐵路。」[31] 不過，由於 C & O 公司為了避免違反托拉斯法，而將這些股份交付信託，所以，以羅伯特‧楊的朋友兼盟友塞路斯‧伊頓（Cyrus Eaton）為首的 C & O 鐵路經營團隊，並不能拿這一批股票來投票。這一批股票的投票受託人是大通國家銀行，而該銀行總經理帕西‧艾伯特（Percy Ebbott）是紐約中央鐵路公司的現任董事。羅伯特‧楊在 1 月份和艾伯特見面後，自信滿滿地認定該銀

行將在委託書爭奪戰中保持中立。不過，艾伯特參與了拒絕他擔任董事的無異議投票後，羅伯特・楊終於認清事實，認定大通銀行最終一定會投對他不利的票，所以，他一定要設法將 C & O 持有的紐約中央鐵路股權，轉移到對他較友善的人手中。

羅伯特・楊找到兩位顯赫的德州石油業人士——席德・理查森（Sid Richardson）和老克林特・莫奇森（Clint Murchison Sr.）來購買這些股份。為了幫這兩個德州佬控制風險，並確保交易價格能讓 C & O 公司滿意，羅伯特・楊的阿列格尼公司貸款 750 萬美元（總交易價款為 2000 萬美元）給理查森和莫奇森。阿列格尼公司甚至發行一項允許這兩個德州佬在那些股票跌破其購買價時，可將所有股權賣回的「賣權」。羅伯特・楊的合夥人亞倫・克爾比又另外貸款 500 萬美元給這兩個人，同時發行另一半的賣權。換言之，阿列格尼公司和克爾比對這兩個德州佬的總貸款金額，不僅超過其購買價格的 60%，而且還保證他們的投資絕對不會虧本。

紐約中央鐵路當然想盡辦法試圖阻撓 C & O 公司的股票出售計畫。它拒絕將股票憑證過戶給理查森和莫奇森，並訴請 ICC 啟動調查，而且，還在紐約最高法院提起訴訟，控訴這是一起「欺詐」交易。雖然和這個事項有關的訴訟一直延續到 5 月 26 日的股東會當天都沒有結果，羅伯特・楊還是成功達到目的－他讓這些股份失去投票權，換言之，大通銀行不能利用這些股份投對他不利的票。另外，他還將理查森和莫奇森納入他的董事候選人名單，藉此進一步提高他的威望。因為在一般人眼中，理查森和莫奇森都是非常精明的商人，政商關係更是不在話下。此刻，羅伯特・楊的「以所有權為後盾的董事會」，已代表近一百萬股股份的所有權。威廉・懷特對事件發展的逆轉感到失望，不過，他還是繼續為這場競逐活動加油添醋。

他指控利用小股東獲勝的羅伯特‧楊，顯然忘了他自己公司－阿列格尼公司－的小股東權益：阿列格尼公司的股東有任何理由要擔保那兩個有錢的德州石油界人士絕不會因投資紐約中央鐵路的股份而虧本嗎？

「保證獲利」

3 月 5 日那天，羅伯特‧楊寄了第一封信給紐約中央鐵路公司的股東。這封信是以阿列格尼公司的專用信紙書寫，上面介紹羅伯特‧楊、克爾比、理查森和莫奇森等異議董事候選人，同時還註明他們持有超過 90 萬股的股份，比現有董事會持有的 1 萬 3750 股多很多。[32] 那是一封簡短的正式信函，以法律文件的方式書寫。羅伯特‧楊甚至在幾個狀況下自稱是「署名者」。這是委託書之狼時代來臨前的典型股東溝通方式。舉個例子，當北方油管公司的董事會在對抗班傑明‧葛拉罕時，就曾在一封信的開場白中，禮貌性地承認葛拉罕的攻擊：「敝董事敬祈以此信告知…。」[33]

但不出多久，羅伯特‧楊就省略了那類拘泥的形式。接下來一個月，他孜孜不倦地為他的徵求活動撰寫最主要的信函，信中的語言愈來愈尖銳，但也愈來愈引人注目。羅伯特‧楊最後完成的 4 月 8 日致紐約中央鐵路股東信函，確實堪稱精心傑作，請詳本書第 208 頁。信件的第一頁只寫了幾個句子：「親愛的股東朋友們：請把提高股票價值的工作交給我們。以當前的市場價值計算，我們已購買了價值 2500 萬美元的股票，因為我們有信心能達到上述目的。」

羅伯特‧楊的 4 月 8 日信函列出了他打算取代紐約中央鐵路公司董事會的全部論述。他強調這家鐵路公司低落的營運績效，怪罪威廉‧懷特和董事會成員，並出示他自己在 C & O 鐵路公司的成績。羅伯特‧楊也質疑

該公司的資本配置決策，以及懷特優渥的薪酬和退休配套方案。他在那封信的結尾寫上前述的著名「警語」，警告股東要提防所有意圖徵求股東委託書的人。

信函結尾的警告內容尤其挑動了一條敏感神經 —— 很多時任紐約中央鐵路的董事因這段內容而感覺個人名聲受到侮辱，因為羅伯特・楊影射他們有不可告人的動機。其中一名董事還寫了一封公開信給羅伯特・楊，責難他不應「以老套且煽動的言論，指控並抹黑銀行業者涉嫌操縱一切並從事邪惡行為」。[34]公司董事會的憤怒反應讓羅伯特・楊感到非常訝異，所以，他決定在全國各地刊登只有上述警告內容的廣告。

羅伯特・楊的指控或許很老套又煽動，但他指控銀行操縱一切的說法，在 4 月 8 日的致股東信函中製造了一條最強大的訊息。他寫道：「請仔細想想，為何現任董事會裡的四個銀行業者，一共才持有 450 股的紐約中央鐵路股份，卻還堅持戀棧你們公司的職務？難道不是因為那四家銀行能因此獲得巨大的利益嗎？」從這場宣傳活動在 2 月份展開後的第一天，直到 5 月 26 日股東大會當天，羅伯特・楊都以這個「簡單疑問句」來作為他最具說服力的訊息：「你們希望公司董事會裡能有幾名和你們沒有利益衝突的大型所有權人，還是希望董事會充斥僅持有名義所有權，且多半和你們的利益抵觸的銀行業者？」[35]

懷特和紐約中央鐵路公司董事會的其他成員從頭到尾都堅持，羅伯特・楊以「公司遭銀行控制」為主軸的鬥爭活動太過輕佻。懷特說：「所有獨裁者都喜歡製造稻草人。」「這是小霸王戰術」[36]懷特主張，銀行業者不過持有十五席董事裡的四席，而且他們都盡忠職守地為股東的利益把關。但羅伯特・楊那種含沙射影的指控，打敗了公司派回應。他在 4 月 8 日的

信函中寫道：「這四家銀行的董事和主管，共控制了另外 50 家工業公司和另外 14 家鐵路公司，這些企業的總資產超過 1070 億美元。你們認為你們持有的紐約中央鐵路公司，能享受到這四個人多大的忠誠度？」

羅伯特·楊利用這封信的幾個段落來描述紐約中央鐵路公司那「令人遺憾的現況」。他拿阿列格尼公司持有的鐵路公司（包括他控制的 C ＆ O 鐵路公司）所獲得的財務報酬，來對照紐約中央鐵路公司差勁的股價表現。他還強調了紐約中央鐵路公司及懷特先前服務過的拉卡瓦納鐵路公司（Lackawanna）的幾項營運指標有多麼糟。當然，羅伯特·楊提出的數字並不全然都那麼有說服力。在競逐委託書活動期間，懷特和紐約中央鐵路公司也對羅伯特·楊及 C ＆ O 提出類似的批評，當然，他們只挑選的對自己有利的指標和期間，舉個例子，在懷特擔任拉卡瓦納鐵路公司總經理的十一年間，該公司股價上漲了 157％，而在同一段期間，羅伯特·楊主導的 C ＆ O 公司股價下跌了 7％。[37]

然而，羅伯特·楊揶揄懷特四至五年內只打算發放 2 美元股利的計畫，這一點確實命中懷特的要害。

在後續的委託書競逐賽中，這個揶揄讓懷特極端沮喪。羅伯特·楊不斷暗示，**如果是由他主導，紐約中央鐵路公司將能返還更多現金給股東**。羅伯特·楊在一次和懷特的言語交鋒中說：「如果紐約中央鐵路公司的資本報酬率能達到 C ＆ O 公司的水準，它的每股盈餘將高達 11 美元…基於去年的運輸量，我們很有可能在五年內將紐約中央的營運效率提升到 C ＆ O 的水準。到那時，應該能將至少約 60％ 的盈餘以股利形式發放給股東。」[38] 有錢能使鬼推磨，羅伯特·楊推估，股利對外行小股東的誘惑力特別大。

懷特說羅伯特·楊發放更高股利的承諾，是「最不切實際又蠱惑人心

的惡性手段。」[39] 他向《紐約時報》表示：「他滿口胡言，」「我認為，明知不可行，又用這種大幅增加股利的噱頭來誘惑股東，對股東很不公平，至少羅伯特・楊說的那些數字不可能實現，不管是在他有生之年或我有生之年都不可能達成。」[40] 他後來還刊登一則廣告回應羅伯特・楊，廣告上聲明：「一般來說，我偏好在實際上有進展且在真正獲利入袋以後，才公開說明這些問題。不過，現在是非常時期。要讓現有的經營團隊延續先前的進展並繼續創造新進展…或是要平白放棄那些進展，選擇相信某些空口無憑的承諾，請紐約中央鐵路公司股東自行判斷。」[41]

展露頭角的一刻來臨

就在雙方持續以各種信件並刊登大量報紙廣告的方式來轟炸股東之際，羅伯特・楊也同步擬定他的董事候選人名單。他最先列入的人選之一是華特・葛拉罕（R. Walter Graham），葛拉罕是巴爾的摩相當有名望的外科醫師，他在羅伯特・楊公開徵求被提名人時，出面表示他願意一試。他們兩人素未謀面，不過這個醫師持有 4 萬 1800 股的股份，的確有資格被羅伯特・楊納入名單。

雖然羅伯特・楊的多數其他選項都是諸如理查森和莫奇森等商業名人，他也納入了幾個出人意料之外的人選。羅伯特・楊在競逐活動初期宣布，他希望在候選人名單上納入一名女性。羅伯特・楊說：「我們需要女性一同來參與鐵路業務，」[42] 他最後選擇了《讀者文摘》的共同創辦人暨共同編輯莉拉・貝爾・阿契森・華勒斯（Lila Bell Acheson Wallace）。著名的企業牛虻（譯注：指維權股東）薇爾瑪・索斯（Wilma Soss）對這個決定相當欣慰，因為她是「美國企業女性股東聯盟」（Federation of Women Shareholders in American Business）的創辦人。她曾問懷特，紐約中央是否也計畫提名女性董事，而懷特回答她：「董事會已沒有缺額。」[43]

加入華勒斯後不久，羅伯特‧楊又在名單中「標註」了紐約中央鐵路公司的退休火車頭工程師威廉‧蘭德斯（William Landers）。蘭德斯是在紐約中央鐵路公司服務四十二年的老兵，他是火車頭工程師工會的成員之一，也是該公司股東。1930 年代初期，他透過員工股票購買計畫，買了 80 股的股份。蘭德斯是非常有天分的工人，而且在委託書競逐活動期間，他花非常多時間沿著紐約中央鐵路系統，整合支持羅伯特‧楊的股東。

羅伯特‧楊加入名單的最後一個候選人，是大湖疏浚暨船塢公司（Great Lakes Dredge & Dock Company）的經營者威廉‧菲利（William Feeley）。菲利是聖母大學的畢業生，該校校長希歐鐸‧海斯伯格神父（Father Theodore Hesburgh）把他推薦給羅伯特‧楊。羅伯特‧楊表示，菲利不僅是個經驗豐富的高階主管，還是個善良的天主教徒。《紐約客》雜誌作家約翰‧布魯克斯（John Brooks）報導，懷特的幕僚成員之一在羅伯特‧楊宣布這項消息時，大喊：「這下頭痛了！」[44]

就在羅伯特‧楊完成董事候選人提名作業後，他開始對外發送雙方被提名人的持股明細表。羅伯特‧楊的候選人共持有 108 萬 9880 股，而現任董事會的候選人僅持有 7 萬 3600 股。羅伯特‧楊提名的人選中，有八個被提名人持有超過 1 萬股的股份。相反的，經營團隊的提名人選（共僅持有 6 萬股）中，只有哈洛德‧范德比持有 1 萬股以上，威廉‧懷特個人更只持有 1000 股。

隨著 5 月 26 日股東大會逐漸逼近，羅伯特‧楊和懷特也加強對對方的攻擊砲火。他們參加超過十二次現場轉播的廣播及電視節目，而且，彼此

之間的批評也愈來愈具針對性。紐約中央鐵路發送一份長達二十三頁的宣傳小冊給股東，以怵目驚心的文字質問：「羅伯特‧楊是個怎樣的人？」

羅伯特‧楊也不甘示弱，他以「卑劣的懷特謊言：回應對羅伯特‧楊的抹黑攻擊」為標題，發送另一份二十三頁的宣傳小冊。當然，懷特隨即以「羅伯特‧楊的真面目」還擊，懷特在這份小冊中表示，拿紐約中央鐵路的營運指標和 C & O 鐵路比較，簡直是「愚蠢到家」。而羅伯特‧楊則稱之為「懷特先生的狡猾宣傳小冊」。

雙方某些廣告的內容過於專業，一般人多半難以理解，例如羅伯特‧楊寫給摩根集團的喬治‧惠特尼的公開信中，批評紐約中央鐵路在 1938 年因一筆債券試驗而虧掉了 24 萬 7 千美元。另外還有一些很詭異的廣告，例如向來喜好駕駛遊艇和玩橋牌的紐約中央鐵路公司董事之一哈洛德‧范德比為一份廣告執筆，他寫道：「老待在棕櫚灘、紐波特和其他娛樂場所放鬆休閒的人，不可能學會鐵路經營事務，而楊先生多半都待在那些地方。由於近幾年，我自己也花了很多時間從事類似的活動，所以以我深知這一點。但我有自知之明，我並未立志成為紐約中央鐵路公司的執行長。」[45]

不過，也有一些廣告確實相當有說服力。其中最棒的一份是羅伯特‧楊提名的火車頭工程師董事人選「蘭德斯」所署名的一份全幅廣告。廣告一開始便寫著：「我當了 42 年的紐約中央鐵路忠誠員工，也持有公司股票長達 23 年。」「但即使我曾以公司的優良特質為榮，它乏善可陳的股利記錄卻讓我高興不起來。」這份廣告接著列出一份表格，詳細呈現蘭德斯在 1931 年買入該公司股票後的歷年股利發放記錄。他寫道，把錢藏在床墊下，還比投資公司的股票好，因為他投入的本金發生虧損。他的結論是：「某些人可能會說我對紐約中央鐵路不忠誠。他們錯了。我一生最引以為傲的

事蹟之一，就是公司在我退休時發給我紐約中央鐵路服務證書，以及被列入公司榮譽榜。真正對公司不忠誠的是本屆董事會裡的那些銀行人員，他們試圖阻擋持有超過 100 萬股股份的所有權人進入董事會，以便繼續霸佔那些位置。員工知道他們的惡行，股東也一樣，包括和我一樣只持有 80 股股份的人，或是持有 10 萬股股份的人。」[46]

在委託書競逐活動進入尾聲之際，懷特因五月號《財星》雜誌的發行而意外士氣大振。

那本雜誌的封面故事標題是〈羅伯特·楊的喧囂與騷動〉（*The Sound and Fury of Robert R. Young*），那是一篇嗜血的社論，文章內容質疑羅伯特·楊的「從商方法與道德」，並說他「一旦取得權力，將衍生令人驚慌的可能結果。」[47] 這份雜誌也刊登了一篇讚揚紐約中央鐵路公司近期績效的報導－「紐約中央鐵路再次動起來」。懷特和他的團隊因這兩篇文章而振奮不已，並試圖將這些文章整合到委託書競爭活動上。遺憾的是，懷特的律師否決採用任何使用冗長引用內容的廣告。《財星》雜誌的母公司時代公司也不希望它的內容被使用在這場競爭活動上，並拒絕讓紐約中央鐵路公司翻印這些文章。

懷特氣急敗壞地對他的律師大吼：「你們這些可惡的傢伙！別跟我說什麼事不能做！」「告訴我什麼事能做！」他有位公關顧問曾擔任媒體工作者，還得過普立茲獎，他告訴懷特，如果一定要冒險侵犯著作權，那就乾脆一不做二不休，做得霸氣一點。懷特說：「終於有人懂得我的想法了」[48] 最後，他們逐字翻印那兩篇文章，寄給每個股東。當然，他們沒有取得時代公司的許可，時代公司當然也對他們提起訴訟，最後，紐約中央鐵路

公司被罰了 7 千美元。懷特認為這是委託書爭奪戰中花得最值得的一筆錢。

在股東大會召開前兩晚，懷特做東宴請曾報導過這場委託書爭奪戰的媒體成員。他拿《財星》雜誌的「羅伯特・楊的喧囂與騷動」社論開玩笑：「我不懂文學，我原本不知道那句話是引用自《馬克白》（莎士比亞的名著）——『一個由白癡述說的傳奇故事，充斥喧囂與騷動，沒有任何意義。』引用得真好，對吧？」[49]

那晚餐敘即將結束時，幾杯威士忌下肚的懷特發表了一席演說，而且一百八十度改變他的說法。他說：「說到這件事，我真的搞砸了。」在競逐委託書活動期間，懷特一直非常有信心且沉著應戰。不管是為了他自己的利益，或是為了提振團隊士氣，即使是面對一堆壞消息，他從未顯露出沮喪的一面。不過，那天晚上，懷特因羅伯特・楊和在場媒體人不得而知的某件事而困擾著。其實當時紐約中央鐵路公司的財務狀況已無可救藥，連付薪水的錢都得對外求援。他在那一席演說即將結束時表示：「如果我們打敗這場仗—我的意思是在不可能的情況下被打敗—我希望在三十二樓和楊先生見面，討論我們的日常營運問題。如果有那麼一天，我希望他能好好收心，堅持做個五年。」[50]

1954 年 5 月 26 日當天，紐約中央鐵路公司免費讓股東搭乘從大中央車站到奧巴尼的股東專車。很多乘客身上戴著「心有羅伯特・楊」或「我們要懷特」之類的圓形徽章，當這兩個對手走向群眾，股東隨即簇擁著他們前進。奧巴尼現場有 2200 多名股東和記者，這些人擠滿了華盛頓大道「軍械庫體育館」（Washington Avenue Armory）。媒體工作者在報導這個事件時，還拿它和政治集會相比。

這座軍械庫是一棟類似城堡的雄偉建築，目前是次級聯盟籃球隊奧巴

尼傳奇隊（Albany Legends）的主場，偶爾也會舉辦一些現場娛樂節目，包括次級聯盟的終極格鬥賽、次級聯盟版的哈林籃球隊比賽，還有熱鬧的化妝舞會等。雖然 1954 年的紐約中央鐵路股東大會肯定是大聯盟級的活動，但這場會議很快就淪為現代化妝舞會及格鬥愛好者所謂的「狗屎秀」。

懷特竭盡所能地維持會議的進度，不過場上的搧動者不時打斷他。股東在走廊上閒晃並發表即席演說，擴音系統更偶爾從懷特的麥克風爆出震耳欲聾又尖銳的回音。當司儀介紹羅伯特·楊和他提名的董事時，群眾發出響亮的喝采聲，提名程序結束後，會議暫時趨於平和，因為大家都忙著享用免費的雞肉午餐盒。

午餐結束後，進入混亂的問答時間，這時場面又變得熱鬧哄哄。薇爾瑪·索斯發表了非常長的演說，甚至爬到講台上斥責懷特，最後被保全強迫請下台。等到局面開始穩定，羅伯特·楊又打斷會議，向在場股東宣布：「我很開心地向大家宣布，你們贏了。」懷特則透過他那嘶嘶作響的麥克風回應：「楊先生擁有做這種宣示的職權嗎？」[51] 他沒有。三名法律教授事後花了整整一個星期清點票數，接著再由另外兩位法律教授進行確認後，才公布正式的結果。

計票工作十分艱難，因為 90％的股東投了票，而且兩個陣營分別寄給他們七份委託書。

很多人一次投很多份委託書，但只有日期最接近的那一份才算數－這代表那些教授共必須檢視幾十萬份委託書。6 月 2 日當天，有消息走漏說羅伯特·楊贏得了徹底的勝利，不過，正式計票結果要到 6 月 14 日才公布。最後，羅伯特·楊以 106 萬 7273 票贏得勝利。如果不是裁判認定理查森和莫奇森持有的 80 萬股不算數，他贏的票數會更多。就在這項結果宣布後，

羅伯特‧楊馬上從克萊斯勒大樓走向他位於紐約中央鐵路的新辦公室。

正義之士的造反

雖然羅伯特‧楊和紐約中央鐵路之爭博盡媒體版面，「委託書爭奪戰之年」其實還發生了其他幾件特別吸引人的衝突。

就在紐約中央鐵路於奧巴尼舉辦股東大會後幾個星期，規模比它小得多的明尼亞波利斯與聖路易斯鐵路公司（Minneapolis & St. Louis Railway）也開始清點它激烈的委託書爭奪戰的投票數。以該公司的情況來說，一個以年輕律師班‧海尼曼（Ben Heineman）為首的投資集團購買了 25% 的股票，並要求在十一人董事會中取得三席的席次。海尼曼在此前三年因成功要求芝加哥大西部鐵路公司（Chicago Great Western Railroad）提高股利而一戰成名。不過，明尼亞波利斯與聖路易斯鐵路年邁的董事長暨總經理路西恩‧史普瑞格（Lucian Sprague，當時六十九歲）卻不把這個四十歲的新貴放在眼裡。他甚至不相信海尼曼自稱大股東的說法。他說：「如果海尼曼先生能證明他持有 10% 的流通在外股份，那他大可以召集特別股東會。我們相當期待他這麼做。」[52] 於是，海尼曼正面迎接史普瑞格的挑戰，而且，這一次他不再只是尋求取得三席席次，而是決定展開委託書大戰，爭取董事會的控制權。

海尼曼和明尼亞波利斯與聖路易斯鐵路之戰，和 1950 年代其他多數委託書爭奪戰不同。當時委託書之狼通常是鎖定經營不善且股東群極度不滿的企業。不過，明尼亞波利斯與聖路易斯鐵路是一家欣欣向榮的鐵路公司。它因小「皮奧里亞通道」（Peoria Gateway）而獲利豐厚，因為這個通道讓運輸業者多了一項選擇，得以避開芝加哥壅塞的鐵路。該公司幾乎零負債，

而且全面現代化 —— 100%採用柴油火車頭。（相反的，紐約中央鐵路的火車頭只有75%是採用柴油火車頭）。[53]

路西恩‧史普拉格的信譽多半來自這條鐵路的成績。1935年他從猷因塔鐵路（Uintah Railway）被挖角到明尼亞波利斯與聖路易斯鐵路以前，後者已處於「破產管理」（receivership）狀態達十二年。史普拉格將這條「傷殘且行動不便的鐵路」（Maimed & Still Limping，譯注，縮寫字和明尼亞波利斯與聖路易斯鐵路相同），改造為超高獲利能力的鐵路線。所以，他打從心底不相信一個沒有鐵路營運經驗的年輕律師，有辦法把他這個老功臣一腳踢開，畢竟他是一手將公司從破產邊緣救回的大功臣。

海尼曼對明尼亞波利斯與聖路易斯鐵路的主要不滿，在於該公司的股利發放率過低。相對於其他鐵路同業，該公司將盈餘發放給股東的百分比非常低。史普拉格對此的回應是，將盈餘投資回公司本業，是確保未來營收的最佳管道。針對這個論述，海尼曼主張，公司經營階層不僅在資本使用方面效率不彰，不必要的費用也過高（包括經營階層為了擺闊而浪費的大量金錢），若非如此，盈餘一定會高很多。海尼曼在一封寫給股東的信中提到：「對經營階層來說，明尼亞波利斯與聖路易斯鐵路是油水非常多的火車。」

海尼曼還發送一本稱為《油水火車的真相！》（THIS IS THE STORY OF THE GRAVY TRAIN!）的宣傳小冊給股東。這本小冊中詳述了史普拉格奢侈的花費，那些費用加起來，是他實際薪資的好幾倍，包括史普拉格夫婦的國際旅遊支出、兩部凱迪拉克名車，還有專任司機、每個月優渥的汽車津貼，以及明尼蘇達州一座私人小島的使用權。海尼曼指出，公司內部沒有人有誘因降低這些成本：因為史普拉格和現有的董事會只持有2350

股的股份，相較之下，海尼曼集團的持股則高達 20 萬股。[54]

明尼亞波利斯與聖路易斯鐵路的股東最終在在 1954 年 5 月踢走了路西恩‧史普拉格，那是紐約中央鐵路股東把票投給羅伯特‧楊的同一個月。史普拉格的垮台對全國各地商業精英的衝擊，應該遠大於紐約中央鐵路事件的影響。畢竟史普拉格是經營現代精密鐵路公司的專家，而且是真正在地的專家。[55] 這個事件發生後，大家才知道，即使是健康且有獲利能力的企業都有可能成為委託書之狼的囊中物。

當時的美國人雖然感覺造反活動有點令人不安，卻還是很受這類活動吸引，所以，委託書之狼總獲得非常多關注。1955 年時，《時代》雜誌發表一篇名為〈經營階層面臨的挑戰：突襲者〉的報導。一個委託書之狼在那篇文章裡宣稱：「我們帶領的是一場反革命，這是針對經營革命後必然衍生的不節制行為而發動的反革命。」另一個則說：「這是所有權人的造反。」[56]

班‧海尼曼向來是個思路清晰的思想家，對於這場運動，他向《財星》雜誌提出一個更根本的看法。他說：「當權力的界線無法更動，所謂突襲，就是一群投資人為爭奪執行董事資格而投注的努力。」[57]

海尼曼的委託書之狼同儕，多半以更羅曼蒂克的觀點來看待自己在市場上的角色。例如，羅伯特‧楊就自認是對抗紐約中央鐵路的歌利亞的大衛，換言之，委託書之狼自認是捍衛股東權利的英勇戰士。最有魅力的委託書之狼路易斯‧沃夫森（Louis Wolfson）更說：「某些靠著股東的錢而欣欣向榮的俱樂部已因我而倒閉，而我還打算讓更多這種俱樂部關門大吉。」[58]

沃夫森曾是大學足球隊隊員，擁有好萊塢級的俊俏外表，但後來他成為令人畏懼三分的**無情企業清算者**。1949 年時，他購買了華盛頓特區首都公車公司（Capital Transit Company）的 51% 股權，目的是為了取得該公司的部分淨營運資金。接著，他隨即提高對股東發放的股利金額，不久後，他的投資不僅全部回收，還賺了 50% 以上的利潤。在此同時，他要求主管機關提高票價，並拒絕和員工組成的工會，共同就一項退休金爭議進行仲裁。1955 年時，首都公車公司的一場罷工導致華盛頓特區的巴士和有軌電車停駛。沃夫森的主管機關極度憤怒。參議院的一個次級委員會將他傳喚到華盛頓特區，要求他解釋為何要那麼做。該委員會的成員之一在參議院會場上說，沃夫森「似乎認為他比國會還大。」[59] 聽證會上的一切，證明那個參議員說得一點也沒錯—沃夫森根本就目中無人。他為自己在首都公車實施的政策辯護，並解釋他為何採用那麼開明的股東股利發放政策，而且說，如果不提高票價，他就不會幫員工加薪。總之，他的訴求就是股東優先。在沃夫森眼中，股東優先的概念確實比國會更重要。當時他正針對蒙哥馬利華德（Montgomery Ward）展開極高調的委託書爭奪戰。有一名記者問他，既然已經賺了那麼多錢，為何他還在跟企業搏鬥。沃夫森回答：「我對股東有責任，就像華盛頓那個弱小老太太告訴我的，她全部的收入只剩公車公司發放的股利，所以她祈禱我會贏。如果那樣的請託都無法深深感動我，那我還是個人嗎？」[60]

　　但路易斯‧沃夫森終究是個精明又實際的商人，他能為了保護一個弱小老太太的股利，放任許許多多其他老人因公車罷工活動而不得不走路回家。不過，雖然沃夫森似乎流於偽善，他卻是委託書之狼世代最有意思且最才華洋溢的人物之一。他不僅對國會和主管機關表現出不以為然的態度，

還直接槓上證券交易委員會的決定，這讓他付出慘痛的代價。沃夫森的財務生涯最終以屈辱和毀滅收場，他因出售某股票違反 SEC 的申報限制而被關進監獄。[61] 不過，最後沃夫森用他自己的股票公開上市公司馬瑞特商號（Merritt-Chapman）做了一件事：他沒有讓這一條油水豐厚的鐵路繼續營運，而是基於股東最大利益考量，清算掉這個鐵路公司；很少維權投資人會用自己的投資工具來做這種事。

　　至於其他委託書之狼雖口口聲聲支持股東，但他們的民粹主義訴求都有著非常明顯的破綻。雖然這些人在介入前對專業經理人抱怨連連，但等到自己掌控董事會後，一樣從事很多相同的惡行。事實上，羅伯特・楊就利用阿列格尼公司的資金來購買 C & O 公司持有的紐約中央鐵路公司股權，他將這些股票的所有潛在增值空間全部奉送給理查森和莫奇森，阿列格尼公司的股東不僅沒拿到好處，還得承擔所有風險。另外，其他委託書之狼也陸續遭指控有自肥之嫌，到最後，他們自己的投資工具最終也多半成為其他維權股東鎖定的染指目標。

　　即使是透過長年的職涯取得超過八十家企業控制權且備受敬重的湯瑪斯・梅隆・伊凡斯，面對「少數股東」（minority shareholder）對他提起告訴的情況時，都習慣以不公平手段來對待那些股東。伊凡斯是委託書之狼世代的巨擘之一，他將旗下兩家主要的投資工具——克蘭公司（Crane Company）與波特公司（H. K. Porter）改造為超大型企業。波特公司最終不顧少數股東的反對，強行轉為私人企業。克蘭公司則是設置**黃金降落傘**（olden parachute）和**毒藥丸策略**，來化解潛在惡意股東介入的可能。誠如黛安娜・亨利克斯（Diana Henriques）在一本和伊凡斯與委託書之狼有關的精彩書

籍——《華爾街大白鯊》（*The White Sharks of Wall Street*）——中指出的，克蘭公司表示，它的毒藥丸將能防範**「無理的收購作業」**——如突襲者在沒有支付「足夠溢價」（premium）給股東的情況下，購買具有控制力量的權益。亨利克斯接著指出，「但那曾是年輕時的湯姆‧伊凡斯最喜歡的遊戲。」[63]

就某些方面來說，**委託書競逐戰比較不像民粹運動，而像是某種殺手投資策略**。似乎每一個漫長的多頭市場都會衍生一股合併熱潮，有心人也都會想出一個聰明的方法來利用這種熱潮圖利。1950 年代的牟利策略，就是利用徵求委託書的方式來接手企業控制權。不過，我們不能忽略委託書之狼對市場和股票公開上市公司持久且深遠的影響力。先前除了類似班傑明‧葛拉罕等外部人，鮮少人（包括內部人和外部人）會把股東權利和股東價值等概念放在心上，但在委託書競逐運動的影響下，世人在辯論股票公開上市公司的角色時，這兩個概念又成為主題，最終甚至成為最重要的概念。而雖然多數委託書之狼隨著時間的流轉而變得沒沒無聞，他們的戰術卻獲得後續幾個世代的大型綜合企業集團首腦、企業狙擊手及維權避險基金的改良與採用。

每下愈況

羅伯特‧楊擔任紐約中央鐵路公司董事長後，第一年的表現確實不孚眾望。他從丹佛、格蘭德河暨大西部鐵路（Denver & Rio Grande Western Railroad）引進亞佛瑞德‧帕爾曼（Alfred Perlman），他們兩人努力改善紐約中央鐵路羸弱的財務狀況，同時將陳舊的資產一步步現代化。1955 年，該公司的盈餘大幅增加，股價也一飛沖天，故羅伯特‧楊的投資報酬一度

高達一倍以上。但到了 1957 年，整個鐵路產業因貨運量急速減少而陷入困境。隨著經濟體系在 1958 年急速陷入衰退，紐約中央鐵路公司的盈餘也衰退了 78%。[64]

1957 年年底，開始有謠言指稱羅伯特‧楊的財務出狀況。到那個時點，理查森和莫奇森的賣出選擇權（put option）履約價（exercise price）已高達他們的紐約中央鐵路持股市價的一倍之高，所以，他們將 80 萬股股份全數賣回給阿列格尼公司和亞倫‧克爾比。羅伯特‧楊持有的阿列格尼公司及紐約中央鐵路公司股份的價值因此大幅縮水。

紐約中央鐵路公司董事在 1 月份集會討論公司的財務狀況，最後投票表決取消發放每一季的股利。會中有幾名董事開始意識到羅伯特‧楊不太對勁，他似乎有點安靜又冷淡。事實上，他們先前已聽說他財務出狀況的謠言，也表達願意出手相助，但羅伯特‧楊向他們表達感謝，還說他的財務狀況好得很。那個星期稍晚，他在棕櫚灘的自家豪宅裡，用一把短槍結束了自己的性命。謠言指稱羅伯特‧楊死時已身無分文—說他的阿列格尼公司與紐約中央鐵路公司股份導致他破產。

但事實上，羅伯特‧楊留下非常龐大的遺產，包括現金、證券、藝術品和房地產。[65] 他其實是死於抑鬱症，他一生多數時間都為這個病症所苦。在他過世二十年前，也就是保證信託宣布他違約拖欠債款不久後，羅伯特‧楊就曾因嚴重的精神衰弱而住院。在紐波特療養院期間（不久後，他重新振作，對保證信託展開委託書大戰，就此揭開了委託書之狼運動的序幕），他寫了一首詩：「直到今日，我看似一路扶搖直上，但如今我才發現，原來我是每下愈況，而且加速沉淪，直到眼前隱約出現朦朧的空虛…」[66]

羅伯特‧楊過世後，阿列格尼公司的大股東們很快就開始搶奪該公司

的控制權。亞倫‧克爾比短暫取代羅伯特‧楊，成為董事長和總經理，但很快又在 1961 年被克林特‧莫奇森（Clint Murchison）的兩個兒子小克林特與約翰驅逐。克爾比被驅逐後，他試圖找出重新取回阿列格尼公司控制權的最佳方法。但這時，股票公開上市公司已更懂得如何抵禦外來的委託書戰爭。諸如路西恩‧史普瑞格那種因過度自信而低估對手並導致自身受創的高階主管早已不復見。

1950 年代末期，因委託書爭奪戰運動而興起的眾多「家庭工業」——包括**公關業、委託書徵求業和法律攻防業**——都已成為大型企業。湧入最多資金和人才的是法律企業，精通收購戰的新一代優秀律師陸續在這個行業崛起。

1959 年以聯合工業公司（United Industrial Corporation）為目標的委託書爭奪戰，簡直像喬伊‧弗洛姆（Joe Flom）和馬汀‧利普頓（Martin Lipton）兩人的訓練場，他們是形塑未來幾十年收購產業的重要功臣。[67] 弗洛姆努力開發收購業務，最後將世達法律事務所（Skadden Arps）打造為世界最大的法律公司之一，而利普頓則成為發明毒藥丸的卓越企業防禦者。

在這些幹勁十足的智囊團協助下，股份有限公司開發了許多抵制惡意股東的聰明戰術。當班‧海尼曼意圖染指固利奇公司（B. F. Goodrich）時，該公司簽訂一項 25 億美元的貸款協議，根據這項協議，一旦該公司被收購，那筆貸款就會違約。[68] 企業經常會透過能夠消耗過多現金的收購活動，來逼迫狙擊手打退堂鼓，或是為收購者的投資工具製造反托拉斯問題來遏止他們的意圖。某些公司甚至發動反擊，以攻代守。

舉個例子，就在李奧波爾德‧席伯斯坦（Leopold Silberstein）為了爭奪費爾班摩斯公司（Fairbanks Morse）而發起委託書爭奪戰之際，費爾班摩

斯公司的總經理小羅伯特‧摩斯（Robert Morse Jr）則支持阿爾特‧蘭達（Art Landa），對席伯斯坦的投資工具賓州德州公司（Penn-Texas）發動了一次成功的攻擊。[69]

但以阿列格尼公司的情況來說，亞倫‧克爾比擔任阿列格尼董事長時，並不願針對精明的莫奇森兄弟展開昂貴且結局叵測的委託書戰爭。取而代之的，他迅速且積極購買足夠保障控制權的股份。這是他的最佳攻擊戰術，而這項戰術也成為 1960 年代最受偏好的購併武器。而要在公開市場上大量買足股票，最有效的方法就是**惡意公開收購**（tender offer）。

隨著委託書爭奪戰逐漸退流行，惡意公開收購漸漸蔚為風尚，委託書之狼也被企業狙擊手取代。

3

華倫・巴菲特對上
美國運通：

大沙拉油
騙局

「讓我向你保證，絕大多數的股東（雖然或許不是說話最大
聲的股東）認為你們的表現非常卓越，儘管公司遭受這種多
半應歸類為天災的颱風踩躪，你們卻讓這艘船得以維持穩
定，更帶領大家全速前進。」

——華倫・巴菲特，1964 年

每次聽華倫‧巴菲特談投資，總會讓人感覺投資好像很容易。他的某些投資哲學一脈相承自班傑明‧葛拉罕：他將股票視為一家企業的部分所有權，而且只在有安全邊際的情況下購買股票。不過，巴菲特和葛拉罕不同的是，當巴菲特找到一檔交易價遠低於其內在價值的證券時，他會避免分散投資，換言之，他會集中購買一大批部位。在擁有過人理性思考天分的華倫‧巴菲特眼中，這種價值投資策略很容易。但對我們這些凡人來說，那卻像個充斥實戰者屍體的地雷區。採用那種超級集中投資的價值型投資策略，絕對難以避免犯下自毀前程的錯誤，不過，華倫‧巴菲特是這項法則的例外。

　　我每年都會到奧馬哈朝聖—去參加巴菲特和他合夥人查理‧蒙格（Charlie Munger）在波克夏海威公司股東會上長達六個小時的問答時間。聽他們談論商業和產業見解，永遠也聽不膩。我甚至不在意他們討論政治和總體經濟情勢。然而，每當他們用哲學家的角度來說明價值投資法，我卻總感到有點坐立不安。

　　具體來說，巴菲特和蒙格對於價值投資的說法並無不實。他們說，就算你沒有超級高的智商，也能成為一個成功的投資人；他們說評估特定產業的競爭動態和評估企業的價值相對容易；他們說，如果你有足夠的耐心，市場就會投一些好球讓你揮大棒；他們說，如果你的研究能力很強，那麼，把投資組合的資金集中投資到你最好的投資想法，將會獲得最好的成果。確實，這些說法都沒錯。

　　華倫‧巴菲特所說的每一個價值型投資策略信條都可謂真理，不過，我們必須和一個殘酷的諷刺對抗：巴菲特風格的投資方法，可說是為了強化不理性思考而量身訂做；沒有什麼東西比超級大的部位更能誘發出投資

組合經理人的不理性（所謂不理性是指他面對貪婪與恐懼動力時的弱點）傾向。蒙格曾說，就算把他扣除負債後的所有財富，全部投資到某一項標的，他也能怡然自得。但如果帶著最誠摯的心去參加波克夏海威公司股東大會的商學院學生，真的一開始就採用他們所說的投資方法，那他們的職涯很可能還來不及展沒開就已結束。唯有超級冷靜的投資人才能成功利用那種集中投資的價值型投資法來賺錢。

華倫‧巴菲特的傳記《雪球》，並不是述說這個來自美國心臟地帶的普通人，如何透過努力奮鬥與決心來獲得成就的故事。巴菲特是個奇才，即使是他最糟糕的錯誤，都隱含很有意思的教誨。舉個例子，波克夏海威公司就是一項爛投資。該公司結合了高資本密集和低投入資本報酬率等致命特質。換言之，你必需投資非常大量的資金到公司的業務，才能換回微薄的報酬，甚至沒有報酬可言。不過，不知怎地，巴菲特竟成功將波克夏改造為世界上最有價值的企業之一，且目前有高達 34 萬名員工。

一如其創始人，波克夏海威公司本身也是個異數，該公司是一家龐大且多角化的全球性大型綜合企業集團，但不知怎地，它保留了非常卓越的企業文化。波克夏的商業模型很簡單－找出有能力的經理人經營的優質企業，接著放手讓這些經理人好好做事，最後再收成這些企業的現金流量。一如巴菲特的價值投資策略，這家公司也以直觀原則創造了無與倫比的驚人成果。

很難相信華倫‧巴菲特也曾是個商業才能平庸的普通人。我們總認為，打從巴菲特在 1956 年創立第一家投資合夥公司開始（當年他 25 歲），他就已是個成熟的投資組合經理人。畢竟成立該公司後十二年間，他以驚人的速度，為自己和投資人累積了許多財富，而且當中沒有一個年度曾發生

虧損。但儘管他的紀錄非常卓越，巴菲特合夥公司其實只能算是個半成品。這一路上，巴菲特持續不斷地精煉他的投資風格，甚至一度涉足放空交易和配對交易（pair trade）。他在 1990 年向《紐約時報》表示，「我隨著時間不斷進步。我並不是一路平順地從類人猿變成人類，也不是一路平順地從人類變成類人猿。」[1]巴菲特經由他的失敗和勝利吸取很多教訓。他最大的勝利是美國運通，事實證明，這項投資是他一生職涯的重大轉折點之一。

　　1960 年代的大沙拉油騙局是一個厚顏無恥的舞弊行為，這個事件差點毀了美國運通公司。這是一個充滿寶貴教誨的複雜故事，它讓我們了解商人有多麼容易上當、有多麼容易在關鍵時刻漠視擺在眼前的事實。雖然這個傳奇故事揭發了可怕的行為和一個真正的壞蛋，但故事裡也有很多較誠實且較有能力的人，只不過他們無意間養成了致命的盲點。這個舞弊事件的餘波也促使華倫‧巴菲特挺身而出，對抗一群要求美國運通漠視沙拉油騙局聲索人的股東，因為這些股東希望這樣能讓美國運通的短期利潤最大化。

　　華倫‧巴菲特以大股東的姿態干預美國運通時，並未要求取得該公司的董事會代表席次，也沒有針對公司的營運績效提出盤查式的疑問。他沒有要求提高股利，也沒有質疑該公司的資本支出。取而代之的，他只要求美國運通自由運用它的資本，好好賠償所有在這場騙局中遭到蓄意詐騙的當事人。在這之前，巴菲特已深入研究美國運通的狀況，所以他了解它是一家難得一見的傑出企業。他後來提到，像美國運通這樣的企業是一種「複利製造機」，因為這類企業能創造鉅額的資本報酬，而當這些企業將上述報酬再投資到本業，又能進一步創造相同的報酬率。巴菲特深知，如果美國運通對沙拉油聲索人不理不睬，它的聲譽將會嚴重受損，實質的長期價

值也會嚴重降低。他希望阻止短期導向的股東為了區區幾塊錢而干擾這部複利製造機的運轉。對巴菲特個人來說，這是一個全新的立場，在購買美國運通的股票以前，巴菲特可說是個錙銖必較的小氣投資人，他總希望盡快從他的持股榨取出應有的價值。

淍零的風車

大約就在羅伯特・楊接手後的紐約中央鐵路開始崩潰之際（1957 年），年輕的華倫・巴菲特寫了一封信給他投資的某企業董事會的某個成員。他寫道：「我寫這封信的理由是，你顯然是商人全國地產公司（Merchants National Propertie）的『外部』董事之一。」或許隔了幾乎六十年，我的敏感度和當時的巴菲特不同，不過，我總感覺那個句子帶了點挖苦的意味。他接下來寫的幾個字應該不會讓現代讀者感到意外：「……讓我感到困擾。」[2]

雖然巴菲特沒有用武力恫嚇，也不像委託書之狼那樣到國會作證，卻默默地為他位於奧馬哈的合夥公司，採取了一個類似的投資策略。他購買價值低估－通常績效不彰－的企業，並迫使公司讓出董事會代表席次或甚至控制權。巴菲特合夥公司的經典投資標的之一是鄧普斯特磨機製造公司（Dempster Mill Manufacturing Company），它是位於內布拉斯加的風車與農用設備製造商，創立於十九世紀。巴菲特形容它：「質化分析的狀況相當負面…不過，數字分析的結果極端吸引人。」[3]

鄧普斯特是一家處於艱困產業的製造業公司，它的利潤相當微薄，不過，該公司的股票交易價也遠低於它的帳面價值。巴菲特介入該公司股票的購買價格，低於它的現金、存貨及應收帳款減去所有負債的價值的一半。他最初是在 1956 年購買鄧普斯特的股票，在 1958 年加入董事會，接著又

在 1961 年取得超過 50%的股權,從此掌握該公司的控制權。[4]

　　巴菲特催促公司經營階層提升邊際利潤率,但遲遲未能見到成果。經過多年的停滯不前,他找到一個非常有能力的經理人哈利・巴托(Harry Bottle),並將他安插到鄧普斯特,協助他「清理門戶」。巴托裁減各項費用,賣掉沒有獲利能力的設施,並將存貨變現。換言之,他將鄧普斯特的呆滯資產,全數變成隨時可動用的現金,而巴菲特也隨即將這些現金投資到股票。到 1963 年,這些股票的價值已超過巴菲特購買這整個企業所花費的成本。誠如他在那一年寫的:

　　B.P.I.(巴菲特合夥公司)持有鄧普斯特公司 71.7%的股權,取得成本為 1,262,577.27 美元。1963 年 6 月 30 日當天,鄧普斯特公司存放在奧馬哈國家銀行小保險箱中的證券,價值 2,028,415.25 美元的證券。以 2,028,415.25 美元為基礎來推算,我們的 71.7%股權價值 1,454,373.70 美元。因此,多出來的(甚至更多)全是利潤,甚至不僅如此。[5]

　　巴菲特對桑伯恩地圖公司(Sanborn Map)的投資也非常值得深入檢視,他在巴菲特合夥公司 1960 年的年度信件中描述了這項投資。桑伯恩地圖公司在事業屬性上比鄧普斯特更好－它銷售詳細的市區地圖給火災保險公司,所以,幾十年來,它的獲利能力都很強,直到 1950 年代,一種新的保險方法問世,導致它的營業收入開始降低,情況才開始改觀。等到巴菲特開始購買桑伯恩的股票時,它的每股交易價是 45 美元,但該公司資產負債表顯示它持有的證券就價值每股 65 美元。[6]另外,當時該公司本業也還有一點發展潛力。雖然獲利持續縮水,但巴菲特感覺到桑伯恩的董事－都是

保險業的高階主管－並不重視公司業務的發展。

巴菲特購買了足以取得一席董事會席次的股份，接著進一步向其他董事開戰，希望分配該公司持有的證券，並振興地圖業務。他們拒絕巴菲特將超額資本發還給股東的建議，於是，巴菲特威脅要召開特殊股東會來取代現有的董事會。[7]他向《雪球》作者 艾莉絲·施羅德抱怨他和桑伯恩交手的經驗：「我記得在董事會上，雪茄傳來傳去的。每一根雪茄我都得負擔30％成本，問題是，我是在場唯一不抽雪茄的人。」[8]巴菲特最後終於戰勝，該公司也順著他的意，將過多的證券變現，買回72％的自家股份。

華倫·巴菲特在他的投資合夥公司成立初期，購買了很多坐擁大量資產但股票嚴重折價的企業。不過，相關投資活動的情境都很混亂，處置過程曠日廢時，而且通常不免爆發衝突。舉個例子，鄧普斯特在內布拉斯加州的小地方比翠斯（Beatrice）有一座工廠，它是那個小鎮唯一的工廠，但當地媒體竟毀謗巴菲特資遣一百名工人。他絕對不想再遭受那樣的污衊和對待，而且他也無需再承受那些，因為一系列罕見的事件即將讓美國最優質的企業之一－美國運通－跌到物超所值的價位。

最後放款人（Lender of Last Resort）

1960 年 6 月，一個不願具名的秘密消息來源打電話給美國運通，透露一個和聯合天然蔬菜油提煉公司（Allied Crude Vegetable Oil Refining Corporation）有關的大騙局。當時聯合蔬菜油公司是美國運通旗下經營中轉倉儲業務的子公司的最大顧客，這家子公司為聯合公司價值幾百萬美元的大豆油存貨作保，所以情況看起來有點不妙。美國運通公司員工稱這個秘密消息來源為「喉舌」（the Voice），「喉舌」表示，他在聯合公司的紐澤西

巴約納（Bayonne）設施負責夜班工作。他要求美國運通公司的員工檢查第6006號儲油槽，這是這個倉儲保管地點的最大油槽之一。他解釋，測量艙口正下方有一個注滿大豆油的狹小金屬密閉空間，但除此之外，油槽的其他空間全都是以海水充填。[9]。

　　如果你是一家中轉倉儲公司的老闆，那類電話根本嚇唬不了你。「噓！你以為那座倉庫是滿的嗎？其實根本是空的！」那類說法沒什麼好擔心的，因為中轉倉儲公司的唯一職責就是看管與核對顧客儲存的存貨。美國運通先前已發行很多倉儲收據，來證明聯合公司對那數百萬磅大豆油的所有權。而聯合公司則會用這些蓋了美國運通擔保章的倉儲收據做為擔保品，去向銀行申請數百萬美元的貸款。因報導沙拉油騙局而獲得普立茲獎的《華爾街日報》記者諾曼‧米勒（Norman C. Miller）引述聯合公司某個放款人的說法：「我們的想法是，既然美國運通都開了這些收據，那我們放款給聯合公司應該不會有問題。」[10]總之，美國運通等於是為了放置在巴約納那一大堆生鏽儲存槽裡的內容物，拿自家的資本和聲譽冒險。而要釐清那些儲存槽裡有什麼東西，究竟有多難？

　　和「喉舌」談過後，美國運通中轉倉儲公司（American Express Field Warehousing）總經理唐納‧米勒（Donald Miller）意外下令檢查。[11]美國運通的檢查人員檢視空油槽，但沒有找到所謂的隱藏密閉空間。他們也從作業中的油槽取樣，包括第6006號油槽。檢查人員向米勒報告，大約15%油槽的樣品有水含量過高的問題，而這個現象無法以冷凝作用來解釋，因此，他們不排除第6006號油槽有隱藏密閉空間的可能，因為除了測量艙口，所有開放空間都是焊接過的密閉空間。雖然提出了上述警告訊號，檢查人員的結論卻是，油槽裡存放的沙拉油足夠抵補已開出的倉儲收據上所登載

的沙拉油數量。[12]

　　「喉舌」第一次和唐納・米勒交談時，要求米勒先付他 5 千美元，才願意透露和這宗詐騙案件有關的詳細訊息。[13] 到那年夏末時節，美國運通優柔寡斷的回應（要「喉舌」自己證明他所言不假，以及要不要給他報酬等）讓他感覺很受挫。最後，「喉舌」被米勒惹火了，便直接打電話到組織裡的更高層級－總經理暨執行長霍華德・克拉克（Howard Clark）辦公室。這一次，「喉舌」不再只是提供神秘的線索，他直接提出一份意在揭露騙局的詳細六點計畫。[14] 其中最重要的步驟是要聘請「不可能因故讓步的」第三方工程師去檢視位於巴約納的油槽。[15] 克拉克的執行助理隨即發現「喉舌」所言相當可信，並命令美國運通的一名調查人員，詳細調查聯合公司的情況。

　　美國運通的調查人員羅奇（R. T. Roche）才稍微一查，就發現聯合公司老闆安東尼・「提諾」德・安傑利斯（Anthony "Tino" De Angelis）本人有許多令人不得不提高警覺的問題。羅奇在 1960 年 11 月 18 日寫的內部備忘錄提到，德・安傑利斯在此七年前遭到司法部（Justice Department）告發，故國稅局官員正嚴肅考慮對他提起逃稅的刑事訴訟。提諾面臨高達一百萬美元的欠稅留置權（tax liens），而且涉嫌賄賂一名政府調查人員。羅奇更暗示，提諾涉及組織犯罪行為，故建議美國運通安插一名臥底人員到聯合公司。[16]

　　不僅如此，德・安傑利斯先前的多項商業行為特別讓美國運通坐立不安。提諾曾是一名屠夫，他在 1938 年成立自己的肉品包裝業務，並在 1940 年代賺了一大筆財富。據說第二次世界大戰期間，他透過黑市肉品銷售賺錢，戰後，他則改從事其他見不得人的出口交易。[17]1949 年時，提諾藉由收

購，取得在美國證券交易所（American Stock Exchange）掛牌交易的大型肉品包裝企業－阿多夫哥貝公司（Adolf Gobel Company）－的控制權。1952年，該公司因提供不符法定標準的肉品給某聯邦校園午餐計畫，又向美國農業部浮報價格，並因此失去一筆龐大且利潤豐厚的政府合約。[18] 一年後，證券交易委員會開始調查該公司涉嫌浮報盈餘以及虛灌存貨金額（沒錯，虛慣存貨金額）的證據。從提諾藉由收購取得哥貝公司控制權後，短短五年內，他就把它搞到破產。

SEC 堅決主張德‧安傑利斯在哥貝公司的損益表上，虛列了很多偽造的訂單，並利用根本不存在的存貨來借錢。司法部在 1953 年就起訴他逼迫員工在 SEC 調查期間，針對哥貝公司存貨價值編列假報表。這一點值得重複說明一次：當聯合公司在 1957 年成為美國運通公司最大的中轉倉儲顧客時，提諾早就因哥貝公司（已破產）的員工假造存貨價值而被起訴。總之，美國運通等於是幫一個遭 SEC 指控以幽靈存貨貸款的人的存貨作保，而且擔保金額還高達數百萬美元。[19]

從聯合公司近來的情況也完全看不出德‧安傑利斯在哥貝公司事件後，有任何改過自新的跡象。1958 年時，提諾因偽造運輸文件詐騙了美國政府120 萬美元，而遭到農業部調查。另外，政府在 1960 年對德‧安傑利斯和聯合公司提起民事欺詐訴訟；同一年，「喉舌」打電話給美國運通，警告該公司留意聯合公司的存貨詐騙行為。[20]

以上就是羅奇調查到的資訊，其實提諾的種種不良過往記錄並不難探查到。《華爾街日報》就曾報導過哥貝公司醜聞，也報導過聯合公司因詐騙而面臨民事訴訟一事。任何針對聯合公司編製的信用調查報告，應該也都會詳列提諾在稅務上所面臨的問題和哥貝公司的破產及法律窘境。而這

就是聯合公司那麼需要美國運通的原因。如果沒有經過第三方驗證的擔保品，銀行根本不可能貸款給提諾‧德‧安傑利斯。美國運通（美國境內最受敬重的金融公司之一）為聯合公司的存貨作保，就等於是擔任了這個一再欺騙美國政府，且讓美國小學生把不合格肉品吃下肚的騙子的最後放款人。

巴約納圍城

　　1960 年時的美國運通和如今的美國運通並沒有太大不同。當時它已是一家擁有寶貴品牌與優異獲利能力的崇高企業。直到沙拉油騙局對美國運通造成重創以前，多數人甚至不知道它有經營中轉倉儲業務。美國運通在旅行支票業佔有支配地位，每年的旅行支票發行量超過 10 億美元，另外，它的信用卡業務單位雖還羽翼未豐，每年也創造 25％的成長。相反的，它的中轉倉儲業務經營績效不彰，事發前十六年間，有一半時間虧本，就算偶爾賺錢，利潤也相當微薄。若不算聯合公司帶來的業務（當然，那終究是騙局一場），這個倉儲子公司其實是虧本的。[21]

　　即使這家子公司達成霍華德‧克拉克設訂的 50 萬美元年度淨利目標，中轉倉儲業務都是美國運通應該避免介入的爛業務，原因是，倉儲業務的顧客都是資本密集型企業，必須以借款來支應大量的存貨所需資金，而且，它們的信用多半很差，所以放款機構總要求它們必須提供核驗後的擔保品，才願意放款。由於中轉倉儲公司為了爭取顧客，所以承諾盡可能不干預顧客的營運，而這個承諾也等於是在守衛存貨的職責上讓步。所謂第三方中轉倉庫，說穿了其實是顧客自家的倉庫，只是換了個新招牌罷了。而所謂「第三方員工」也僅是將顧客現有的員工暫時轉入中轉倉儲公司的發薪名

單而已。上述種種情況充斥大量的利益衝突和眾多彼此矛盾的目標,所以,早在聯合公司騙局爆發前,就發生過好幾起大規模的中轉倉儲詐騙案件。[22]

《華爾街日報》關於這起沙拉油騙局的報導上揭露,聯合公司員工被轉列至美國運通發薪名單後,提諾還是繼續付錢給他們。德‧安傑利斯付給這些工人的錢,幾乎比美國運通發給他們的薪資還多,所以,從來沒有人懷疑他們對聯合公司的忠誠度。世界上只有這些人知道那些油槽的真正底細,只有他們了解那些連接到油槽的引流油管的複雜分佈狀況,而且,他們正是負責幫美國運通公司記錄存貨數字的人。

「喉舌」最初是在 1960 年夏天向美國運通的高階主管說明聯合公司的騙局。當時,美國運通理當可以在危害還極為有限的情況下,從提諾的騙局中脫身－當時它開出的未清倉儲收據為 6500 磅的大豆油,價值 650 萬美元。但不可思議的是,這場騙局竟一直到那通電話後三年才曝光。到那時,整個詐騙規模已增加十倍,美國運通為巴約納倉儲擔保的沙拉油數量,已經比全美國的沙拉油還要多。[23] 整個事件處處可見明顯的警訊。每週新增的存貨量都非常龐大,正常來說,這個倉儲系統幾乎不可能在那麼短的時間內接受那麼多沙拉油,但美國運通的主管人員卻絲毫未起疑心。[24] 連某些銀行業者在根據提諾提示的倉儲收據放款時,都曾打電話詢問美國運通:「你們確定你們對這件事瞭若指掌嗎?」[25] 之類的問題。不過,美國運通卻從未自行揭發這個騙局。面對那麼多明顯的警訊,他們真的有可能視而不見嗎?還是當中有人意圖不軌?

美國運通的中轉倉儲業務高階主管上當的可能性應該是高於蓄意不誠實,因為提諾從未向他們任何一個人行賄,也未曾以手段強迫他們違反規定⋯他根本無須這麼做。美國運通是在接到匿名電話才展開調查,而且差

點兒揭穿這個騙局。不過，面對美國運通的質疑，提諾冷冷地表示要終止和雙方的中轉倉儲合約。[26] 攻擊果然是最好的防禦，美國運通眼見提諾因它的干擾而動怒，因擔心失去這個大客戶而立即改弦易轍，選擇安撫他。

美國運通的主管人員在設法安撫提諾的同時，也軟弱處置各項警訊。檢查報告的結論是，油槽裡的沙拉油足以銷抵流通在外的倉儲收據上所登載的存貨量，不過，報告上也提到：「還是無法解釋那些神秘電話是怎麼回事。資訊也明確顯示油槽裡有水。倉儲收據激增可能代表美國運通中轉倉儲公司的鉅額潛在損失。」[27] 既然如此，為何美國運通中轉倉儲公司會繼續執行與聯合公司之間的合約，而且只增加一點點人力和監督？檢查報告的結論透露了箇中原因：「因為聯合公司帳戶是本公司最大的客戶與營收來源，若失去這個帳戶，本公司將產生營運虧損，我相信應該努力設法保住這個帳戶。」[28]

美國運通公司的中轉倉儲子公司需要非常大的顧客才能保有營業利潤。故總括來說，追求短期利潤和專業成就的企圖心，導致中轉倉儲公司的高階主管對和諸如聯合公司等客戶維持往來的風險視而不見。到 1963 年，美國運通的中轉倉儲業務主管還自我催眠地說服自己相信提諾並未造假，還認定他是個耿直的人，因為其中幾個人—包括這個事業部的最高主管唐納‧米勒，都投資了個人的資金到提諾的其他風險投資項目。

在相對短的時間內，美國運通區區幾個自滿且容易上當的員工，就陷整個機構於風險之中。在這之前許多年，執行長霍華德‧克拉克一直考慮是否要結束倉儲業務，但他從未認真做出最後決定，並持續放任他的下屬說服他打消這個念頭。克拉克甚至還趁著一次機會，順道參訪聯合公司的設施。他攀爬過的唯一一座油槽的頂端還生滿了鏽，不過，他並未對此表

達疑慮。[29] 直到醜聞爆發前幾個星期，他才終於下定決定要擺脫和聯合公司的業務往來，但此刻為時已晚。

1963 年，大沙拉油騙局轟動遭到揭發，提諾卻不聲不響地為聯合公司聲請破產，直到此時，該公司的債權人才後知後覺地趕到巴約納。債權人和出口商帶著高達 13 億磅（最後所有人才發現，其中有 3.95 億磅的收據是偽造的）的美國運通沙拉油倉儲收據抵達，卻發現原來油槽裡裝的是水或不明泥漿，這時，原本的困惑轉為恐慌。[30] 聯合公司的破產管理人（bankruptcy trustee）抽光第 6006 號油槽，發現裡面多半是海水，只有一個狹小的金屬密閉空間裝有大豆油。總共有五十家企業遭到波及，包括美國銀行、信孚銀行（Bankers Trust）、布朗兄弟哈里曼銀行（Brown Brothers Harriman）、大通銀行、大陸穀物公司（Continental Grain）、摩根擔保信託公司（Morgan Guaranty）及寶僑家品等。[31]

提諾的騙局也影響到華爾街，在市場上激起大騷動，最終更瓦解了他的王國。原因是，他利用倉儲收據取得的貸款開立融資交易帳戶，自不量力地企圖壟斷整個大豆油市場。隨著市場交易狀況對提諾不利，產物交易所（Produce Exchange）為結清他的部位，不得不休市一整個交易日。一個擁有 2 萬名客戶（持有價值 5 億美元的股票）且平日倍受敬重的經紀公司，因允許提諾從事融資交易，最後產生鉅額虧損，不僅如此，它還遭到紐約證券交易所暫停交易（這是 171 年來第二次發生），最後走上清算一途。[32]

另外，美國運通的處境也極為堪憂。該公司保了大約 8 千萬美元的險，但還不夠抵償詐騙金額。霍華德・克拉克在公開場合婉轉地提到美國運通的保單，並對公司的未來成長與繁榮表示樂觀。但私底下，他急忙和律師一同研究公司是否有足夠的資本，可應付外界對其倉儲子公司聲索的賠償

金。就在醜聞爆發不久後，克拉克發佈一則正式聲明：「如果我們的子公司真的必須為超出保險保障範圍與其他資產的金額負起法律責任，秉持一貫負責態度的美國運通感覺，我們在道德上有義務竭盡所能滿足那些鉅額的負債。」[33] 隨著外界的指控與法律訴訟案件急速增加，該公司的股價崩跌，而這引來當年才三十三歲、住在內布拉斯加奧馬哈的華倫・巴菲特的注意。

無限的生命力

就在聯合公司崩潰後幾個月，美國運通的股價跌了超過 50%。由於當時的股東並非只承擔有限責任，所以特別憂心該公司因提諾的騙局而承擔的風險。美國運通是最後一家改制為股份公司（joint-stock company，譯注：又稱合股公司）的大型股票公開上市公司，這代表每一個持有股份的人有可能必須為該公司的債務與義務負責。華倫・巴菲特向《雪球》的作者艾莉絲・施羅德解釋了這個動態：

於是，美國境內的每一個信託管理部門都陷入恐慌。我記得大陸銀行（Continental Bank）持有該公司超過 5% 的股權，突然之間，他們不僅得眼睜睜看著信託管理帳戶的股票即將變得一文不值，還可能被分攤後續的賠款。於是，他們大量拋售股票，有一小段時間，市場變得有點缺乏效率。[34]

巴菲特購買了非常鉅額的美國運通股票部位。這一檔股票佔他的投資組合的比重，一度逼近整個組合三分之一。[35] 不過，他從未在他的合夥人信件中提及這項投資。巴菲特只是提到他握有一項具控制權的部位，但沒

有明說是哪一家公司。1964 年年初，他竭盡所能地用最塊的速度收購美國運通股份，但唯一出現在他致投資人信函中的新股票，卻是德州國家石油公司（Texas National Petroleum），那是一筆非常小規模的全面收購交易，只淨賺約 10 萬美元的利潤。不過，儘管巴菲特在寫給夥人的信函中低調不提及美國運通，但這家公司對他的投資哲學的影響卻非常深遠。

巴菲特將他的投資區分為三個類別：

一是諸如鄧普斯特磨機公司或波克夏海威那種「**控制部位類**」投資；一是諸如德州全國公司之類特殊情境的「**套利類**」投資；以及諸如美國運通之類的「**低估類**」投資。

1963 年年初，他所謂的「低估」多半是指物超所值的價格和安全邊際。他寫道：「通常『低估』代表某種可能獲得『雞犬升天』好處的機會，換言之，當我們感覺某個具支配力量的持股團體打算將缺乏獲利能力或使用程度不彰的資產轉化為更佳用途時，我們就會介入，等待他們採取行動的那一天到來。」[36] 換言之，很多這類股票是低報酬的企業，股票交易價格和鄧普斯特磨機公司及波克夏海威一樣，都低於其帳面價值。

就在巴菲特開始購買美國運通股票一年後，他更新了他對「低估類」的說明：「雖然『量』的要素優先而且絕對必要，但品質也很重要。我們偏好優質的經營團隊—我們偏好正派的產業—我們偏好原本處於休眠狀態的經營階層，或股東團體之間發生特定程度『騷動』的企業」[37]。到了 1967 年，也就是巴菲特透過美國運通賺了一大筆錢後，他寫道：

非常有趣的是，雖然我自認主要是量化（*quantitative*）學派（而且值此

時刻，我或許是這個學派碩果僅存的人，其他人都一去不復返），多年來我最絕妙的想法，卻都是高度側重質化（*qualitative*）面的想法，我對質化面有一種『高或然率的洞察力』…所以，要真正賺大錢，投資人必須有能力做出正確的質化決策，不過，至少我個人認為，依賴明顯量化的決策，通常比較篤定能賺錢。[38]

　　巴菲特因美國運通股價的大跌而受到吸引，而該公司的股份公司結構－無限責任－精準地解釋了市場為何會過度反應。不過，他並不是為了等市場穩定後快速獲利了結而趁低接手美國運通的股票。在調查過該公司產品的表現後，他知道自己找到了一家偉大的企業－1963年以前，他鮮少投資這樣的企業。

　　在那之前，巴菲特把多數時間投注在購買擁有豐富資產且價值低估的企業。不過，美國運通基本上並沒有廠房或設備。它的價值存在於它的聲望，而巴菲特向銀行、旅館、餐廳和顧客進行調查後，判斷這件醜聞並未影響到該公司的品牌聲譽。[39] 他的研究幫助他體察到一種「輕量級」資產商業模型的巨大力量。諸如波克夏海威等公司需要非常大量的投資才能有效率運作，但美國運通的旅行支票業務，實際上等於為它創造了超額的資本，因為在顧客購買支票後，一直到他們真正使用那些支票的期間，美國運通坐擁龐大的剩餘資金。因為美國運通品牌擁有永恆的影響力，所以，巴菲特將該公司必須賠償沙拉油騙局聲索人的金額，比喻為損失一張股利支票－換言之，在他眼中，這雖是一樁麻煩事，卻絕對稱不上大災難。[40] 巴菲特對美國運通的「高或然率的洞察力」是什麼？誠如他在1969年告訴《富比世》雜誌的：「美國運通是世界上最大的特許連鎖公司之一。」[41]

颱風終有過去的一天

　　這個騙局曝光後，美國運通的市場價值折損了 1.25 億美元。它最後和沙拉油事件的聲索人達成協議，稅後共付出了 3200 萬美元的代價。[42] 不過，在解決爭議的過程中，發生了一件有趣的事：美國運通的和解賠償金因一個意想不到的團體而延遲給付，那個團體是該公司的股東。一小群股東提起訴訟，意圖阻擋所有和解賠償，因為他們主張美國運通沒有法律義務要賠償這個倉儲子公司的負債。霍華德‧克拉克或許感覺他必須對債權人負起道德義務，但那些股東主張，美國運通在法律上並沒有虧欠任何人。他們認為由美國運通出面支付現金賠償，就好像平白送禮給那些聲索人，而這種濫用資產的行為會傷害到美國運通股東的價值。他們尤其不能理解為何連持有偽造收據的人也能獲得現金賠償，並氣憤不已。

　　當股票公開上市公司的股東沒有意見或持有股票的意向不夠堅定時，少數選擇發聲的人就能取得相當強大的話語權。不過如果一小群被授權的人假定自己代表所有股東的聲音，我們要如何確定他們是否真的會謹慎為堅定的長期所有權人保障權益？當美國運通的股東開始遊說公司不要理會沙拉油的索賠要求，巴菲特可能很擔憂維權股東的影響力增強到失當程度，儘管巴菲特知道這個結局發生的可能性非常低，但他認為不值得冒險讓區區幾個股東主導這場辯論。

　　巴菲特年輕時偶爾會和經營績效不彰但擁有豐富資產的企業經營團隊及董事會起衝突。當他被迫成為維權股東，一旦他採取那樣的立場，通常代表他對控制權勢在必得，而且打算將資產加以分拆。舉個例子，以鄧普斯特的情況來說，他創造股東價值的方式，是盡快把錢從該公司的業務中

擠壓出來。但美國運通的情況完全不同。該公司的經營階層已採取了正確的行動來保護其特許權，但其他股東卻企圖阻止他們這麼做。這場騙局引來全國各地的新聞報導，而且很多聲索人是代銷美國運通旅行支票的大型金融機構。巴菲特擔心那些股東逃避和解賠款的短視心態，可能會永久性地損傷美國運通這個寶貴的品牌。由於一個優質的企業正岌岌可危，所以巴菲特決定出手干預，保護該公司的競爭優勢。

從某些方面來說，巴菲特在 1964 年 6 月 16 日寫給霍華德‧克拉克的信（見書末收錄）讀起來有點像一篇勵志演說。他讚許公司經營團隊，並鼓勵他們繼續維持此等良好表現。不過，在這一番正向期許的背後，巴菲特似乎是要告訴對方：「得了吧，我們的業務這麼棒，而且所有狗屁倒灶的事好不容易幾乎都快圓滿解決，現在可別再搞砸了。」這封信最令人訝異的部分是，巴菲特暗示，聯合公司醜聞最終有可能改善美國運通正直的聲響。他寫道：「我敢肯定，經營階層有時一定感覺中轉倉儲業務讓他們跌入無底的深淵，但我們卻感覺，過三或四年後，由於公司正為彌補這次錯誤而建立遠高於正常商業企業的財務正直與責任感標準，所以這個錯誤反將讓本公司的道德境界獲得提升。」

美國運通能因這個毀滅事件的淬煉而提升到更高道德境界？這個想法聽起來有點像作夢，或許也可能純粹是巴菲特想要討好克拉克。不過，誠如彼得‧葛洛斯曼（Peter Grossman）在 1987 年一本有關美國運通的書裡解釋的，儘管這是該公司自成立以來最險惡的一次危機，但這場危機卻造成「逆轉勝」的影響，強化了公司的業務與經營團隊。葛洛斯曼寫道：「事實上，該公司確實獲益良多，甚至有人問霍華德‧克拉克，是不是每隔幾年發生一次大豆（醜聞）也不錯。但他回答：『我並不認為我有足夠的歲

月可消受另一個醜聞。』[43] 最後的結果顯示，巴菲特的見解完全正確，從此他也獲得了奧馬哈的先知（Oracle of Omaha）名號。

正當當華倫‧巴菲特忙著清點他因投資美國運通而獲得的龐大利潤之際，周遭的市場則瘋狂追逐著大型綜合企業集團和光鮮亮麗的共同基金。不過，巴菲特還是默默地繼續走在他自己的進化途徑上。他對美國運通的投資讓他進一步偏離班傑明‧葛拉罕的投資風格。多年後，他解釋：「我開始很有興趣以中庸的價格購買某一項優異業務。」[44] 1969 年時，他宣布終止巴菲特投資合夥公司的業務，因為他已經透過量化決策，賺夠了「篤定能賺到的錢」，此刻他準備將焦點轉向更大的獵物。長期下來，巴菲特愈來愈有興趣收購企業的所有股權。有了美國運通的經驗，會產生這樣的想法實屬合理。擁有一家了不起的企業，絕對比四處蒐購低估資產的局部權益輕鬆得多，也有趣得多。就這樣，巴菲特利用他更加精進的價值投資風格（如黃金大豆油）來培育波克夏海威公司。原本一家注定衰蔽的新英格蘭（New England）紡織公司，就在巴菲特巧手打造下，站上了產業指揮者的顛峰。

華爾街法術

1960 年代末期，巴菲特透過購買一家保險公司和一家銀行，為波克夏海威公司創造了可觀的價值，但在同一時期，卻有不少坐擁優質企業的人，用一連串無知的收購行為，玷污自己原本優質的企業。1960 年代投機風氣甚盛的股票市場，啟動了所謂美國第三大購併潮（前兩次分別是 1890 年代和 1920 年代）。但大致上來說，那個購併風潮毫無意義可言，甚至流於墮落。先前兩次合併風潮分別聚焦在水平整合和垂直整合，但六〇年代的股

票公開上市公司，則純粹是為了追求成長而合併，這一切都要歸咎華爾街，因為當時的華爾街賦予成長型企業非常高的評價，完全不管這些企業的成長是怎麼來的。當然，那個投機世代很快就崩塌，但新一代的企業狙擊手逐漸從那場崩潰後的廢墟中崛起。1978 年，吉姆‧林恩（Jim Ling）與哈洛德‧西蒙斯（Harold Simmons）之戰，凸顯了惡意狙擊手日益高漲的優越地位。

「合併大王吉姆‧林恩」是林恩坦柯沃特公司（Ling-Temco-Vought，以下簡稱 LTV）的經營者，當年華爾街非常樂於以高價吹捧主要的成長型企業，而林恩就是順著那個風潮而累積了過人財富的主要大型綜合企業集團首腦之一。林恩原本只是達拉斯一家小型電力合約承包企業的經營者，他在 1955 年完成該公司股票的公開上市事宜。不過，要找到願意投資該公司股票的買家，實在非常不容易，他甚至到德州商品展覽會（Texas State Fair）上發送公司的公開說明書，不過，林恩最終還是順利募集到大約一百萬美元的資金。[45] 他以這筆資金為起點，展開一系列收購活動，最後竟將他的公司推進《財星》500 大企業。就這樣，林恩不斷從華爾街募集資金，再轉而進行許多令人難以理解但有助於促成更多集資活動的改組計畫。他銷售各種不同的組合證券，例如可轉換為普通股的優先股，並經常進行各種令人困惑的新股換舊股活動。到 1969 年時，透過惡意公開收購手段併入錢斯沃特公司（Chance Vought）、威爾森公司（Wilson & Company）以及瓊斯羅林公司（Jones & Laughlin）後，LTV 成為《財星》500 大企業中排名第 14 的企業。就當時的情況來說，他以 4.25 億美元惡意收購瓊斯羅林公司，是有史以來最大的現金公開收購案件。[46]

隨著 LTV 持續成長，林恩也因他的「財務法術」而獲得普遍的稱許。

這裡的「法術」一詞沒有其他用意，但非常貼切：LTV 的興起其實是一個花招，而那全是林恩打迷糊仗的功力和華爾街一味追求盈餘成長和本益比的傾向所促成。由於林恩的公司在公開市場上獲得非常高的估值，所以他得以募集到很多的資金，接著再透過收購的方式，取得更高的盈餘成長。不過，這樣的成長不可能永遠維繫下去，LTV 其實隱瞞了一個骯髒的秘密：林恩的收購記錄參差不齊。威爾森收購案相當成功，但錢斯沃特和瓊斯羅林收購案卻雙雙淪為災難一場。不久後，投資人終於搞懂這些大型綜合企業集團首腦在玩些什麼把戲，LTV 的股價也隨之崩盤。由於林恩利用他的LTV 持股借了非常多錢，所以他個人的財富也隨著股價的崩盤而大幅縮水。

風水輪流轉

就在 1960 年代中期合併大王的聲望達到顛峰之際，一名年僅三十三歲的藥房老闆哈洛德·西蒙斯寫信給林恩，希望能和他見個面。兩人雖相隔遙遠，但西蒙斯一直密切追蹤林恩的職涯發展，對他掠奪企業的能力深感佩服。西蒙斯喜歡在藥房休息時間閱讀企業年報，也會涉足股票市場。有一次，他感覺自己找到了一家價值特別低估的企業－位於緬因州的巴斯鋼鐵公司（Bath Iron Works），而他希望聽聽林恩有何想法。當林恩同意和他見面時，西蒙斯既興奮又激動，而聽到林恩讚賞他的投資分析功力，他更加開心。

他倆在 1976 年再次見面時，林恩正陷入險峻的窘境，因為他最新的風險投資案－ Omega-Alpha 公司（應該稱之為 Omega-Omega 公司〔譯注：結束的意思〕）正急速陷入破產窘境。這是林恩成為達拉斯最受歡迎的人物後，短短不到十年內連續踢到的另一個鐵板；相較之下，西蒙斯則相對處

於步步高升的狀態。此時的他以 5000 萬美元賣掉他的藥房王國，一步步藉由狙擊股票公開上市公司，為自己建立了高達 10 億美元的財富。西蒙斯仿效林恩的創意公開收購手法，贏得企業的控制權。不過，林恩的目標是不惜任何代價促進 LTV 的成長，而西蒙斯則是聚焦在購買價值低估的事業。哈洛德‧西蒙斯最過人的天賦之一，是尋找擁有大量隱藏資產但被多數市場人士忽略的企業。

在林恩的 Omega-Alpha 公司聲請破產的 1976 年，西蒙斯找到一家默默無聞的企業，它是瓦爾希公司（Valhi），雖然該公司擁有每股價值 50 美元的房地產，它的每股股價卻只有 5 美元。西蒙斯因為追蹤查帕塔公司（Zapata Corporation）前任執行長多伊爾‧麥茲（D. Doyle Mize）的一系列行動，才查出瓦爾希公司擁有高額的隱藏寶藏。在這之前，麥茲辭去查帕塔公司執行長的職務，轉而擔任一家擁有許多土地的小型子公司─南下公司（Southdown）─的執行長。當查帕塔公司將南下公司的資產分派給該公司股東時，麥茲已將他的所有權集中在南下公司，所以，他因此賺了一大筆錢。接著，他試圖將相同的手法套用到瓦爾希公司。麥茲將南下公司最優質的資產集中轉移給瓦爾希公司，接著辭去南下公司執行長職務，轉任瓦爾希公司執行長，再將瓦爾希的資產分派給包括他本人的股東。不過，西蒙斯以程咬金之姿出現，他開價將以每股 15 美元收購瓦爾希的股份。麥茲大感意外，原本的如意算盤也打不成了。不過，他還是開出比西蒙斯更高的 17.5 美元，意欲收購股份，但最後西蒙斯以每股 22.5 美元公開收購股份，最終贏得控制權。[47]

就在西蒙斯取得瓦爾希一役的勝利後不久，吉姆‧林恩因路過而短暫拜訪了西蒙斯。林恩提議要和他建立合作關係，但西蒙斯並未採納對方的

建議，不過，西蒙斯對自己心目中那個過氣投資英雄，終究還是懷抱著同情之心，所以，他向林恩提出一份為期兩年的合約，邀請他擔任西蒙斯的主要投資工具－康特蘭公司（Contran）－的顧問。林恩隨即拋出了幾個投資想法，康特蘭也因採納林恩的建議－購買 Omega-Alpha 公司的債券－而賺了不少錢。不過，林恩的分析有一些缺陷。雖然林恩很聰明，但西蒙斯體察到，他是個吹牛高手。他說話很快，而且在解釋他的想法時，老愛用許多令人困惑的術語，然而，他經常漠視許多關鍵且顯而易見的細節。儘管 LTV 的崩潰令林恩受到極大屈辱，個人財務狀況也急速惡化，但林恩的自信心並未因此受到打擊。就在他和康特蘭公司的兩年期顧問合約到期後一個星期，吉姆‧林恩就通知哈洛德‧西蒙斯，表明他惡意公開收購康樂蘭股份的意圖。

哈洛德‧西蒙斯告訴他的律師：「這就是典型的林恩風格，」「漠視會致置人於死地的細節。」[48] 林恩在這家公司兩年，所以他深知市場嚴重低估康特蘭公司的價值。他知道康特蘭公司的固有組成要素－如瓦爾希公司等－潛藏非常高的價值。他也知道，一旦他取得掌控權並清算這家公司，就能賺到鉅額的利潤。不過，他忽略了一項關鍵細節：哈洛德‧西蒙斯早已控制了 42% 的股權。若林恩想要戰勝西蒙斯，他必須能買到 90% 的剩餘流通在外股份，而這是個艱難的目標。

當時康特蘭公司在公開市場上的交易價格才每股 20 美元，而林恩開價 35 美元，希望全面收購幾個大股東手上的持股。稍後，他又以 50 美元公開收購股份，最後取得該公司 41% 的控制權。但到這時，西蒙斯握有的股權也上升到 44%。如果林恩能取得 50% 以上的股權，就能恢復在 LTV 的風光日子。然而，如果他失敗了，他就會被困在一大堆流動性不佳且主控

權掌握在敵人手中的股票,更糟的是,這些股票是藉由舉債資金取得。

最後,吉姆‧林恩並未能取得哈洛德‧西蒙斯的康特蘭公司的50%股權。更糟的是,在這場爭鬥結束前幾天,康特蘭的股價原本還一直在每股50美元左右盤旋,但鬥爭一結束,它的股價便大幅下跌。林恩要求西蒙斯以每股50美元購買他手上這一大批股份,但西蒙斯回答:「你只管永遠抱住這些股票吧,因為我沒興趣買。」[49] 康特蘭公司最後以現金加證券的綜合方案買回這些股權,但每股成交價值不到30美元。合併大王吉姆‧林恩再次陷入窘境,因不再舉足輕重而被變得沒沒無聞。風水輪流轉,他們兩人初識之時,哈洛德‧西蒙斯還是個向林恩請益的學生,但現在的他已成了大師。事後有人問西蒙斯對林恩企圖襲擊的行為有何感想,他看起來一點也不以為忤,並堅持那只是商業常態。[50] 就這樣,冷血惡意狙擊手的時代揭開了序幕。

吉米(酒吧)與哈洛德(炸雞)

吉米‧林恩和哈洛德‧西蒙斯兩人都是利用市場錯估股票公開上市公司價值的傾向來成就自己的職涯。林恩的蓬勃發展,要歸功於那個年代的明星基金經理人一窩蜂追捧承諾將創造高成長的投機企業的行為。由於他的企業的股價被高估,所以,他便趁機利用高估的股價來募集收購其他企業所需的資金。西蒙斯則是到七〇年代才開始蓬勃發展,當時經濟停滯,市場大跌,「投機股」就像是華盛頓特區裡某種剛強且標新立異的放克音樂(funk music),不再佔有主流地位。他在慘遭蹂躪的市場中尋找真正有價值且能讓他以物超所值的價格收購的企業。總括來說,林恩是善加利用不理性的樂觀來牟利,而西蒙斯則是利用不理性的悲觀來牟利。難以置信

的是，在同一時期，學術界也正醞釀一場革命 —— 這場革命是以「金融市場幾近完美」的怪異見解為基礎。這場革命改變了惡意購併相關辯論的風向，並讓企業狙擊手得以從幕後走向幕前，大搖大擺地進入美國最大型企業的董事會。

效率市場假說（efficient market hypothesis）是 1960 年代從芝加哥大學（University of Chicago）興起。它主張，股票價格會充分反映一家企業所有可公開取得的資訊，所以股價代表著企業的最精確估值。即使某些投資人不夠理性，以致於未能明快對各項消息做出正確的反應，但這些投資人是隨機且常態分佈的，故他們可以互相抵銷彼此的影響。有了效率市場理論，我們就能使用下述的花俏數學公式來計算一檔股票的期望報酬；

$$E(\tilde{r}_{j,t+1}|\Phi_t) = r_{f,t+1} + \left[\frac{E(\tilde{r}_{m,t+1}|\Phi_t) - r_{f,t+1}}{\sigma(\tilde{r}_{m,t+1}|\Phi_t)}\right] \frac{\text{cov}(\tilde{r}_{j,t+1}, \tilde{r}_{m,t+1}|\Phi_t)}{\sigma(\tilde{r}_{m,t+1}|\Phi_t)},$$

現在，我要承認，儘管有缺陷，但我仍鍾愛學術經濟學及財務學。科學論述自有它的好，而且，優質的科學論述確實有助於我們思考清楚我們遇到的問題。諾貝爾經濟學獎得主莫頓・米勒（Merton Miller）的著作和他很多芝加哥大學同事的著作一樣，確實都令人閱讀愉快，他在一場訪問中談到他的某個財務理論的實用性：**「論述是智慧的起點，而非終點。」**[51] 他解釋，當理論在現實世界中失靈，我們將因此了解哪些假設是錯誤的、為什麼錯誤，並進而變得更有智慧。

問題是，早期的效率市場理論擁護者聚焦在實證研究，讓這個理論看起來比較像是智慧的終點，而非起點。經濟學家喜歡處理數據，而這衍生許多關鍵偏差。他們對資訊的喜好，導致他們將股票市場投資活動視為一

種資訊收集遊戲。他們比較擔心「市場參與者取得資訊的機會相等」的假設是否正確，較不擔憂是否會有集體判斷失誤的問題。因為諸如盈餘公告、稀釋性股份出售、股票分割和合併等離散事件比較容易研究，所以，他們很多人將實證研究聚焦在這個比較可能有效率的市場區塊。不過，投資人很容易就能用計算機快速且精確算出股票分割的價格，但要研究出投資人對一家企業的長期觀點的集體判斷，則困難很多。問題是，幾十年來，學術界經濟學家卻將市場參與者的理性期望視為理所當然。

在一個效率市場，分歧意見的影響力會彼此抵銷，並引導股價達到最適當的水準。但在現實世界，錯誤的判斷將遠比理論上更容易使人嚴重朝某個方向偏差，所以，大眾歇斯底里的現象經常出現。即使是在股票市場穩定的時期，投資人還是能夠嚴重錯估某一企業的價值。我在哥倫比亞大學求學時期的證券分析老師喬伊爾·葛林布拉特（Joel Greenblatt），總喜歡在開課當天打開《華爾街日報》，要學生看看諸如可口可樂和沃爾瑪等經營狀況穩定的企業，過去五十二週最高股價和五十二週最低股價的差異有多大。基金經理人霍華德·馬克斯（Howard Marks）也舉雅虎（Yahoo!）從 1997 年至 2001 年的市值為例：它那幾年年底的市值從 30 億美元依序飆漲到 290 億美元、1150 億美元，接著再重摔到 160 億美元，乃至 90 億美元。

為何這對我們很重要？如果市場沒有效率，市場參與者就有機會利用市場的混亂來為自己牟取利益。企業可以利用無效率的市場來佔股東便宜，股東也可以利用它佔公司便宜。以下是這個現象的好例子之一：如果你相信市場是理性的，那麼，若以高於市價的溢價全面收購一家企業股權，理當會讓全體股東的利潤最大化。但在現實世界，全面收購股權常淪為一種投機取巧的手法，一般股東可能（而且的確）會遭到剝削。

而且，我們也不該忽略市場對經營團隊的影響力。每個想要保住飯碗的執行長，一定都很在乎股價表現。誠如卡爾‧伊坎曾說的：「最好是把股價拉抬上去，否則就會有人幫你做這件事。」[52] 不過，當投資人群體錯估公司的價值，會發生什麼事？這時所有誘因有可能突然遭到扭曲，導致經營階層做出不良的決策。

我認為，2006 年席爾斯控股公司（Sears Holdings）董事長暨避險基金經理人艾迪‧蘭波特（Eddie Lampert）在紐約公共圖書館（New York Public Library）的一場活動中所表達的某些觀點非常值得玩味。當時他是在討論管理股票公開上市公司所面臨的挑戰，他提出在場多數人士多半沒有考慮過的問題。當你公司的股票價格遭到高估，你要如何經營它？一旦經營階層不願承擔更多營運風險，以致於最後未能達到投資人不切實際的期望時，將會出現什麼狀況？另外，如果每個員工的表現都很好，但股價卻下跌，員工士氣又將有何變化？當然，蘭波特深知箇中冷暖。那一天，席爾斯公司的股票收盤價為每股 175 美元，但如今只剩大約 35 美元。在一個效率的市場，要開發出所謂最佳公司治理的嚴謹理論並非難事，但一旦你體認到股價有可能徹底陷入瘋狂，就必須把教條拋諸腦後。

狙擊大軍將至，眾人摩拳擦掌

隨著效率市場假說在 1970 年代的大眾接受度愈來愈高，它也開始深深影響著美國人對企業購併的容忍度。

1960 年代時，諸如吉姆‧林恩等人利用惡意狙擊的手段，將一些小型及中型企業吸納到他們的大型綜合企業集團。華爾街及其主管機關默許強者追逐弱者，也容忍中型企業彼此併吞。不過，當績優企業發現自身也成

為被鎖定的焦點，紛紛採取一些反常的行動，索爾‧史坦伯格（Saul Steinberg）與強大的漢華銀行（Chemical Bank）在 1969 年的短暫交手便是明證之一。

漢華銀行擁有 150 年的歷史和 90 億美元的資產。史坦伯格當時年僅二十九歲，是個積極進取的年輕人，他在 1961 年成立了他的第一家企業－利斯科公司（Leasco），該公司以低於 IBM 的開價，將 IBM 電腦租給顧客。他在 1965 年完成利斯科公司的股票公開上市作業。經過多年的強勁成長，該公司的股票獲得非常不錯的估價，當然，他也因此有了充分的理由可以將業務多角化，分散到 IBM 無法無預警擠壓它的領域。

1968 年時，史坦伯格宣布要公開收購信實保險公司（Reliance Insurance Company），該公司是一家產物及災害保險公司，規模比利斯科大十倍，而且有資本過多問題。這次公開收購非常成功，並將利斯科從一個利基型設備租賃公司，改造為年度盈餘達到 2700 萬美元的《財星》500 大企業。到 1968 年為止的五年期間，利斯科股價飆漲了 5410％。約翰‧布魯克斯（John Brooks）稱之為「毫無爭議的投機股天王」[53]。

隔年，史坦伯格將他的注意力轉向銀行產業，他以為這個產業和保險業一樣遲鈍與保守。他開始購買漢華銀行股份，並為了公開收購計畫而做了一點前期準備。當漢華銀行的經營階層風聞利斯科的購股計畫，隨即發動一場先發制人的戰爭。為強迫伯格斯坦攤牌，漢華銀行向記者透露它已成為一個購併標的。接著他們施展對主管機關的影響力，阻礙史坦伯格發動順利啟動這個公開收購計畫的機率。司法部寄了一封信給利斯科公司，表達這項合併計畫可能引起的反托拉斯疑慮。紐約州政府也導入並通過一項理當能防堵這宗購併案的反銀行購併法律，連美國參議院銀行委員會主

席，都導入一項反購併法，意圖逼他打消購併意圖。[54]

　　索爾‧史坦伯格事後告訴約翰‧布魯克斯：「我們觸動了某種敏感神經，」「在那兩個星期當中，很多和我素未謀面的銀行業人員與商人，出乎意料地不斷打電話來攻擊我們購併大型銀行的想法。」他還說：「我知道那有一個權力體制存在—我還以為我也是其中一份子。」[55]

　　史坦伯格鎖定巨型企業的行為可說是走在時代尖端，不過，他很幸運，因為當年他還未滿三十歲。不久後便是史坦伯格和其他企業狙擊手的天下。在效率市場假說及 1970 年代自由市場運動的助力下，一般人不再把企業狙擊手視為惡性重大的洪水猛獸，換言之，他們比較不再被視為折磨與威脅產業的力量，而被當成一股懲戒（不良經營階層）的力量。到了八〇年代，惡意狙擊手更順著強勁的經濟成長，在麥可‧密爾肯（Michael Milken）一手打造的資金奧援下，贏得過人的名望和財富。

4

卡爾・伊坎對上 菲利浦斯石油公司：

企業狙擊手的 興起與沒落

「然而，我強烈反對的是不讓所有股東的全部股份獲得公平
價格的董事會。」

——卡爾・伊坎，1985 年

1985 年 2 月 4 日當天，卡爾‧伊坎寄了一封信給菲利浦斯石油公司的董事長兼執行長威廉‧道斯（William Douce），開價要購買該公司。

他寫道，**如果菲利浦斯不接受他的開價，他將發動一場惡意公開收購活動，以爭取控制權。**菲利浦斯是伊坎投入「**企業狙擊手**」七年生涯中的第十五個標的，而他寫給道斯的信，是典型的企業狙擊手「**熊抱信**」 —— 先開出收購公司的價格，而如果對方置之不理，便開始威脅。雖然伊坎也在先前幾場戰役中使用相同的戰術，但這一次和他一決高下的對手，和過去極端不同：菲利浦斯公司可是世界上最大的股份有限公司之一，比伊坎過去追擊過的所有企業大了好幾倍。

伊坎曾說，他早期的企業狙擊行動完全就是「玩撲克牌。」[1] 他為了支應購買股票所需的資金而大量借款，所以，他對標的公司的威脅（向對方表示要公開收購控制股權），通常都只是虛張聲勢。他解釋：「我並沒有那麼多錢打持久戰 —— 買股票要借很多錢，而我沒那麼多錢可付利息。」[2] 所以，當伊坎威脅要以 81 億美元公開收購的方式，取得菲利浦斯的控制股權，沒有幾個人相信他是認真的。菲利浦斯的往來投資銀行人員喬伊‧佛格（Joe Fogg）告訴他：「真是豈有此理。你懂什麼石油業務？」[3] 當時菲利浦斯石油公司才剛好不容易結束和另一個企業狙擊手湯瑪斯‧布恩‧皮肯斯（T. Boone Pickens）之間的激烈戰爭，歷經百般折磨的它，刊登了一份全版廣告，問：「伊坎是認真的嗎？」答案是，這一次他是認真的。他回答佛格：「現金？我們有的是現金。」「我們自然會雇用懂得石油業務的人。」[4]

伊坎的熊抱信中還附上了德崇投資銀行（Drexel Burnham Lambert）的里昂‧布雷克（Leon Black）寫的一封信。他寫道，該投資銀行「非常有信

心」能募集到 40 億美元，來支應伊坎公開收購活動所需的全部現金。他表示，只要伊坎開口，德崇就會馬上向它的高收益產品投資人網路，銷售由「垃圾債券」和優先股組合而成的商品，為伊坎募集資金。這些集資活動將讓卡爾·伊坎取得足夠買下菲利浦斯全部股權的現金，屆時他無需向任何傳統金錢中心式銀行借一毛錢。

不過，菲利浦斯質疑德崇所謂「非常有信心」的可信度，並表示這封信證明伊坎手上並沒有現成的資金可支應公開收購所需。不過，菲利浦斯的質疑刺激伊坎放手讓德崇募集資金，最後並取得 15 億美元堅定的首期付款保證。麥可·密爾肯是集資機器德崇投資銀行背後的影舞者，他在短短四十八小時就湊齊所有資金。於是，伊坎刊登了一則報紙廣告，宣稱：「我的公開收購是玩真的。」[5]

我的成功秘密

事實證明，美國第四波大合併潮比前一波由大型綜合企業集團驅動的合併潮大得多。1980 年的「購併年代」共發生了高達 2 萬 2000 宗的合併與收購案件，包括私募權益（private equity）公司的槓桿收購（leveraged buy-out）、股份有限公司為利用鬆散的反托拉斯強制執行規定圖利而進行的策略性收購，以及國際企業為擴展到美國市場而進行的收購等。[6]

不過，最讓八〇年代華爾街獨具特色的購併活動是惡意購併活動，儘管這類活動佔那十年間所有購併活動的百分比並不高。[7]

當時大眾深受那些無情人物之間的鬥爭吸引，這透露出 1980 年代的惡意購併活動有多麼戲劇化，牽涉到的利害關係又有多大。某些人可能會以嫌惡的態度，冷眼旁觀那些貪得無厭的狙擊手和肥貓執行長之間的鬥爭，

但也有很多人覺得這些大型企業高層利益衝突，就像是好萊塢電影裡上演的戲碼，精彩又刺激。

三十年前，沒有人真正懂得該如何解讀這些乳臭未乾的企業狙擊手向企業執行者宣戰的風氣所代表的真正意義。在 1980 年代，企業狙擊手被稱為「宇宙主宰」（masters of the universe）。從很多方面來看，八〇年代的企業狙擊手和五〇年代的委託書之狼並沒有太大差別。這兩個族群都是由一些積極、動機強大且遊走在華爾街邊緣的年輕商人組成。不過，委託書之狼操縱大眾股東不滿情緒的能力雖令企業執行長不寒而慄，企業狙擊手掌握的工具更加強大：他們擁有巨額的現成資金。這些資金來自麥可‧密爾肯和他一手打造的龐大市場：新發行垃圾債券市場。密爾肯利用他的高收益產品買家網路，為年輕的購併高手創造一個流動性熱潮。例如，1984年，金融家尼爾森‧佩爾茲（Nelson Peltz）獲得 1 億美元的無特定投資策略基金（blind pool）。另一個狙擊手榮恩‧佩雷爾曼（Ron Perelman）也獲得 7.5 億美元。隔年，人稱操刀高手（Skillful Scalpel）的山福特‧席格洛夫（Sanford Sigoloff）更得到 12 億美元的資金奧援。[8] 在募集無特定投資策略基金的當下，他們並沒有預設具體的收購計畫，只是為了未來的狙擊行動儲備戰爭存糧。

康妮‧布魯克（Connie Bruck）在她精彩絕倫的《掠食者的盛宴》（暫譯，*The Predators' Ball*）一書中，描述麥可‧密爾肯和德崇投資銀行的崛起。她稱伊坎和菲利浦斯石油公司之戰是「**德崇的盛裝登場**」。至於卡爾‧伊坎，她說「那是一個巨人 —— 幾乎是魔法般的 — 的崛起」。[9] 不過，就在這本書出版不到一年後，一個大陪審團起訴密爾肯，他的金錢機器－德崇投資銀行－也因而突然停擺。伊坎對菲利浦斯石油公司的襲擊或許轟動宣

告了德崇及惡意狙擊手時代的來臨，但事後的發展證明，那次攻擊也是不幸的起點。

從密爾肯垮台後，追求收益的資金大幅增加，並持續在全球各地沖刷。原本多半由他一手打造的「原始發行」（original-issue）垃圾債券市場，規模成長了十倍以上。[10] 不過，即使到了 2000 年代中期整個世界充斥廉價資金之際，也沒有人瘋狂地湧向沒有優良紀錄的企業狙擊手，購買他們發行的債券。[11] 這證明了密爾肯在 1980 年代的力量有多麼神通廣大。

不管密爾肯透過德崇投資銀行打造的金錢機器，是因世人的惡習或違法的證券交易行為而得以存在，又或者它是一個夢想天才一手打造的合法特許權，都沒有改變一個事實：它只是一時的脫軌現象。密爾肯入監服刑並遭到永久禁足這個產業後，1980 年代的狙擊手運動也漸漸式微。不過，在密爾肯光芒盡失後，很多被視為他的傀儡的人 —— 甚至被某些圈子裡的人揶揄為受惠於德崇投資銀行恩澤的小咖 —— 卻變得更加成功。其中，《掠食者的盛宴》一書尤其瞧不起的尼爾森‧佩爾茲，在接下來二十年間成為超級巨星－也就是維權投資人中最老資格的元老之一。

當然，談到這些人，絕對不能漏掉急躁大膽的卡爾‧伊坎，他鎖定的新獵物總是一個比一個大。最近，他鎖定的標的之一是世界史上最大的企業 —— 蘋果公司。1980 年代的魔法與耀眼光彩消失後（不僅在財務領域而言是如此，音樂、電影和文學界亦然），緊接而來的是一個罕見的踏實年代。「海鷗合唱團」團圓的髮型或許很可笑，但《太空時代情歌》（Space Age Love Song）卻是非常棒的歌曲。當股票市場在 1987 年崩盤，學者紛紛表示，這個因債務而衍生的不節制時代終於結束。但他們錯了。企業狙擊手並非那麼禁不起考驗。八〇年代的經濟成長是紮實的成長，所以，股票

市場很快就恢復榮景，接下來十年間，購併活動進一步擴張，規模也愈來愈大。其中，最能體現那十年光景的範例，莫過於卡爾‧伊坎在 1980 年代的職涯發展。他經歷一次幾乎徹底被毀滅的打擊後，不可思議地再次登上高峰。如今他已是最著名的企業狙擊手，而若以對他最重要的指標來衡量，他也是最有錢的一個狙擊手。在職涯發展初期，伊坎被鄙視為單純的「**綠票訛詐者**」（greenmailer），也就是為了迫使企業以溢價全面收購他手上的持股，而導致企業陷入動盪不安的人。不過，他和菲利浦斯之間的鬥爭，充分展現出他的本能和戰鬥力。

誠如德崇投資銀行某位前任執行董事形容的：「卡爾‧伊坎成就了卡爾‧伊坎。」[12] 這項購併行動也展現了密爾肯和德崇的驚人實力，但也因此種下了他本人和這家公司迅速垮台的種子。這個事件是企業收購與合併史上的里程碑，它含括了馬汀‧利普頓早期版本的毒藥丸策略，也是史上第一封在資金尚未到位前大膽宣示「非常有信心」募齊資金的信函。曾在菲利浦斯石油公司任職的企業狙擊手之一布恩‧皮肯斯（這是他第一個工作）在 1984 年企圖染指他的前雇主後，這場戲劇的序幕就此展開。

最不適者生存

卡爾‧伊坎最著名的演說是他談論「反達爾文」管理理論的那場演說。他解釋，美國商業界總是獎勵不會製造麻煩且善於玩弄手段的人。一如吉爾伯特（Gilbert）和蘇利文（Sullivan）合作編成戲劇的《女王的海軍統治者》（Ruler of the Queen's Navy），這個統治者永遠都待在書桌附近，從來不出海打仗，這類人物只憑討人喜歡和沒有威脅性等特質而得以爬到顛峰地位。由於執行長為了保住自身地位而總是會選擇比自己更笨拙的副手，

所以公司治理層級遂演變成一個龐大的蠢蛋結構。當然，伊坎有點滑稽——他事後迅速改口，說他和很多卓越的執行長共事－但他的說法也不失為事實。最優秀且最聰明的候選人，總是無法爬到企業階梯上最頂尖的位置。布恩‧皮肯斯在菲利浦斯的經歷恰恰體現了伊坎的奇談。

1951 年，大學畢業的皮肯斯加入菲利浦斯，擔任初級地質勘測員。他在奧克拉荷馬州出生與成長，他父親是菲利浦斯石油公司的德州阿馬里洛分公司老員工。不過，搬到菲利浦斯位於奧克拉荷馬州巴爾特斯維爾的總部所在地後，並沒有歸鄉的感覺。他父親並不怎麼喜歡當個凡事以公司規定為馬首是瞻的人，布恩也認為那樣的工作不適合自己。他在菲利浦斯的上司非常無趣，而且猜疑心超重。他甚至曾因加班工作而被責難，上司規定他必須在五點十五分離開辦公室，不准有任何例外。[13]

皮肯斯擔任德州聖體市油井地質勘測員時，透過第一手觀察經驗，了解到菲利浦斯做了許多不經濟的決策。有一次，他判斷某一座新油井無法產出足夠支應其完工成本的石油。他上司也同意應該堵住這口油井，但巴爾特斯維爾總部的人卻命令他們無論如何一定要完成，最後，那口油井的總成本共 30 萬美元。一如皮肯斯和他上司所料，這口油井果然未能生產足夠彌補那些成本的石油。不過，高階經營者因無需提報那是一口「乾井」而免於被責難，因為只要能讓表面上的「平均打擊率」看起來比較好，他們並不在意錢是否被浪費掉。

三年後，皮肯斯在菲利浦斯建立了非常好的聲望。不過，巴爾特斯維爾的一名高階主管告訴他：「如果你想在這家公司飛黃騰達，就必須學會閉上你的嘴巴。」皮肯斯決定不值得為了追求在菲利浦斯飛黃騰達而犧牲自己的原則。他在自己的回憶錄中寫道：「我不想在二十年後，因為在這

裡虛擲了我最有生產力的時光而悔不當初，自怨自艾。」[14]

三十年後，皮肯斯以最大股東的姿態回到菲利浦斯石油，他耀武揚威地提出將藉由惡意公開收購，以每股 60 美元的價格，購買該公司額外15% 的股權。這一次，巴爾特斯維爾總部當然更不歡迎皮肯斯。這個小鎮瞬間成為一個可能被企業狙擊者把持的美國小鎮代表。鎮上很多居民穿著印有「布恩搞破壞」字眼的 T 恤，參加二十四小時不中斷的祈禱集會，他們認為一旦皮肯斯取得控制權，不僅會毀掉這家公司，還會進而毀掉整個小鎮。

隨著雙方爭鬥愈來愈白熱化 —— 菲利浦斯公司在好幾個司法管轄區控告皮肯斯，意圖藉此耽擱他的公開收購計畫，加上油價開始下跌導致布恩的投資假說受到重創，他決定集中資源來對付另一個標的 —— 聯合石油公司（Unocal）。當菲利浦斯和皮肯斯協商買回他手中持股時，巴爾特斯維爾一片歡騰。不過，就在這個曾在菲利浦斯任職、在幾個小時車程外的奧克拉荷馬州霍爾登維爾長大的地質勘測員低調退場時，一個向來在皇后區法洛克威打滾的撲克牌玩家正伺機而動。

一視同仁

當布恩‧皮肯斯最初在 1984 年 12 月對菲利浦斯石油公司採取行動時，他誓言不會在爭鬥過程中採用綠票訛詐手段。他告訴記者：「除非獲得和其他所有股東一視同仁的條件，」否則他不會把股份賣回給菲利浦斯。[15]在那一年稍早，由於德士古公司（Texaco）以極高的溢價，花了 13 億美元向巴斯兄弟（Bass Brothers）買回他們的所有持股，故綠票訛詐已先成為市場上熱門的爭辯話題。[16]不僅如此，卡爾‧伊坎也以綠票訛詐者而惡名昭

彰。伊坎在對菲利浦斯發動攻擊前的十四次購併案件中，使用超過七次的綠票訛詐手段。股票公開上市公司的股東會憎恨 1980 年代初期的綠票訛詐型全面收購潮，可謂合情合理，因為這些事件證明企業執行長和企業狙擊手雖口口聲聲號稱自己代表股東、為股東著想，但實際上都只是作作姿態罷了。自利心支配一切，企業執行長自然不會放過以公司資金來擺脫惡意攻擊的大好機會；至於企業狙擊手，則通常會接受公司派的收購提議，儘管這會導致公司體質變差，並進一步讓經營階層的勢力更加鞏固，狙擊手們還是通常會拿錢走人

皮肯斯在他的回憶錄中寫道，菲利浦斯透過喬伊‧弗洛姆（Joe Flom）仲介，向他表示願意以高達每股 70 美元的價值，進行綠票訛詐全面收購，如果以這個價格將股票賣回給公司，布恩將獲利 3 億美元，然而，這些代價是其他所有股東必須承擔；[18] 而由於皮肯斯曾公開表明他將拒絕綠票訛詐，所以，他的聲望有可能因接受這項提議而受損，不僅如此，他向來以「股東權益鬥士」而自豪。於是，他提議雙方共同收購菲利浦斯所有股份。不過，儘管皮肯斯承諾基本上將會讓公司維持不變，但經營階層沒興趣和他合作。

隨後，菲利浦斯提出一份複雜的資本結構調整計畫，根據計畫，公司將以每股 53 美元的現金向皮肯斯買回股份。根據這個資本結構調整計畫，菲利浦斯的「員工持股計畫」實質上將以約當每股 60 美元的債券來購買公司剩餘的 30%股份。菲利浦斯也承諾將出售資產以降低債務、提高股利，並在隔年額外買回價值 10 億美元的股份。由於根據菲利浦斯的投資銀行業者的評估，這個配套方案對剩下的股東來說，每股價值 53 美元，所以，該公司希望皮肯斯能因此感覺到所有股東皆獲得一視同仁的待遇，並心滿意

足。

　　皮肯斯寫道：「我認為 53 美元太低了，不過，當時我們有心達成協議。」[19] 他說，如果以債換股（以債券來交換現有股東的持股）的比例，從流通在外股份的 30% 提高到 50%，他就願意接受這個計畫。雙方最終同意將這個比率調整為 38%。皮肯斯簽了一份中止協議，這是為了防範他未來再次狙擊該公司。菲利浦斯也同意支付皮肯斯 2500 萬美元，墊償他因此產生的費用支出，而且雙方也撤銷對彼此的告訴。皮肯斯在搭飛機返家途中告訴他女兒：「能從菲利浦斯的股票解套，實在是太讓我開心了，我高興到不知如何是好。我現在的感覺和 1954 年離職時一樣，如釋重負。」[20]

　　菲利浦斯公司的資本結構調整計畫和可口可樂新配方一樣，非常受股東歡迎，但該公司的長期投資人根本不了解公司以債券來換取他們的持股的複雜內容。原本期待該公司將在短期內獲得收購進展而大量囤積菲利浦斯股票的套利者，則極端關注該公司將在公開市場購買 10 億美元股份的承諾。生活一向多采多姿的加州財政部長「傑西・安魯老爹」（Jesse "Big Daddy" Unruh）當時擔任加州公務人員退休基金（CalPERS）與加州教師退休基金（CalSTRS）董事，他說他不「知道（那些細節）代表什麼意思」，而且擔心這一切作為只是為了「掩飾綠票訛詐的事實。」[21] 原本購入大量股份，滿心期待收購行動成真的套利者伊凡・波伊斯基（Ivan Boesky）見到皮肯斯把全數股份賣給公司，感到非常喪氣。他說：「現在是聖誕節，我原本還指望能獲得盛宴款待。」[22] 每個人都只知道，菲利浦斯的股價因這項協議而下跌 18%，最低達到 40 幾美元，而皮肯斯個人卻以每股 53 美元落袋，外加 2500 萬美元的費用補償。總之，每個人都感覺這壓根兒就是一場綠票訛詐。

短短幾天內，幾名《華爾街日報》分析師評估，這次資本結構調整對股東來說，每股只有價值 45 美元。極具影響力的能源業分析師柯爾特‧伍夫（Kurt Wulff，帝傑投資銀行〔Donaldson, Lufkin & Jenrette〕分析師）更表示，該調整計畫只有價值每股 42 美元，只不過，他認為若把菲利浦斯的財產全部拆開來出售，它的價值將高達每股 75 美元。[23] 這一番評論引來伊坎的注意。

在伊坎眼中，皮肯斯是個了解能源企業的聰明人，而他願意以每股 60 美元收購菲利浦斯股份，想必這這家公司確實有隱藏價值；只不過，該公司拒絕了他以每股 60 美元收購股份的提議，接著又以每股 45 美元的方案惹惱其他股東。更糟的是，這項協議將保障經營階層的投票控制權，因為他們藉由這項方案，將該公司 30% 以上的股份暫時保存在員工持股計畫中。伊坎心想：「我得讓他們付出更高的代價才行。」[24]

套利

卡爾‧伊坎 1936 年出生於布魯克林，並在皇后區法洛克威附近的貝斯沃特長大。一如企業狙擊史上的很多關鍵人物，他出生在一個中產階級的猶太家庭，是個非常有天賦的孩子。他母親擔任高中二年級的老師，而他父親是個失意律師，在塞達赫斯特的猶太教會堂擔任合唱團指揮。根據伊坎的傳記作者馬克‧史帝芬斯（Mark Stevens）的說法，伊坎的雙親對浮華世界的財富很反感。伊坎是這麼形容他父親的：「他對有錢人總是義憤填膺。他痛恨社會上少數人生活得光彩耀眼而多數人卻過得貧窮下賤的現象。」[25] 後來，猶太教會堂的領導人之一察覺到這個合唱團指揮的兒子（譯注：即伊坎）異常聰明，便安排伊坎去上私立學校，以取得學位。但伊坎

的雙親去拜訪那個學校後，拒絕讓卡爾接觸私立學校那些有錢孩童的價值觀，並選擇讓他繼續上公立學校。在法洛克威高中求學時期，伊坎表現非常傑出，這個學校出過三個諾貝爾獎得主，包括理查‧費曼（Richard Feynman），另外還有第三貝斯（3rd Bass）的歌手瑟爾奇（MC Serch）。後來，伊坎決定上普林斯頓大學，但他的求學顧問對這個想法嗤之以鼻，他說普林斯頓看都不會看他的申請表。不過，他還是投遞了申請書，他對那個顧問說，「橫豎我已經貼了郵票，我不想浪費郵票錢。」最後，他果然順利進入普林斯頓大學就讀。[26]

在普林斯頓大學求學時期，伊坎並不到長春藤俱樂部（Ivy Club）用餐，而且自我改造為未來的華爾街巨人。他經常下西洋棋，主修哲學，他的畢業論文還得了一個獎，那是一篇和經驗論者有關的意義準則（empiricist criterion of meaning）的認識論（epistemology）研究報告。大學畢業後，伊坎在母親的堅持下去上醫學院。後來，他感覺自己不喜歡和一大堆病人在一起，所以選擇退學並去從軍。他猜想，至少軍隊能讓他逃離母親成日的嘮叨。問題是，卡爾也不喜歡軍隊生活，不過，他倒是藉由和軍隊指揮官玩撲克牌而贏了非常多錢。回到紐約後，他在華爾街謀了一個差事。

伊坎在達孚公司（Dreyfus）接受營業員養成訓練時，用他透過撲克牌遊戲贏來的錢，在股票市場從事投機操作，而且賺了一大筆錢。到股市在 1962 年崩盤之際，他已累積了近 10 萬美元，不過，股價下跌讓他變得一無所有。當時大約二十五歲的伊坎宣告破產，而他母親堅持，除非他願意回到醫學院上課，否則將把他趕出家門。[27] 但伊坎想要繼續留在華爾街工作，何況他剛學到一次寶貴的教誨。他需要善加利用他聰慧的頭腦，並培養一些專業技能 ── 他需要某種專長。

卡爾‧伊坎在尋找能讓他培養某種專業技能的市場利基領域時，發現了選擇權交易。**選擇權市場的流動性不佳，沒有中央交易所，而且仲介方面的競爭遠比股票市場少。**伊坎建立一個以透明訂價為訴求的商業模型，藉此為他的每週投資簡報爭取到很多關注，這份簡報是報導最近的交易和價格。[28] 不過，他的進展激怒了競爭者，因為那些人向來透過不透明市場所衍生的大規模價差來賺取龐大的利益，不過，由於他已建立了非常廣泛的業務基礎，所以沒有人敢不把他放在眼裡。

1960 年代末期，伊坎成立了他自己的企業 —— 伊坎公司（Icahn & Company），他聘請年輕聰慧的亞弗瑞德‧金斯利（Alfred Kingsle）分析師來和他一起打拚，他們兩人共事超過二十五年。這兩人在市場上尋找其他有獲利能力的利基，並設法找出套利機會，所謂套利是指「向同一個發行人買進與賣出證券」。舉個例子，他們搜尋吉姆‧林恩拋售到市場上的各種雜亂的可轉換 LTV 證券（這些證券的交易狀況都有所不同），從中套利。然而，若想透過可轉換商品套利獲得較高的利潤，必須將原本的避險（對沖）操作，改變為對標的股票單向押注，包括純多方或純空方押注。後來，伊坎和金斯利以他們在選擇權方面的經驗來強化套利操作，賺了非常多錢。

1970 年代中期，他們兩人開始討論**「價值低估的機會」**。1977 年時，伊坎購入了巴德華納（Baird & Warner）不動產投資信託的 20% 股份，並要求取得一席董事。不過，對方漠視他的要求，於是，伊坎發動委託書爭奪戰，意圖整個取代現有的董事會。他攻擊該公司的經營績效乏善可陳，並承諾一旦他提名的候選人當選董事，他將不會領一毛薪水或手續費。最後，伊坎獲得壓倒性勝利，成為董事長，並將該公司更名為貝斯瓦特不動產公司（Bayswater Realty）。接下來，他隨即清算該公司資產並持續囤積公司

的現金準備。後來，他就是利用貝斯瓦特的資金來支應他的眾多收購計畫。

伊坎的企業狙擊手生涯就此展開，並義無反顧地向前推進。他將他的新投資策略視為「某種套利」。[29]1980 年時，他寫了一張備忘錄給潛在投資人，向他們描述相關的機會。伊坎解釋，美國的資產價值正快速上升，但擁有大量資產的股票公開上市公司的市場估值，並沒有跟上資產價格上漲的腳步。而由於企業經營團隊持有的股票很少，所以他們沒興趣為了幫股東爭取公平價值而把自家公司賣掉。市場上有很多買家有興趣收購這些企業，但鮮少人因此發動過惡意購併行動。伊坎繼續寫道：「然而，**每每控制權爭奪戰一開打，股東通常都能獲得非常優渥的利潤。**」[30] 伊坎發現，與其讓資產被困在股票公開上市公司裡，不如把資產拿到拍賣場上，因為這當中存在一個套利機會。他寫道：「我們的論點是，承接大規模『價值低估』股票的部位，並試著藉由：一、試著說服經營階層清算公司或將公司出售給一個「**白衣騎士**」（white knight）；二、發動委託書大戰；三、提出公開收購；和／或四、將我們的部位賣回給公司派等方法，來控制這些企業的命運，有可能讓我們獲得極為可觀的利潤。」[31]

隨著伊坎不斷連本帶利地將贏來的錢投入愈來愈大的購併案件，他的聲望也明顯高漲。這時，經常有綠票訛詐的機會主動找上門來。金斯利說：「有一段時間，只要我們一開口，他們就會把錢捧上門來，有些人甚至主動先找上我們…錢賺得輕而易舉，就好像從一個嬰兒手中拿走糖果那樣。」[32] 很多企業支付鉅額的綠票訛詐款項給伊坎，包括薩克森工業（Saxon Industries）、美國製罐公司（American Can）、歐文斯伊利諾斯公司（Owens Illinois）、安佳霍金公司（Anchor Hocking）與丹河公司（Dan River）等。

隨著伊坎的財富持續增加，他開始研究公司治理哲學。他經常談到，

股票公開上市公司缺乏當責的態度，將對美國的繁榮構成一大威脅。不過，儘管伊坎的言談有點民粹主義色彩，他從來都不像布恩‧皮肯斯那樣，自視為股東權益擁護者。2006 年，也就是伊坎即將邁入七十高齡那年，他向《紐約客》雜誌作家肯恩‧奧列塔（Ken Auletta）作了個總結：「我不會用那種糖衣來包裝自己，我樂在獲勝與賺錢。我一直都有強迫症，我不看精神醫師，但如果你認真分析，像我這樣的人總是想要獲勝，而獲勝就是金錢。」[33]

當伊坎在 1984 年偶然發現菲利浦斯石油，出手的時機看起來已成熟。該公司經營階層已經幾乎沒有退路，也已試圖利用綠票訛詐來解決皮肯斯的挑戰。伊坎篤定地感覺到，如果稍加施壓，菲利浦斯將會提出更有利於股東的資本結構調整方案。在他眼中，整個情勢鼓勵他應該發動惡意狙擊。不過，伊坎有一個問題。要讓他的策略收到最佳成效，就必須高調威脅他將以公開收購的方式取得控制權。問題是，當時的菲利浦斯是《財星》500大企業中的第十六大企業，總資產價值近 170 億美元，而伊坎的資源似乎不夠多。為了成為一個有能力買下整個公司的正當威脅者，伊坎需要更多資金 —— 他需要當年僅三十八歲的神童麥可‧密爾肯。

「非常有信心」的信件

德崇投資銀行在短短不到十年內就自我改造為一個中型的投資銀行，客戶數多到足以傲視華爾街同業。在那段期間，麥可‧密爾肯在快速成長的垃圾債券市場上所掌握的主導力量，使得這家銀行的營業收入暴增了二十五倍。[34]1985 年 —— 也就是卡爾‧伊坎開始槓上菲利浦斯公司那一年，密爾肯聚焦在市場上一個大有可為的新利基 —— 利用垃圾債券籌集的資金

來進行惡意狙擊。德崇投資銀行執行長弗瑞德·約瑟夫（Fred Joseph）在該公司的「年度高收益商品會議」——也就是所謂的「**掠食者的盛宴**」（Predators' Ball）中表示：「史上頭一遭，我們讓所有人都得以站在平等的起跑點。小蝦米也能追逐大鯨魚。」[35] 這個會議結束後幾個星期內，皮肯斯追逐了聯合石油公司，史帝夫·韋恩（Steve Wynn）開口要收購希爾頓飯店集團（Hilton Hotels），詹姆斯·哥德史密斯爵士（Sir James Goldsmith）鎖定了皇冠澤勒巴克公司（Crown Zellerbach），而羅瑞馬爾（Lorimar）則開價要收購多元媒體公司（Multimedia）。[36] 這些購併案件都有一個特色：**小型參與者透過密爾肯的債券取得資金，進而試圖併吞價值數十億美元的企業**。不過，他們所有人的手法看起來都不像卡爾·伊坎收購菲利浦斯石油的手段那麼顛覆。

伊坎最初是和德崇投資銀行合作，共同重新調整火車車廂製造商 ACF 公司的資本結構，他是在 1984 年年初購入這家公司。密爾肯為了 ACF 一案而募集了 3.8 億美元的資金，包括大約 1.5 億美元的超額資金，以作為未來的戰爭存糧。伊坎和德崇的其他多數客戶不同，他在收費項目上討價還價，而且拒絕放棄 ACF 的權益來作為協議條件之一。如果伊坎大方一點，密爾肯願意幫他提供三倍的超額資金。伊坎告訴康妮·布魯克：「我不喜歡把權益讓給別人。多年來我學會一件事：**鈔票是比合夥人還要好的合夥人。**」[37]

當伊坎和德崇投資銀行見面討論菲利浦斯石油的案件時，雙方還是不斷討價還價。德崇迫切希望幫伊坎募集他所需要的 40 億美元，但伊坎拒絕支付 1% 的承諾費，因為就算他未來沒有動用到這筆資金，德崇一樣會收這項費用。舉個例子，當索爾·史坦伯格對迪士尼公司的狙擊行動最後以綠

票訛詐收場，密爾肯的顧客中曾簽署書面債券購買承諾書的人，就算實際上沒有提供任何資金，也一樣收到了 1% 的承諾費。伊坎告訴德崇，想都別想要他為了菲利浦斯石油的收購案件而支付 4000 萬美元的費用。

除了驚人的高成本，整個流程也問題重重，因德崇為必須向一大堆債券購買人徵求承諾書。在這種情況下，寶貴的資訊（以這個案例來說，是指伊坎正準備進行惡意公開收購的資訊）難免會外洩。在參與菲利浦斯石油公司案件以前，德崇已經為兩宗惡意狙擊行動募集資金，包括皮肯斯狙擊海灣石油（Gulf），以及史坦伯格狙擊迪士尼。不過，皮肯斯遭到挫敗，因為在他宣布這個計畫以前，海灣石油的股價已先大幅上漲，導致他無法訂出吸引人的公開收購價。至於在處理迪士尼狙擊行動方面，德崇投資銀行以密封郵件的形式將文件寄給潛在債券購買人，並以警語註明信封內有重要的內線資訊。[38] 對喜歡從事非法內線交易的德崇投資銀行客戶來說，這段警語等於是讓他們優先參與這個交易的邀請。

伊坎問德崇是否能比照其他大型商業銀行，在為顧客的收購案件提供融資時，提供它的承諾信函。德崇投銀的里昂‧布雷克拒絕這個建議，但他提議以一封表明該銀行「非常有信心」能募集到資金的信件，來取代承諾信。誠如布雷克告訴康妮‧布魯克的，伊坎願意考慮這個點子，他問律師：「你怎麼看？」但律師回答：「里昂不可靠，這樣的信件沒有法律約束力，要它作什麼？」[39] 如果德崇「非常有信心」的目標最後沒有達成，伊坎就會被當成白癡。

伊坎思索許久後，決定打電話給里昂‧布雷克，並表示大家可以應該試試看。這封「非常有信心」信函，就在卡爾‧伊坎不願意支付高額的承諾費，而密爾肯的高收益商品買家也無法保守內線資訊秘密的情況下誕生。

幸好金融圈很快就認同這封信，並將之視為買家（譯注：指伊坎）有能力募集到購併所需資金的明確證據。不久後，投資銀行同業也從這件事裡會到，原來不用出具實質的承諾，一樣能對客戶收取費用。當皮肯斯追逐聯合石油公司時（在伊坎狙擊菲利浦斯石油公司的兩個月後），德崇就基於這個案件向他收取了 350 萬美元的費用。[40]

卡爾・伊坎在 1985 年 2 月 4 日傍晚，對厭戰的菲利浦斯石油公司開出第一槍。（見本書最後的信件收錄）他寄了一個包裹給該公司的往來投資銀行，當中有一封他寫給董事長暨執行長威廉・道斯的信，另外還附上德崇投資銀行的「非常有信心」信函。伊坎在信件開頭宣布他持有 750 萬股的菲利浦斯石油公司股份，「我因這些持股而成為公司最大股東之一。」他寫道，他檢視了資本結構調整計畫，發現這個計畫「嚴重失當。」伊坎也提出替代方案建議，他表示願意以每股 55 美元購買該公司股權，其中 27.50 美元採現金給付，另外 27.50 美元則是以「次級票據」（subordinated notes）支付。他解釋，德崇投資銀行「非常有信心」能在 2 月 21 日募集到必要資金。接著，伊坎又向道斯提出一個能讓菲利浦斯石油公司擺脫他的熊抱的方案：「如果你將你的收購價提高，並以一個每股 55 美元的收購方案，購買菲利浦斯石油公司流通在外的所有股份，我將會樂意退出。」伊坎警告，如果菲利浦斯石油公司拒絕他的全面收購提議，並拒絕以每股 55 美元收購股東的股份，他就會發起委託書爭奪戰，讓這個資本結構調整計畫失效，同時宣佈將惡意公開收購該公司 51％的股份。他給該公司經營階層兩天的時間考慮是否接受他的全面收購提議。

2 月 6 日的期限一到，菲利浦斯石油公司在美國塔爾薩地區法院控告伊坎違反委託書徵求及反人為操縱規定。但該公司也略微調整資本結構調整

計畫，打算多給股東一點甜頭；它加入一項新的優先股股利，並以立即性的現金收購計畫取代原本的庫藏股買回計畫。菲利浦斯石油公司表示，這些調整讓資本結構調整計畫的價值提高每股 3 元。不過，雖然加了這些甜頭，菲利浦斯公司卻暗中加了一項不怎麼受歡迎的方案 —— 一個以維護長期價值為目的的「認股權計畫」。布恩‧皮肯斯先前與公司達成的全面收購方案迫使他不得不支持經營階層，他以不同的方式來描述這些認股權：「胡扯，這根本是毒藥丸。」[41]

我服下了毒藥丸

歷史上「第一顆」毒藥丸是馬汀‧利普頓在 1982 年創造，他當時是為了捍衛埃爾帕索天然氣公司 (El Paso Natural Gas) 免於遭柏林頓北方鐵路公司 (Burlington Northern) 惡意收購而發明這個方法。利普頓認為毒藥丸是企業意外面臨「兩階段收購與破產接管」意圖時，用來阻撓對手的方法之一，毒藥丸無法預防惡意收購，但能阻擋狙擊手在公開市場上買到有效的控制權，也能防止狙擊手說服股東一窩蜂接受「前重後輕要約公開收購」（front-loaded tender offer）。[42] 伊坎認為毒藥丸是「合法的詭計」。誠如他告訴他的傳記作者馬克‧史帝芬斯的：「那等於是某個法律事務所試圖改寫法律。」[43]

在典型的毒藥丸事件中，企業會賦予股東某些特殊的認股權，一旦外部買家跨越某個所有權門檻後，股東就能履行這項認股權。箇中的花招是，一旦對手跨過門檻，該買家以外的所有股東都能執行這項認股權，而當其他股東履行這項認股權 —— 通常這些股東能取得優先股或普通股 —— 就等於稀釋了那個對手的所有權比例。

利普頓為菲利浦斯石油公司設計的「認股權計畫」非常獨特：如果一個外部買家跨越 30% 的所有權門檻，其他股東可以用每股 62 美元，將股票轉換等值的菲利浦斯石油公司優先債券，這些債券的利率達 15%。這麼一來，就算這個買家贏了，也是買到一家槓桿過高（短期債務高達 70 億美元）的危險企業。表面上看來，這顆藥丸是要在任何股東跨越 30% 持股門檻時，能夠付給其他股東「公平價值」── 經營階層認定公平價值是每股 62 美元。而實際上這個策略是**鯊魚排斥法**（shark repellant）。道斯認為只要是心智正常的人，都不會服下這顆毒藥丸，讓公司被排山倒海的債務壓垮。

隔天伊坎寄了一封信給道斯，這封信的內容出乎所有人的意料。他寫道：「為了活化菲利浦斯石油公司股東的權利，我打算發動一個公開收購計畫，我將購買大約 25% 的菲利浦斯普通股。」[44] 此時伊坎持有 5% 的股權，他故意想藉由這個 25% 股權公開收購計畫來啟動利普頓的毒藥丸。道斯簡直不敢相信自己的眼睛。他不知道伊坎是真心恐嚇要以菲利浦斯石油公司自行提出的毒藥丸計畫來作為收購該公司的手段，抑或只是單純誤解了這些認股權的意義。[45] 道斯回了一封情緒化的信給伊坎，要求對方重新考慮這個更優惠的資本結構調整計畫：「我們相信公司的價值非常接近你調查出來的價格，我們也相信你不是真的為了想藉由過去幾個星期購買的股票多賺個每股幾美元，而強行破產接管並清算菲利浦斯公司，並導致成千上萬名員工因失業而受苦。菲利浦斯公司正積極針對股東的利益而採取負責任的回應。我們希望你也能採取負責的回應。」[46]

在當時，毒藥丸策略還相當少見，菲利浦斯公司那個「股東認股權計畫」的結構又特別罕見。《紐約時報》引用伊坎的說法：「實質上來說，我對此的回應是，我願意吞下毒藥丸。」[47] 但當該公司詳細說明毒藥丸的

結構後，伊坎發表一份聲明，抱怨菲利浦斯公司先前並未揭露它的「歧視條款」（discriminatory provisions）。道斯在一封公開信件中，以言語刺激伊坎，說他誤解了毒藥丸：「我們建議你在提出收購或破產接管菲利浦司公司的進一步建議案以前，先檢視一下增補委託書文件。」[48] 不過，其實這些騷動對伊坎有利，因為這已讓媒體更加關注菲利浦斯石油公司的毒藥丸計畫，正好此時該公司的法人股東也對這項資本結構調整計畫相當不滿，因為他們認為這個毒藥丸策略會讓公司得嚴重內傷。

2 月 13 日當天，伊坎展開爭奪菲利浦斯石油公司控制權的公開收購行動，他的開價是每股 60 美元。在歷史上，這是在尚未取得資金承諾的情況下，最大額的公開收購案件。[49] 這項收購計畫的附帶條件是：股東在 2 月 22 日的股東大會上，投票反對公司派提出的資本結構調整計畫，當然還取決於德崇投資銀行的集資能力。為了迴避毒藥丸的傷害，伊坎提出另一份董事候選人名單，而且設下唯有這些人選當選，且「股東認股權計畫」撤銷，才會展開收購的條件。伊坎寫道，如果公開收購沒有成功，他會在下一場股東大會展開另一輪委託書爭奪戰。他誓言若自己打贏委託書爭奪戰，將會清算這家公司。總之，他傳達的訊息非常清楚：卡爾·伊坎絕不退縮。

大約有 4500 人擠進巴爾特斯維爾的一座體育館參加股東大會。館外有一支軍樂隊在表演，但也有一群學童針對伊坎展開抗議活動。[50] 館內情緒化且立場堅決的群眾為捍衛公司而團結在一起。其中一名股東說：「過去幾個月購買菲利浦斯公司股票的人並不是你們的真正股東…他們只是想賺額外的利潤。儘管用語不妥，但我們要說他們是出賣自身貞操的妓女。」他的說法獲得滿堂彩。[51] 另一名股東則表達他對資本結構調整計畫和皮肯斯的全面收購方案的不滿，但他後來又補充：「我會投票支持這個計畫。

這是個人考量。我為巴爾特斯維爾的居民感到憂心忡忡，也為住在這裡度過退休生活的老人擔憂。」[52] 一名路德教派的牧師呼應了那個人的感傷，他說：「埃及一名新法老王不認識約瑟（Joseph）。這就是巴爾特斯維爾害怕的事 —— 一個不認識約瑟的法老王。我們害怕他們的所有權將會被移轉到不關心本地居民的人手上。若沒有了關懷，就不會有社區共同體的存在。」[53]

當亞弗瑞德‧金斯利代表伊坎站上發言台時，台下噓聲四起。為回應鎮上居民的疑慮，他表示：「我們也熱愛巴爾特斯維爾，我們熱愛所有員工和菲利浦斯。我們反對的是這一個資本結構調整計畫。」這段評論引來群眾的竊笑。[54] 不過，儘管大家對伊坎的作為非常憤慨，也極為擔憂這個小鎮的命運，但這場會議的真正議題其實是這個資本結構調整計畫。加州教師退休基金的律師之一起身發表聲明，整個會場頓時變得鴉雀無聲：「我們是長期投資者。我們持有菲利浦斯公司的股份已許多年。我們將繼續持有它的股票，直到最後的勝利到來。但我們無法苟同資本結構調整計畫的某幾個部分…毒藥丸 —— 就算它不是毒藥丸，也是顆令人難以下嚥的維他命。我們也反對綠票訛詐，而我們認為公司付錢給布恩‧皮肯斯的作法，說穿了就是綠票訛詐。我們將投票反對這項資本結構調整計畫。」[55]

會議進行大約九十分鐘後，道斯出乎在場股東的意料之外，宣布休會。他說，會議將在隔天（星期六）重新召開，投票作業也將繼續進行。隔天下午，菲利浦斯公司再度暫停會議的進行，這一次，一直到星期二才復會。該公司利用拖延手段，試圖說服某些大股東改變投票心意。但這招並不管用。3月3日當天，菲利浦斯公司宣布資本結構調整計畫沒有通過，輸了900萬票。**這是菲利浦斯石油公司這類大型企業有史以來首度輸掉委託書爭**

奪戰。[56]

最後，菲利浦斯公司再次在資本結構調整計畫裡增補更多甜頭，同時撤銷將股份暫存在員工股票信託的計畫。這一次，市場終於認同那個調整計畫真的價值每股 55 美元。經過徹夜協商（伊坎衝出會議室兩次），菲利浦斯公司為了換取伊坎的退出，同意支付 2500 萬美元給他，墊償他在過程中支出的費用。**短短十星期內，他席捲了大約 5000 萬美元的利潤。**[57]諷刺的是，以綠郵訛詐著稱的卡爾．伊坎，為菲利浦斯公司的股東爭取到更優渥的發放金額，而以捍衛股東權益者自詡的皮肯斯，卻接受了一個被多數人視為綠票訛詐的條件。不過，伊坎並未因此而得到大頭症，他說：「我很高興見到股東們受惠。」「但我並不是羅賓漢。我只是很享受賺錢的感覺而已。」[58]

曇花一現的風尚

鮮少旁觀者真心相信伊坎會收購菲利浦斯公司，即使某些在這場委託書爭奪戰中支持伊坎的菲利浦斯公司大股東都說，他們並不相信他的收購計畫是認真的。[59]他們認為他只是為了從資本結構調整計畫中多擠出幾美元的利潤，才介入該公司股票。但菲利浦斯公司事件落幕不久後，伊坎便以行動證明，即使是最笨重的標的，他都有意願收購。

1985 年春天，伊坎購買環球航空公司 (TWA) 非常大量的股權，同時和德州航空（Texas Air）的法蘭克．羅倫佐（Frank Lorenzo，他在 1981 年收購了德國馬牌輪胎〔Continental〕）展開一場收購開價戰。羅倫佐早就想染指 TWA，他感覺伊坎只是意圖為他手上的股份爭取較好的價格。其實如果在雙方攤牌的初期階段，羅倫佐同意支付 900 萬美元的費用給伊坎，他原

本有機會贏得 TWA 控制權的。但他錯過那個機會，他曾說：「卡爾永遠也不會收購這家航空公司。」[60] 可是他看錯了伊坎。

但到頭來，伊坎體認到 TWA 差點成為他的災難。他在成本控制方面創造了幾項不錯的成果（那多半是因為他以自己身為潛在清算者的名聲來威脅工會，促使對方做出重大讓步），問題是，伊坎一直不願意進行足以提高 TWA 競爭力的必要資本投資。這或許是個聰明的行動，但不足以彌補他犯下的錯誤－打從一開始，他就不該購買這家航空公司。

1988 年時，伊坎透過德崇投資銀行的垃圾債券，為 TWA 募集了 66 億美元，並付了一筆鉅額股利給他自己。從那時開始，他把 TWA 所有還值錢的剩餘資產賣光。隨著這家航空公司一步步走向破產，工會擔心伊坎可能會就此撒手不管，導致公司無力為鉅額的退休金義務籌募資金。1991 年時，美國國會通過一項法案，該法案的設計就是要確保當該公司員工退休金不足時，可扣押伊坎個人資產充數。[61] 法案通過後兩個月，TWA 便聲請破產，聯邦政府的「退休福利擔保公司」（Pension Benefit Guaranty Corporation，以下簡稱 PBGC）表示，它將向伊坎追索 11 億美元的退休金不足總額。

到了 1980 年代末期，企業狙擊手的黃金年代逐漸褪色。幾個大型破產案件 —— 包括羅伯特‧甘皮奧（Robert Campeau）麾下的百貨公司王國因槓桿過高而破產 —— 這也重創了垃圾債券市場。除了幾個登上報紙頭條新聞的破產案件，整體垃圾債券違約率也持續上升，甚至成了 1990 年至 91 年美國經濟衰退的導因。在這樣的大環境下，企業狙擊手愈來愈難找到具有說服力的超值標的，而且也愈來愈難募集到收購這些標的的資金，而就算能找到超值標的，也能順利募集到資金，標的公司的反抗力量也可能比以往強很多。

在菲利浦斯石油公司委託書爭奪戰後，《美國律師》雜誌的史蒂芬‧布里爾（Steven Brill）引述一名德高望重的收購律師的說法，他將馬汀‧利普頓的毒藥丸貶抑為一種「曇花一現的風尚」，布里爾認同他的說法，並寫道：「很快的，所有人就會發現『**咆哮的八〇年代**』也跟這種藥丸一樣，迅速退流行。」[62] 不過，幾個月後，德拉瓦州最高法院在它的一項判決（Moran v. Household）中維護毒藥丸的合法性。到那十年步入尾聲之際，有超過一千家企業曾實施過毒藥丸，《財星》500 大企業更有 60% 的企業實施過這種策略。[63]

除了毒藥丸的接受度愈來愈高，監理環境對企業狙擊手也愈來愈嚴苛。1988 年時，德拉瓦州強制執行一項反購併規章。規章的第 203 節明文禁止股東在跨越 15% 的所有權門檻後三年內尋求購併。美國國會也考慮通過各種不同的收購法案。其中，布恩‧皮肯斯認為美國眾議院一項對合併與收購案件課稅的提案，是造成 1987 年大崩盤的主要因素。[64]

儘管如此，這些因素都不是 1980 年代特有的要素。先前的幾次合併熱潮也都是因為較高的放款標準、愈來愈少的優質標的、企業防衛手法更加老練、監理壓力以及經濟成長趨緩等而結束。八〇年代最特別之處是麥可‧密爾肯的興起與衰敗（因為他是造就企業狙擊手界的超級明星，又讓他們永遠消失的主要推手），以及大型機構投資者終於因痛苦的教訓而變得更有智慧。

不當行為

就在金芭‧伍德法官（Judge Kimba Wood）對麥可‧密爾肯判刑十年前不久，她談到大眾對密爾肯命運的密切關注。她收到很多要求加重刑責的

信件，因為八〇年代的那種陋習對經濟造成嚴重的損害。當時正值 1990 年年底，美國經濟即將陷入衰退，金融危機更導致全國三分之一的存貸機構倒閉。[65] 伍德法官說：「這些來信者要求我對那十年的貪得無厭風氣做一個裁決。」[66]

當聯邦調查人員揭露德崇投資銀行在 1987 年付給麥可・密爾肯 5.5 億美元的訊息後，連華爾街最傑出的人都大感震驚。億萬富翁大衛・洛克菲勒（David Rockefeller，大通銀行前董事長，也是老約翰・戴維森・洛克斐勒〔John D. Sr.〕的孫子）擔心金融體系「失衡」。[67] 而讓其他又妒又羨的投資銀行同業更痛苦的是，密爾肯利用他透過個人交易辦公室一手控制的數百家投資合夥公司，竭盡所能地透過德崇投資銀行的業務賺更多收入，其中某些合夥公司甚至直接向德崇買賣垃圾債券[68]。根據美國國會審計總署（General Accounting Office，以下簡稱 GAO）的說法，從 1981 至 1988 年，**密爾肯麾下前二十五家大合夥公司共發放了 20 億美元的股利，其中 10 億美元直接進了密爾肯的口袋**。詹姆士・史都華 (James Stewart) 在《股市大盜》（*Den of Thieves*）一書中估計，1986 年年底，密爾肯和他家人的身價至少價值 30 億美元。[69]

不過，還是有人為密爾肯說話，他們表示，密爾肯其實是遭到迫害，他被判刑的真正原因是他的龐大財富以及他協助諸如卡爾・伊坎等狙擊手攻擊大型企業法人等行為。他們主張，他的罪行其實微不足道。在這個議題上，這些同情者的說法倒也不假。一如 1967 年因出售未註冊股票而垮台的路易斯・沃夫森，如果犯下那些罪行的是另一名比較不那麼舉足輕重的投資銀行業者，他絕對不會被以有罪起訴，但密爾肯卻判刑了十年。他之所以願意認罪，全是因為政府向他提出條件，以他的認罪來交換政府對他

弟弟的撤銷指控。[70]

但即使政府的指控似乎不太有說服力，我也非無異議全面接受所謂的密爾肯傳奇。賺錢不是罪惡，但在他之前和之後，從來沒有一個債券銷售人員有能耐在一年內賺 5 億美元。**密爾肯不是世界上第一個因支配特定市場獲利利基且隨著那個市場的成長而賺大錢的債券銷售人員。**不過，最終來說，這是一個高度競爭的行業，密爾肯何故能在垃圾債券成為主流以後，繼續那麼成功地守住他那獲利豐厚的經銷權？

密爾肯承認的犯罪指控包括他涉及避稅詭計，以及提供人頭戶讓客戶暫時存放股票，好讓客戶規避 SEC 申報規定等。在他承認的六項罪名中，有四項和他與套利操作者伊凡・布斯基（Ivan Boesky）之間的約定有關，其中幾項約定是密爾肯承諾彌補布斯基的所有虧損。在德崇投資銀行眾多不可告人的勾當中，這類情節很常見。其中一個例子是，狙擊手桑弗德•施格羅夫（Sanford Sigoloff）控制的一家零售商威克斯公司（Wickes）試圖擺脫每年必須發放 1500 萬美元股利的一檔可轉換優先股，因為這項開銷對公司來說是個大麻煩。根據規定，若該公司普通股收盤價在任何一段 30 天期間內，有 20 天達到 6 又 1/8 美元以上，它就能贖回這些優先股。在某一段連續 29 天期間，威克斯公司的股價已有 19 天達到目標，而德崇把握時機說服布斯基的公司在收盤前積極買進股票，好讓當天收盤價達到 6 美元以上。[71] 這或許只是「輕微」的觸法，但已是明顯的市場操縱行為。

密爾肯更重大的惡行是，他製造了不少完全受他擺佈且缺乏獨立行動能力的顧客 —— 他贈禮給那些顧客的經理人，或容許他們參與密爾肯的合夥企業的股權，讓他們享受優渥的好處，好讓他們對他唯命是從。密爾肯最初是在 1978 年為經營日間托兒所的金德幼稚園（Kinder-Care）募集資金。

隨著該公司持續成長，它開始向德崇購買大量的垃圾債券。密爾肯的發行者顧客經常如此：他常為這些顧客提供過多資金，接下來再慫恿它們購買垃圾債券。金德幼稚園後來更經由收購一家保險公司和兩家存貸機構，提高它可投資垃圾債券的上限。有一度，該公司共持有大約 6.5 億美元的德崇垃圾債券。[72]

大概是為了獎勵這個「優良」顧客的鼎力支持，密爾肯將很多價值不斐的證券，利益輸送給金德幼稚園的高階主管。金德幼稚園的高收益產品投資組合經理事後在作證時表示，密爾肯將史托勒廣播公司（Storer Broadcasting）的認股權證餽贈給他和金德幼稚園執行長。史托勒公司的認股權證是專事購併業務的 KKR 公司先前為了討好參與德崇投資銀行發行活動的投資者，而事先將這些認股權證充作準權益股票（equity kicker）交給密爾肯的，但 KKR 有所不知的是，密爾肯將其中多數的認股權證保留給他的合夥公司，剩下的則分配給至親好友。金德幼稚園的股東理當因公司參與史托勒的交易而獲得這些認股權證，但密爾肯卻直接把認股權證送給該公司的經理人。據稱這兩名經理人因德崇送給他們的這些認股權證而賺了超過一百萬美元。[73]

哥倫比亞存貸公司（Columbia Savings & Loan，以下簡稱 CSVO）執行長湯姆・史皮耶格爾（Tom Spiegel）從史托勒公司一案獲得更多利益。密爾肯將一部份認股權證送給史皮耶格爾家族控制的一家合夥公司，讓他們在一年內賺了 700 萬美元的利潤。[74]CSVO 是密爾肯最「優質」的顧客之一，在 1982 年 —— 此時《喬曼儲貸機構法》（Garn–St. Germain Depository Institutions Act）還允許有投保聯邦保險的存貸公司購買垃圾債券 —— 至 1989 年間，CSVO 購買了價值 100 億美元的德崇垃圾債券。密爾肯甚至將他麾

下一家獲利能力非常好（該公司的投資報酬非常豐厚）的合夥公司股份送給史皮耶格爾家族。

正因如此，最後密爾肯的頂尖顧客只要一看到德崇投資銀行發行的債券，就不分青紅皂白地胡買一通。調查人員事後訝異地發現，德崇發行的債券其實都是被少數買家吃下。其中，第一執行保險公司（First Executive）參與了 90％的德崇新發行債券，並在 1982 年至 1987 年間購買了價值 400 億美元的垃圾債券。[75] 你或許也猜到，第一執行保險公司和密爾肯的關係非常密切。該公司經常能爭取到透過德崇投資銀行取得資金的購併者的生意，換言之，這些購併高手成功購併特定標的後，會將它的保險業務交給第一執行保險公司。舉個例子，當羅恩‧佩雷爾曼（Ron Perelman）收購露華濃（Revlon）時，他就將該公司的退休金計畫轉移到第一執行保險公司。

裁決

伍德法官宣判密爾肯的刑責時，她說她不知道多少德崇投資銀行的垃圾債券業務是合法的。她說自己沒有能力判斷這個問題，但或許有一天，歷史學家會知道答案。那是二十五年前的事，密爾肯坐牢不到一年後，美國經濟體系又恢復生命力。

事後來看，1990 年至 91 年的美國經濟衰退其實相當溫和，那只是介於購併年代和美國史上最長經濟擴張期（從 1991 年一直到網路泡沫破滅）之間的一個小插曲。不過，存貸機構危機橫跨十年，一直到 1995 年才徹底解除。到最後大家才發現，**存貸產業並不是因為購買過多的密爾肯垃圾債券才在廣泛的詐騙事件中崩潰，這些存貸機構本來就注定滅亡**，[76] 而且，垃

坡債券市場也沒有隨密爾肯的入獄而銷聲匿跡，反而更蓬勃發展。到 1990 年代末期，美國垃圾債券發行量急速竄升到比 1980 年代高峰大好幾倍的水準。

如今，麥可‧密爾肯的聲望正逐漸恢復。《經濟學人》雜誌在 2010 年一篇探討德崇投資銀行傳奇的文章，稱密爾肯的「信用民主化」作為，是「對美國經濟體系的恩賜。」[77] 文章裡對他惹上的法律災難幾乎隻字未提。喬治華盛頓大學的公共醫療學院還將密爾肯的名號裝飾在學院內。加州大學洛杉磯分校的一個商業法協會也以他弟弟的名字命名。密爾肯的智庫「密爾肯協會」（Milken Institute）更是一場重量級年度全球會議的主辦單位，這場會議的影響力更甚於原來的「掠食者盛宴」。

對 2000 年代初期的年輕商學院學生來說，麥可‧密爾肯的故事已不再是一個與貪婪及墮落有關的警世傳說，此時麥可‧密爾肯的故事，多半將他描繪為一個有遠見的天才，讚揚他的創新在華爾街與更廣大的經濟體系掀起了一場革命。和其他投資銀行同業不一樣的是，密爾肯一向好學勤勉且專業能力優異。他精通垃圾債券的所有知識，並發現由廣泛的垃圾債券構成的投資組合，能創造優於優質債券的績效。垃圾債券的違約率誠然較高，但存活下來的發行企業所發放的利息和債券本身的資本增值，遠遠足以彌補那些違約債券所衍生的損失。

當然，密爾肯的那種天資不見容於多數商業界人士，因為**他的天資隱藏了黑暗因子，促使他便宜行事**（其實他大可不必如此），並惹惱原已對他憎恨有加的主管機關。不過，儘管他所有違法亂紀的行為並未對他的成就產生顯著的影響，卻終結了密爾肯的職業生涯。

年輕時，我也曾相信密爾肯比較像伊卡洛斯（Icarus，譯注：希臘神話中的人物，他配戴蠟造的翅膀飛翔，但因飛得太高，蠟造翅膀被太陽熔化而落水而亡）而非奧托里庫斯（Autolycus，竊盜王子）。我從商學院畢業後的第一份工作，是到一家不良債券避險基金任職，我們當時將密爾肯最過人的獨特見解列為最重要的行事守則之一：**聰明因應風險，不代表購買最好的資產，漠視不好的資產**。我們把多數時間都用來檢視垃圾場的骯髒廢物，也曾以非常有利的價格購買一些糟糕透頂的企業，最後賺非常多錢。我們的商業模型必須歸功於密爾肯，包括他的智慧財產和原料 —— 也就是垃圾債券本身。當然，我總是希望相信自己能隨著時間的流轉而變得愈來愈明智。現在的我把多數時間用來追蹤真正的優質企業，而且願意耐心等待能讓我便宜買到這些企業的市場良機到來。每次回顧當年購買一些違約爛工業公司的次級債券的日子，我都忍不住會想，以前的我真的誤解了麥可・密爾肯傳奇的意義。

　　在當年因利率降低與經濟高度成長而受惠的市場上，麥可・密爾肯佔有市場上一個曖昧的利基。隨著密爾肯的業務規模愈來愈大，他透過受他擺佈的大型顧客如第一執行保險公司和哥倫比亞存貸公司、忠實且受惠於他的客戶伊凡・布斯基，以及他自己的投資合夥公司（他利用德崇公司資金來控制這些投資合夥公司）等，指揮了極端鉅額的資金。所以，密爾肯擁有完美的條件可以操縱市場，並進一步大幅擴展他的銷售版圖。除了垃圾債券，密爾肯的顧客也認同他是個有遠見且很有思想的天才，顧客相信他在乎「資本民主化」的程度，更甚於重視為自己牟利，但說穿了，他只是個大師級業務員，一個討人喜歡、擁有評估他人能耐和評估債券價值的天分的人，換言之，他簡直就像個共濟會總裁。不過，一如很多優秀的債

券業務員，在歡宴即將結束之際，儘管市場上還有賺錢的機會，他卻害得最輕信於他的客戶，抱了滿手壁紙般的垃圾債券－哥倫比亞存貸公司、第一執行保險和金德幼稚園最後都以破產收場。

縱使密爾肯是一個有遠見的天才，德崇投資銀行的金錢機器也不是什麼高尚的發明。取而代之的，密爾肯利用它製造大量不自然且任性而為的垃圾債券需求。而對諸如卡爾‧伊坎、榮恩‧佩雷爾曼和尼爾森‧佩爾茲（Nelson Peltz）等人來說，密爾肯製造了某種狙擊美國最大型股份有限公司的大好機會，那是一生難得一見的機會，所以，他們全都善加利用這個機會，絲毫不後悔。

我們已忍無可忍

1980 年代的企業狙擊手不僅有幸獲得麥可‧密爾肯提供的大量資金，消極的機構投資人也讓他們受益良多，這些機構投資人抗拒承擔大型股票公開上市公司股東應有的責任，坐視卡爾‧伊坎和他的追隨者利用綠票訛詐手法，搶走他們的襁褓嬰兒手上的糖果。雖然到八〇年代中期，這些機構投資人對綠票訛詐者和自私自利的經營團隊愈來愈不滿，但企業防守團隊和惡意狙擊者的步調實在太快，導致它們難以有效監督這些利害關係人。

就在菲利浦斯石油公司公司投票後不久，卡爾‧伊坎告訴史帝芬‧布里爾，他的勝利要歸功於那個毒藥丸計畫。他說「所有人對那個計畫都興趣缺缺。」[78] 馬汀‧利普頓沒有爭辯。他告訴布里爾：「卡爾說得沒錯，」「我們徹底誤判整個情勢。我們不懂這些機構投資人怎麼會只在乎讓公司繼續維持被購併標的的狀態？」[79] 當布里爾親自對菲利浦斯石油公司的法人股東進行意見調查後，他也同意利普頓的說法，並發現「總的來說，那

是一群無知到令人意外且徹底沉默的投票者。」一個既不懂那個資本結構調整計畫和毒藥丸，也不懂和伊坎的公開收購計畫細節的退休基金經理人，對著一個有關股東長期利益的問題發飆，他說：「所謂的長期由我定義，」「那是我的工作。而我對它的定義是，積極掌握我每天發現的最好機會。」[80]

不過，徹底沉默的機構股東最後也開始表達憤怒。加州一名基金經理人告訴布里爾，「我們相信股東必須有權對所有條件投票。我們也認為資本結構調整計畫的部分環節將會導致公司遭到員工信託把持，而員工信託則是徹底遭到經營階層控制的工具。你知道的，我們不想再忍受這些鳥事，我們決心要把一手策劃這些垃圾並因此賺了幾百萬美元的投資銀行業者和律師掃地出門。」[81]

歷經惡性綠票訛詐活動與經營團隊為鞏固自身勢力而採用的高成本戰術等的長年折磨後，機構投資人開始醞釀起義。到那十年接近尾聲之際，很多大型機構投資人開始認真研究因應對策。他們發動委託書爭奪戰、公開質疑經營團隊和惡意狙擊手的動機，並針對複雜的公司治理議題歸納出各項意見。由於此刻密爾肯的募資機器停擺，向來被動的機構投資人也終於開始轉動他們的大腦，這個惡意狙擊手世代也終於結束。

由於菲利浦斯石油公司狙擊行動讓伊坎成為一名公眾人物，受到大眾高度關注的 TWA 破產案件當然讓他成為眾矢之的，他理當更謙卑一點的。在 TWA 破產前，國會邀請伊坎到一場公聽會接受質詢，對方問他為何會選擇鎖定這家航空公司。他回答；「你會問威利・梅斯（Willie Mays）為何接球時會那樣跳嗎？」[82] 不過，儘管外界怪罪並揶揄他，伊坎還是從 TWA 的殘骸中重新崛起，一如《太空先鋒》（*The Right Stuff*）裡的查克・伊格爾

（Chuck Yeager）。1992 年，他並未被迫為該公司龐大的退休金短缺提供資金，而是藉由貸款 2 億美元給該公司，並同意贊助其退休金計畫八年，最終幸運脫身。

如今，卡爾‧伊坎還是繼續藉由投資套利活動（依據他在 1980 年寫的備忘錄，在公開與私人市場評價之間套利），創造許多亮眼的投資報酬，只不過，他並未能再創當年熊抱菲利浦斯石油公司的顛峰盛況。

在菲利浦斯之前，他成功進行十五次狙擊行動，那些標的公司多半一個比一個更厚顏無恥。在早期階段，當企業利用綠票訛詐手段欺凌它們的被動法人股東時，他從中牟取利潤。而在菲利浦斯公司一役上，伊坎則善加利用股東對綠票訛詐的憤怒來贏得經營團隊的讓步（當然，麥可‧密爾肯的金錢機器提供了關鍵的協助）。卡爾‧伊坎是自利經濟的象徵，而且只有錢可賺，他都願意全力以赴。不過，有一家企業卻讓伊坎退避三舍。當亞弗瑞德‧金斯利極力向伊坎推薦通用汽車是個完美的標的時，伊坎拒絕了他的建議。伊坎說：「他們會搞死我們。」[83] 1980 年代中期，只有一個人擁有足夠的政治信譽能對實力強大的通用汽車開戰，他就是羅斯‧裴洛。接下來，且讓我們回到那個讓企業管理成為一種科學紀律……，但事後又毀掉企業管理的汽車城。

5

羅斯・裴洛對上
通用汽車：
現代股份有限公司
的崩壞

「愈來愈多 GM 人要求我告訴你一些他們覺得你有必要知道的事。

── 但他們擔心你不願意傾聽，

── 所以害怕對你開口。

不管你想不想聽，我都願意傾囊相授，告訴你如何打造與強化
GM。」

──羅斯・裴洛

在羅斯·裴洛眼中，世界上沒有什麼挑戰大到難以克服。當年伊朗政府因一場合約爭議，在 1979 年監禁他的兩名資深員工，裴洛隨即搭上一架飛往伊朗德黑蘭的飛機，用他本人的護照進入這個國家，並組織一個由美國某特種部隊退役隊員領導的團隊，打算以劫獄的方式營救他的員工。[1] 當時的伊朗正瀕臨革命，美國的外交努力停擺，所以，他決定自力救濟。

此前十年，裴洛試圖在未取得北越外交官許可的情況下，將一架塞滿禮物和食物的布蘭尼夫（Braniff）噴射機，送去給美國在越南的戰俘。[2] 1983 年時，他領導一個改革德州公立教育機構的委員會，這個委員會建議減少對高中足球的重視。更值得一提的是，羅斯·裴洛在 1992 年以支持墮胎選擇權、支持槍枝、保護主義、反毒品、環保、嚴格控管預算平台等主張投入美國總統選舉，並在民眾投票中贏得 19% 的選票，那是自老羅斯福（Teddy Roosevelt）於 1912 年參選以來，最高的第三黨（按：非民主黨或共和黨）候選人得票率。

他參選總統一事，以及他以破紀錄的速度晉級鷹級童軍（Eagle Scout）等人民英雄事蹟，或許讓某些人忘記羅斯·裴洛也是美國最偉大的商人之一。1950 年代末期，裴洛在 IBM 展開了他的職業生涯，他很快就成為該公司有史以來最優秀的業務員 —— 1962 年 1 月 19 日前，他就完成那一整年的銷售目標配額。[3] 那年稍晚，他成立了自己的公司 —— 電子數據系統公司（Electronic Data Systems，以下簡稱 EDS）—— 後來這家公司的股票成為 1960 年代投機風氣盛行的股市中，飆漲幅度最為驚人的股票之一。

就在羅斯·裴洛為自己揚名立萬之際，另一個美國象徵－通用汽車公司－卻搖搖欲墜。當時的 GM 是世界最大汽車製造商，不過，它的市場佔有率正因豐田汽車與本田汽車等國外競爭者而一路下滑。1980 年，GM 出

現 1921 年以來的首度虧損記錄。[4] 即使是營運規模比 GM 小的國內競爭者 —— 福特與克萊斯勒（Chrysler）的效率都明顯勝出。[5] 超級明星級工程師約翰·德羅蘭（John DeLorean）在 1973 年離開 GM，他解釋了該公司為何會沒落：「⋯當一個消費品公司的控制權落入一群只懂財務的經理人手上，那樣的結局並不意外。」[6] 在這之前，GM 的經營團隊被一個接一個重短期利潤而輕產品品質的會計人員接管。其中一個錙銖必較的會計人員是羅傑·史密斯（Roger Smith），他曾用一句話來歸納自己的管理風格：「我只看最後的財務結果 —— 它讓我知道該做些什麼。」[7]

羅傑·史密斯在 1981 年升任通用汽車的董事長兼執行長後，便展開大手筆且轟動各界的收購和投資行動，他希望藉此達到營運現代化的目標。1984 年時，他鎖定 EDS，並透過一次購併交易買下這家企業。這宗交易讓羅斯·裴洛成為 GM 的最大股東，而且進入該公司董事會。GM 的投資人對傳奇的羅斯·裴洛寄予厚望，希望他能為 GM 董事會注入新能量。史密斯解釋：「裴洛的風格和我們試圖在通用汽車推動的計畫不謀而合。」[8]

但羅斯·裴洛進入 GM 董事會後，並沒有享受太久的蜜月期。他愈了解汽車事業，就愈感覺到史密斯迷戀新技術的態度明顯搞錯重點。

就在通用汽車公司花費數十億美元在機器人與自動製造技術之際，日本汽車製造商卻能靠著舊有的設備，生產出更優質的汽車，並奪得更高的市場佔有率。GM 並未善加發掘員工潛能，而公司內部龐大的官僚結構也是個難以克服的障礙。裴洛後來向《財星》雜誌表示：「我的成長環境教導我，當你看到一條蛇，一定要殺了它。但以 GM 的文化來說，如果你在公司看見一條蛇，首先要做的事，就是聘請一個懂蛇的顧問。接著，公司

會成立一個和蛇有關的委員會，再來，大家要討論這條蛇好幾年。到最後，最可能歸納出來的行動方針是－隨它去。因為這裡的人會想，反正這條蛇還沒有咬任何人，所以，就放任它在工廠地板上爬行吧！但我們必須建立最先看到蛇的人能明快殺死它的環境。」[9]

1985 年 10 月 23 日當天，裴洛寫了一封長達五頁的信給羅傑・史密斯，對他的獨裁管理風格提出嚴厲質疑。他寫道：

基於 GM 的利益，你必須停止把我當成問題人物，並接受我是
── 一個大股東。
── 一個積極主動的董事會成員。
── 一個有經驗的商人。

你必須承認，我是少數有能力且將與你意見不合的人之一。

我不相信這種不分青紅皂白砸一大堆技術和金錢來解決問題的作法，能讓 GM 成為具有成本競爭力的世界級企業。

── 日本人不是以技術或金錢打敗我們。雖然用的是舊設備，但他們以更優質的管理，在日本和在美國 ── 一樣是使用全美汽車產業工人聯合會（UAW）的工人 ── 製造出更好且更便宜的汽車。

── 儘管我們花費鉅額支出在自動化廠房上，卻仍無法拉近和他們之間的品質和價格缺口。我們不願意就「具競爭力的價格」設定一個目標完成日的事實，顯示公司的人普遍不太有意願打贏這場戰爭。

誠實、公開和公正是你我未來關係的基礎 ── 簡單說，就是互信和互重。從今而後，重要的是行動，多說無益。我們必須將所有能量集中在協

助 GM 獲得勝利上。

　　羅斯・裴洛出手對抗通用汽車的理由非常單純：「這是為了拯救數百萬美國人的工作。這個使命太令人悸動，難以輕言放棄。」[10] 這是一個一生從事許多艱苦戰鬥且總是堅持到底的真男人。不過，或許他過去遭遇的所有困難，都比不上這一個 —— 敦促一家經營不善的股票公開上市公司進行正面變革。後來大家才知道，裴洛的這封信成為他和羅傑・史密斯決裂的關鍵。從那一刻起，史密斯集中所有精力，一心一意只想把羅斯・裴洛趕出董事會。

　　經過最後的結算，通用汽車公司在史密斯擔任董事長的九年期間，花了 800 億美元在新廠房和設備，另外還用 100 億美元收購諸如休斯航太公司（Hughes Aircraft）等高科技企業，這項收購案幾乎獲得董事會全體通過，只有裴洛一人投下反對票。糟糕的是，以上所述的鉅額花費多半都付諸流水，一如 1986 年用來收購羅斯・裴洛的全數股權，好將他趕出 GM 而花費的 7 億美元。就這樣，世界最大工業公司之一 —— 它曾經是企業經營與治理的模範生 —— 一步步走向無力償債的途徑。

　　當收購裴洛全數股權的消息一公開，裴洛感到非常震驚。怎會有任何 GM 董事會成員會為了擺脫他而核准那麼龐大的花費？難道他們不怕股東反彈嗎？他說：「我警告股東，如果他們接受這個決定，那就後果自負。」[11] 裴洛和通用汽車之戰成為美國股東維權運動與股票公開上市企業公司治理的一個轉捩點。長年持有 GM 股票且從不插手干預的大型退休基金，對該公司為了削弱某個董事會成員的力量而不惜花 7 億美元的決定感到震驚不已。機構投資人最後終於忍不住發聲。但羅斯・裴洛最終還是離開通用

汽車，他為公司擘畫的崇高目標，一個都沒有實現。不過，他離開的同時，也點燃了美國幾個最大型機構股東的怒火，那股怒火延燒至今都沒有熄滅。

亞弗瑞德‧史隆的勝利

羅傑‧史密斯因通用汽車的沒落而承受非常多責難，但這家公司的災難並非一朝一夕形成，它整整醞釀了幾十年 —— 那是許多個沒有效率的執行長相繼留下的遺毒。為何史密斯在技術層面的奮死掙扎策略最終未能奏效？為何羅斯‧裴洛無法動搖任何一個 GM 董事認同他的目標？為何組成 GM 股東群的機構巨擘那麼昏庸？為了公允檢討這些問題，我們必須先了解通用汽車是怎麼變成一隻笨重巨獸。換言之，我們必須先搞清楚**世上最大的企業怎麼會變成有史以來最糟的公司之一**？

通用汽車是美國主要的四輪馬車製造商威廉‧杜蘭特（William Durant）創辦，他一向拒絕把大筆財富投注到科技進展上。剛開始，他對「無馬馬車」（譯注：汽車）抱持半信半懷的態度，因為那種車雜音很大、不可靠，而且多數駕駛人都無法安全駕馭這種車。然而，和其他多數競爭者不同的是，他最終還是選擇擁抱未來。[12] 他成為別克汽車（Buick）的總經理，接著為了收購其他汽車製造商而在 1908 年成立通用汽車。

亨利‧福特的所有營運作業都是以 T 型車款（Model T）為中心，然而，杜蘭特認為多角化經營比較有利。也因此，通用汽車擁有數十家生產汽車、汽車零件和組配件的公司。當中的每一家公司實質上都是一個自治機構，而且杜蘭特對這整個營運團隊的財務控管相當鬆散。杜蘭特相信，汽車很快就會獲得極高的大眾接受度，短時間內可望達到一年一百萬台以上的銷量（這在當時是非常極端的觀點），不過，由於他不確定哪些汽車工

程技術和設計方法最後將會勝出，為求保險起見，杜蘭特決定多押一些寶，不願孤注一擲。

　　由於杜蘭特的財務紀律不佳，終於導致通用汽車長年處於債務違約邊緣。對榮枯週期相當明顯的汽車產業來說，這是非常糟的景況，也因如此，在公司創立初期，杜蘭特有幾度失去對 GM 的控制權。1915 年時，他找到皮耶·杜邦（Pierre Du Pont）這個財務後援。皮耶·杜邦麾下的杜邦公司挹注非常多現金給 GM，每一次杜蘭特需要更多資金來收購其他企業或單純為了維持正常營運，杜邦就會投入更多資金。1919 年年底，杜邦持有通用汽車的股份已幾近 30％。到了 1920 年至 1921 的經濟衰退來襲之際，杜蘭特終於永久失去對該公司的控制權 ── 他合計舉借了 3000 萬美元的信用融資，試圖在股市大盤下跌之際拉抬通用汽車的股價。後來，杜邦被迫出面紓困杜蘭特，而杜蘭特也在 1920 年 11 月辭去總經理職務。「傳奇的比爾·杜蘭特」（Fabulous Billy Durant）從此未能再造當年在通用汽車的成就，甚至淪落到晚年淒涼的境地 ── 過世前幾年，他在密西根州的福林特（Flint）擔任保齡球館的球道管理員。杜蘭特在 1947 年過世，據報導，他臨終前幾年生活非常貧困。但事實上，在小亞弗瑞德·史隆（他一手將通用汽車原本凌亂不堪的汽車業轉投資事業，整合為世界上最大的工業企業）的安排下，[13] 杜蘭特和他太太獲得非常優渥的退休金。

　　杜蘭在 1920 年退出後，皮耶·杜邦面臨了管理通用汽車及眾多異質化事業部的巨大挑戰。杜邦沒有汽車業的經營經驗，他也知道絕不能步上杜蘭特的後塵，不能完全仰賴直覺來經營這家企業。所以，他決定根據亞弗瑞德·史隆草擬的組織研究報告，改造通用汽車公司的組織。杜邦提拔史隆來管理 GM 的業務，最後更在 1923 年拔擢他擔任總經理。

亞弗瑞德‧史隆最初是在紐澤西一家專為汽車產業提供服務的滾珠軸承公司工作。他在這家公司於 1916 年將業務出售給杜蘭特前升任總經理職務。想必杜蘭特察覺到了史隆的特殊才華，因為他隨即指派史隆負責整個汽車零件事業部。主掌這個事業部後，史隆便開始發展他極具開創性的組織研究基本原則。

這個汽車零組件事業部看起來和 GM 其他環節很相像 —— 它也是由遍布美國各地且非常多元的公司組成。史隆希望根據通用汽車的分權化精神來經營這個事業部，因為他知道他不適合干預製造點火裝置、散熱器或喇叭的事業。不過，他發現整個事業部徹底缺乏財務控制的現況，對他的績效造成浩劫般的影響，而這個問題也讓通用汽車的其他事業部非常頭痛。總之，**整個 GM 的資本支出決策毫無邏輯可言，因為沒有人有能力評估資本的最佳用途。**每個事業部的最高首長常為了確保自己的預算順利通過，不得不交換條件般地支持其他事業部的支出計畫。史隆寫道：「這是復仇般的分權。」[14]

雖然史隆並不是會計人員出身，他還是發展出一套系統來追蹤旗下各個企業的財務績效。他主要並非聚焦在各事業的利潤，而是它們的投資報酬率。了解哪些投入資本能獲取最高報酬率後，史隆就知道哪些企業理應獲得額外的資金，哪些又需要改善。誠如他事後寫的：「在我熟知的所有財務原則當中，沒有一個比得上報酬率更有助於客觀商業決策的制訂。」[15]

亞弗瑞德‧史隆在改善他掌管的事業部的過程中，獲得許多難得的智慧，接著，他又以這個經驗為基礎，擘畫整個 GM 的願景。他堅信當務之急是根據每個營運事業部的投入資本報酬率，進行合理的財務控管。建立好控管機制後，他進而聚焦在保留「分權的精神及內涵」，同時維持合理

的中央集權功能，以達適當監督之目的，矯正不必要的無效率現象。史隆知道「分權」與「適當管控」之間的微妙平衡點何在，他也知道，這些原則天生就彼此矛盾。誠如他在他的經典著作《我在通用汽車的歲月》（*My Years with General Motors*）中所言：「這件事的最大難題在於它的彼此矛盾。」[16]

亞弗瑞德‧史隆相信，分權是引導各個事業部培養獨立與競爭精神的方法之一，但他一直發展不出一套簡單明瞭的作業控制系統。實際上，他對這家企業最大的幾個貢獻，是扮演一個果斷的中央集權主義者。他在杜蘭特離開 GM 後的首要步驟之一是翻修產品策略，讓每個品牌都只聚焦在某個特定價格水準的市場區隔上。他事後寫道：「**世界上沒有一個能為各種責任分類的硬性法則，也沒有所謂最佳責任分派方法。**」[17] 取而代之的，史隆仰賴自身的管理與領導技巧。他狂熱地相信，促進不同的聲音與鼓勵公開討論，將有助於整體營運的提升。他喜歡建立共識，不喜歡採用由上而下的命令，所以，他盡可能將責任下放到組織的各個層級。史隆建立了非常多改善機構決策品質的委員會和政策小組，而且他親自擔任這些組織的一員，以確保它們的正常運作。

在史隆的領導下，通用汽車終於成為全球汽車業的霸主。對一個進入障礙不高的產業來說，這是非常卓越的功勳，尤其是在福特汽車這麼一個可怕的競爭者虎視眈眈的情況下。當史隆最終在 1956 年從 GM 董事會退休，該公司已控制了美國國內汽車市場的一半佔有率。GM 的經濟規模讓它成為最低成本的製造商，它的品牌家喻戶曉，而豐富且龐大的經銷商網路，也讓它在行銷「通用汽車」品牌方面擁有明顯的優勢。總之，亞弗瑞德‧史隆似乎實現了一個堪稱完全勝利的成就。

遭遇逆風襲擊

1943 年，一名年僅三十三歲的政治科學教授彼得‧杜拉克（Peter Drucker），對通用汽車展開為期兩年的深入研究。GM 的副董事長唐納森‧布朗（Donaldson Brown）邀請他進入公司展開這項研究的目的，是希望他能分析 GM 的各項程序，俾利未來的經理人管理作業規劃。在此之前，杜拉克就深受美國眾多大型股份有限公司的興衰歷程吸引，所以，有機會能從內部來檢視這麼一家大型企業，當然讓他雀躍不已。

杜拉克的《企業的概念》（*Concept of the Corporation*）在 1946 年出版後，開啟了企業管理研究領域的大門。但這本書對通用汽車的先見之明，精準到令人非常不安。杜拉克對通用汽車一家公司擁有那麼多元的產品製造能力感到非常驚奇。杜拉克的研究正好是在通用汽車積極動員支持戰事之際進行，他讚許這家公司 —— 尤其是亞弗瑞德‧史隆本人對第二次大戰的勝利貢獻良多，只可惜一直未能獲得應有的讚響。[18] 不過，儘管 GM 的成就非凡，杜拉克卻想知道，該公司的組織模式是否能讓它的好運永久維持下去。

彼得‧杜拉克對 GM 的不拘泥於形式以及它對員工的責任授權程度驚嘆不已，但他也對該公司缺乏明顯權力劃分的情況表達憂心。[19] 他寫道：「這衍生一個疑問；通用汽車要如何避免種種會威脅…所有管理形式的委員會的危險（根據長久以來的經驗，這些危險確實會威脅管理形式的委員會），包括協同機關之間陷入僵局的危險、組織分裂為眾多不同黨派，為了爭權奪利而互相勾結與鬥爭的危險。」[20] 杜拉克主張，如果缺乏「定義明確的階層與嚴謹的權責劃分」，GM 經理人最終將會失去他們原本享受到的自

由。當然，GM 內部確實沒有「定義明確的階層」，因為史隆一直都未能決定要採用什麼系統化方法來區分各事業部與企業總部之間的責任歸屬。

亞弗瑞德·史隆是以能善加揮灑他個人的領導技術的方式來建立通用汽車。他的確是非常罕見的優質經理人，擁有理性且沒有偏見的思維，不過，儘管他非常努力，GM 終究無法將他的決策流程或他狂熱的雇用作業予以制度化。**在史隆主掌一切時，這個系統運作十分平順，但這套系統卻不適合一個沒有史隆的 GM**。杜拉克談到 GM 的成功是否完全應歸功於史隆的管理風格，他寫道：「如果通用汽車的系統真的取決於個人的努力，那麼，這家公司的壽命可能不會超過一個人的壽命。」[21] 事實上，到史隆於 1966 年過世時，通用汽車確實已明顯走下坡。

如果亞弗瑞德·史隆的《我在通用汽車的歲月》，是記錄 GM 的興起歷程的權威內幕作品，那麼，約翰·德勞瑞恩（John Z. DeLorean，由媒體工作者派崔克·萊特〔J. Patrick Wright〕轉述）的《天晴之日可見通用汽車》（*On a Clear Day You Can See General Motors*），就是記述通用的衰敗的權威內幕作品。[22] 德勞瑞恩曾是通用汽車系統中最閃亮的明星之一。他父母是在底特律工廠上班的移民，不過，年輕有為的他，在 1965 年成為 GM 某事業部最年輕的經營者，當時他負責經營 GM 的品牌龐蒂克（Pontiac）。德勞瑞恩的書描述了他迅速晉升到十四樓高階主管辦公室的歷程，以及他在 1973 年做了只有少數 GM 高階主管敢做的事——主動離開這家公司。

德勞瑞恩將 GM 的多數問題歸咎給從 1958 年起擔任公司董事長的弗瑞德里克·唐納（Frederic Donner）。唐納是個專業會計師，他大幅削弱總經理的影響力，而那是史隆專門指定保留給擁有實務經驗的操作者的職務。結果，GM 的控制權就此落入財務高階主管手中。德勞瑞恩描述了唐納如

何謹慎保存史隆的組織研究形式，但恣意廢除這份研究的內涵 —— 也就是該公司對分權的承諾。在唐納的領導下，GM 各個委員會開始聚焦於日常營運作業，但忽略了橫掃整個產業的流行趨勢。德勞瑞恩寫道：「我感覺到通用汽車的焦點已經轉移⋯為了改善短期利潤，每一項零件的利潤都錙銖必較。」[23]

德勞瑞恩在龐蒂克的最大成就是 GTO 跑車，它開啟了 1960 年代中期的「肌肉感汽車」（muscle car）熱潮。這項產品的發展歷史，可說是唐納領導下的 GM 逐漸培養出黨派林立文化的惡例之一。為了創造 GTO，德勞瑞恩將大型 V-8 引擎壓縮為一個重量減輕且緊實的結構，最後，他成就了一部有趣又強大的汽車，這輛車不僅價格實惠，又非常有型。隨著整個專案持續推進，德勞瑞恩和龐蒂克的其他高階主管決定冒著打破飯碗的風險，不讓其他事業部的任何人知道 GTO 的存在。

德勞瑞恩懷疑 GM 的工程委員會將質疑他使用那種大引擎的可行性，所以，GTO 有可能被徹底否決，就算沒被否決，也會拖延好幾年才生產。他寫道：「實際上，幾乎每個可行的產品決策都必須送到（委員會）接受檢驗，不管這個決策有多小。」[24] 包括諸如減震器設計和安全帶警報器音調等之類芝麻綠豆大的小細節。德勞瑞恩沒有忘記，在這之前幾年，GM 總部否決了他主導的一輛新車款 —— 大有可為的 Grand Prix。被否決後，儘管沒有可製作必要模具所需的資金奧援，龐蒂克還是決定不管三七二十一，先製造一批簡化版的 Grand Prix 出來。最後，這款車熱銷了接近十年。到了這一次，由於龐蒂克的成員感覺 GTO 一定會熱銷，所以決定再次用計瞞過總部。果然，GTO 一上市就引來 GM 的高階主管的震怒，不過，由於GTO 真的成為轟動的強打產品，所以，他們也失去掣肘的機會。[25]

《天晴之日可見通用汽車》一書細述 GM 轉變為史隆最害怕與杜拉克所預見到的那種僵固文官結構的歷程。從德勞瑞恩對他個人在雪佛蘭汽車（Chevrolet）所創造的轉機貢獻，以及他短暫擔任高階主管的歷程的種種描述，便明顯可見該公司的發展偏離史隆的理想有多麼遠。GM 十四樓的生活尤其令人無法忍受。德勞瑞恩每天早上都必須處理和許多枝節問題有關的報告，問題是，那些報告根本無須由他這個層級的人員處理。接下來，他還得參加很多討論這些細節問題的會議。有一次，他參加一場專為擬定異地調職員工生活成本調整政策而召開的會議。德勞瑞恩到場後非常震驚，因為每一個 GM 高階主管都必須參加這場討論會。會議結束時，GM 的董事長說：「我們此刻無法就這個問題作決定。」他指派幾個與會人士再成立一個任務小組來研究這個議題，在場人員頓時陷入一陣尷尬的沉默。最後，其中一個高階主管終於發難，他說，董事長先前已指派一個任務小組，這一次會議的目的就是要簡報這個任務小組的研究結果。德勞瑞恩事後心想：「我他 X 的幹嘛待在這裡？我絕不能把未來 17 年的生命浪費在這些無謂的事情上。」[26]

　　約翰・德勞瑞恩在 1973 年離開通用汽車時，該公司還是世界最大汽車製造商，財務狀況也非常強健。不過，GM 的榮耀迅速褪色。它逐漸和顧客脫節，產品品質也江河日下。在德勞瑞恩離職那一年，本田汽車推出喜美（Civic）車款，雅歌（Accord）也在三年後問世。這兩個車款改變了整個汽車產業的遊戲規則，讓世人了解日本汽車製造商如何從遠遠落後的地位，逐漸站穩腳步，最後成為美國汽車產業的真正威脅。但 GM 汽車的高階經營階層並未就這個發展而好好規劃未來，也沒有認真回應競爭威脅，而是躲在十四樓，忙著管理與指揮各事業部所有雞毛蒜皮的小事，並為一

些不重要的議題爭辯不休。

要讓大象也能跳舞

1981 年 1 月，羅傑・史密斯成為通用汽車的董事長兼執行長。一如之前的四任執行長，史密斯也是個會計師，投入這個專業領域後，他幾乎都待在 GM。他在公司歷史上的關鍵時刻接掌這個大任，在這之前幾年，日本汽車製造商的汽車產量超越了底特律的汽車總產量，GM 也申報了近八年來的首度虧損。從德勞瑞恩在 1973 年離職以來，美國歷經了兩次嚴重的石油危機，汽油價格大漲促使消費者紛紛轉向較小、較節省燃料的車款。在此同時，日本汽車製造商也積極改善日本車的可靠度和外型。消費者一旦開始購買日本車，就鮮少再回頭買美國車。

羅傑・史密斯剛接下這項職務時，向《華爾街日報》表示：「我預期公司不會有任何劇烈的變化。」[27] 然而，關起門來，他其實比表面上積極很多。就在史密斯接掌執行長職務後不久，他便針對 GM 的五百大高階主管進行一次殘酷的評鑑。他解釋，面對迅速變遷的市場，該公司的腳步已變得過於遲緩且缺乏效率。他描述 GM 的經理人缺乏當責精神，並說他們花費太多時間在無謂的文書工作上，應該依照亞弗瑞德・史隆的想法，將決策權下放給組織的較低層級。一反幾個執行長前輩漠視外來競爭的態度，史密斯坦言，GM 在品質、設計甚至管理上都落後競爭者。[28]

羅傑・史密斯或許堪稱後唐納時代第一個不把通用汽車奉為「神主牌」的執行長。他接下這份職務時年僅五十五歲，所以，他擔任執行長的時間理當會是亞弗瑞德・史隆以來最長的。一開始，他獲得了迫切需要的慰藉，因為 1981 年時，日本同意將對美汽車出貨量限制在 168 萬輛以下，比它前

一年（那一年美國經濟飽受衰退困擾）的出貨量縮減 14%。[29] 這個自願實施的出口限額維持了三年，而在這段期間，美國經濟也漸漸復甦，GM 更因此創下了歷史新高的獲利紀錄。1980 年代是羅傑‧史密斯最輕鬆的年代，因為有數十億美元的 GM 現金資源隨時供他差遣，而且日本人還仁慈地放手，讓美國汽車製造商得以逐漸恢復生機，進而大幅成長。

羅傑‧史密斯為通用汽車擬定的策略聚焦在兩件事：組織改造以及大規模投資現代化系統與設備。[30] 史密斯知道 GM 前幾任執行長在長期規劃方面的著墨甚少，而他希望將 GM 改造為一個高度自動化的二十一世紀工業公司，藉此在競爭地位上獲得長足的躍進。於是，他開始設法取得各種最先進的技術。1920 年代以來，GM 沒有進行過任何大型的收購計畫，不過，史密斯告訴所羅門兄弟公司的約翰‧古弗蘭（John Gutfreund）隨時幫他留意適合的標的。不久後，古弗蘭建議他收購羅斯‧裴洛的 EDS。

從邏輯上來說，EDS 看起來並不適合通用汽車。這家數據服務公司並沒有任何製造業的顧客，而且，該公司的文化似乎和 GM 徹底相反。裴洛對年輕有活力的員工很摳門，只給他們非常低的薪水，但一旦他們開始為公司創造利潤，他就會發非常優渥的紅利給有貢獻的員工。相較之下，GM 的電腦運算部門員工的薪資和工作保障都非常高。EDS 的員工追求的是大富大貴，而 GM 的文化則是安分守己地工作三十年，只求能賺一筆足以好好退休的退休金。裴洛本人也認為這兩家企業不可能平順地結合，不過，他倒是相當覬覦 GM 每年花在數據處理領域的 30 億美元資金。他告訴史密斯：「你沒必要為了喝牛奶而買下一個酪農場。」[31]

但羅傑‧史密斯對 EDS 的期許更高，他認為 EDS 不僅是改善 GM 電腦運算作業的管道之一，他還想要利用 EDS 來顛覆 GM 的文化，而羅斯‧

裴洛就是能幫他實現這個目標的人。史密斯說：「EDS 擁有我們需要在 GM 內部培養的那種創業精神。」[32] 為了說服裴洛，GM 打造了一項獨特的購併計畫，讓 EDS 雖隸屬通用汽車，但仍能保有獨立功能運作。它將擁有它專屬類別的 GM 股份，擁有它自家的經營階層和自家的董事會。史密斯向裴洛承諾，GM 將不會干預 EDS 的營運、薪酬政策或財務與會計。另外，裴洛將因這次收購而獲得 9.3 億美元的現金，以及 550 萬股 GM 的 E 類股份（Class E share，以下簡稱 E 股），並以最大股東的身份，加入通用汽車的董事會。裴洛警告史密斯，說一旦 EDS 併入，他有意進一步提高對 GM 的股權，並將積極參與 EDS 以外的 GM 業務。史密斯回答他竭誠歡迎裴洛的參與。

把勞工視為資源

接著，羅斯・裴洛隨即到通用汽車上班。他分批邀請最高階的兩百名主管到他家共用晚餐，每一組八個人。另外，他也和 GM 超過一千名電腦運算部門工人分組見面，每個小組五十人。[33] 週末時，他會穿上便服去 GM 經銷商展示場，去檢驗他們的顧客服務狀況，並察看公司在賣場的產品。他甚至會在沒有知會的情況下，突襲般地現身 GM 的工廠廠房，和工廠現場的工人一起共用午餐。總之，裴洛努力試圖了解為何世界上最有錢的工業公司，無法和預算緊絀的日本汽車製造商競爭。

有一次，裴洛詢問一小群凱迪拉克車系的經銷商需要什麼幫助，其中一個人竟回答：「給我本田汽車的特許經銷權吧！」對方可不是在說笑。凱迪拉克的品質非常不可靠，以致於為了讓車主能順利上路，那個經銷商必須設置一百個維修間，每天安排兩班的工人來為客人提供服務。相較之

下，同樣營運規模的本田汽車經銷商，只需要設置二十個維修間、每天由一班工人提供服務即可。那個人告訴裴洛：「本田汽車經銷商銷售的是能讓他們引以為傲的產品。」[34]

裴洛發現 GM 與經銷商之間的敵對關係令人看了簡直要發狂。最讓他頭痛的問題是，GM 根本不願意傾聽經銷商的想法，也不要求他們提供意見。於是，這成為他在公司各個會議中反覆提出的問題之一。每個人都能條列各種會對公司造成傷害的問題，而且他們相信這些問題很容易解決。不過，GM 體系並未授權給適當的人選來解決這些問題。誠如裴洛發現的，事後證明，這個動態對工廠現場的危害尤其顯著。

當時，豐田汽車每三個月就會拜訪每一個經銷商，目的是為了針對改善汽車品質及配合顧客需求等問題徵求回饋，豐田的這項作法讓裴洛印象深刻。不過，這種團隊合作模式所產生的正面影響，遠遠及不上日本企業在製造作業管理方面所創造的成效。日本汽車製造商極端仰賴工廠裡的工人來琢磨與改善每個製造流程。1985 年，豐田汽車累計共接獲工人超過1000 萬個改善工廠效率的建議。個別來看，這些製程改善雖然都微不足道，但累積的影響卻非常令人驚豔。

日本汽車製造商建造一座廠房的成本可能只要 GM 的幾分之一，而一旦建造完成，他們又能連續維持高達 90% 的廠房運作率，相較之下，GM 的廠房運作率僅 60%。日本車廠的工廠管理階層只分五級，而 GM 高達十四級，但最後日本製造出來的汽車卻比較優異，而且成本顯著低於GM，就算把汽車從日本運送到美國的運費列入，日本製造商的成本都明顯較低。[35] 即使美國最新型的工廠配備雷射掃描器和機器人，效率還是比使用二十年美國製老機器的日本工廠差。若比較具體的生產功能，通常也能

發現令人震驚的差異。舉個例子，日本工廠的烤漆作業缺陷率只有 2%，但美國車的這項缺陷率高達 20%至 30%。[36]

裴洛抱怨 GM 因漠視工廠員工而對公司造成自我傷害，這個見解和彼得‧杜拉克在此前四十年提出的某個批評不謀而合。杜拉克認為，GM 應該「將勞工視為一種資源，而非成本。」[37]第二次世界大戰期間，他對 GM 工人自動自發克盡職責的態度留下深刻的印象，當時有經驗的監督人員還非常短缺。杜拉克認為，戰後 GM 應該善加利用工廠工人的才華，並進一步讓這些工人發展成某種「自治工廠社團」。日本汽車製造商就是採用這個方法，而這並非偶然，底特律方面或許不把杜拉克當一回事，但他在日本卻相當受推崇。

但羅傑‧史密斯早已放棄，他不打算和 GM 的勞動力建立任何具建設性的關係。GM 對自家工人和經銷商一樣不友善，而史密斯之所以對技術那麼迷戀，部分也源自於他對公司的勞資關係非常悲觀。他說：「我們必須擁有高技術，因為我們是一個高勞動成本企業。」[38]史密斯希望公司能擁有一個主要由機器人負責操作、只有少數人類員工的「未來熄燈工廠」。

然而，在 1980 年代的 GM 點燈工廠裡，氣氛超級憂鬱，工廠裡充斥不斷在譴責雇主、心懷怨恨的工人。工廠缺席率大幅升高，最高曾達 20%。GM 的汽車工人大剌剌地描述他們在上班時喝酒、嗑藥、賭博，甚至召妓。[39]麥可‧摩爾（Michael Moore）1989 年的紀錄片《羅傑與我》（Roger and Me）裡最有趣的角色－弗瑞德副手（Deputy Fred）－的一段說法，最能體現那個景況。在整部影片中，不斷把欠繳房租的貧窮家庭趕出家門的弗瑞德，在 GM 的佛林特市工廠工作十七年後離職。有人問他為何要辭掉那麼一個好工作，他說：「那裡對我來說簡直是監獄。廠方總是不斷跟我們要

心機。」[40] 如果 GM 的製造設施如此腐化，怎麼可能生產出有競爭力的汽車？

特斯拉汽車公司（Tesla Motors）位於加州弗利蒙的工廠，經常被吹捧為世界上最先進的汽車工廠之一。不過，這個二十一世紀典範汽車工廠能有今天的氣候，多半要歸功於豐田汽車的精實製造作業，而非羅傑·史密斯心目中的自動化願景。

這個工廠使用高科技的德國萬用機器人，但也倚重非常多人類要素 —— 幾千名工人製造不到 5 萬輛汽車。《豐田文化：複製豐田 DNA 的核心關鍵》（The Toyota Way）一書作者傑弗瑞· 萊克（Jeffrey Liker）表示：「這種非常彈性又完備的方法，就是豐田汽車在豐田生產系統（Toyota Production System）時代採用的方法。[41] 豐田汽車在製造上成功超越通用汽車的秘密，最早就是在這個工廠展現，所以，特斯拉汽車選擇在這個工廠生產它的車，再適合也不過了。

1983 年，GM 和豐田汽車成立一家合資企業，稱為「新聯合汽車製造公司」（New United Motor Manufacturing Inc.），簡稱 NUMMI。這項合作案對兩家公司都有利，因為 1982 年時，本田汽車在美國設立了該公司的第一座工廠，豐田汽車卻因擔憂無法有效管理向來以缺乏紀律著稱的美國汽車業工人而舉棋不定，眼睜睜看著本田汽車捷足先登。成立 NUMMI 後，豐田汽車得以在美國的土地上，用美國工人來測試它的生產系統，另外，這項安排對該公司來說也是很好的宣傳。至於 GM 則將因這項合作案取得一部銷路不錯的小型車款 —— NUMMI 將根據「可樂娜」車款（Corolla）的設計，生產一款全新的 Chevy Nova 車款，同時，GM 也能藉此深入檢視豐田汽車是怎麼將工廠管理得那麼有效率。GM 將它原本已關閉的弗利蒙

工廠貢獻給這家合資企業，讓閒置的產能得以再創造一些價值。

　　NUMMI 證明豐田汽車的生產系統不僅能和美國的人才配合無間，也能和通用汽車裡的工會工人合作愉快。事實上，GM 的弗利蒙廠工人原本一向惡名昭彰，堪稱全國最糟糕的一群汽車工人，他們正是導致該廠在 1982 年關閉的重要因素。《美國生活》（*This American Life*）有一集很棒的節目介紹了 NUMMI，當中就描述了舊弗利蒙工廠的工人塗刮汽車表面、未鎖緊螺栓、將可口可樂空罐放在汽車門板內等惡形惡狀。其中一名工人因為被規範上班時間不能喝酒，氣憤地蓄意不將前懸吊系統的螺栓鎖緊，那是非常危險的行為。當 NUMMI 重新開啟弗利蒙工廠，豐田汽車在 GM 的極力反對下，召回關廠前的所有工人回來上班。[42]

　　NUMMI 的成功可謂意義非凡，它的「Chevy Novas 車款」以幾乎零缺陷的狀態出廠，獲得非常亮眼的品質評分。在短短兩年後，NUMMI 的效率指標便顯著優於 GM 的其他所有廠房，只些微落後豐田汽車位於日本的幾家最佳工廠。[43]NUMMI 證明羅斯·裴洛和豐田汽車一直以來所懷疑的事：日本汽車製造商不是因文化優勢、秘密的生產技術或較新的技術而勝出，他們只是因為比較懂得藉由促進團隊合作來創造更佳績效罷了。

　　當裴洛了解到 NUMMI 只用非常有限的資源也能製造出高品質汽車的原因後，他開始質疑羅傑·史密斯的策略。GM 為了實現一個模糊的長期技術優勢目標，不惜花費數百億美元，卻不擬定任何能提升成本效率的近期目標。為何 GM 不著手處理現有廠房的這些問題？

　　檢視 NUMMI 的情況後，裴洛接著研究捷豹汽車（Jaguar）不久前的轉機發展，1975 年時，該公司實質上被英國政府國有化。1980 年時，捷豹引進一個新董事長，他和工會工人戮力合作，以非常有限的可用資本，實現

了顯著的品質改善。最讓羅斯‧裴洛沮喪的是，**這個董事長在為捷豹效力前不久才從通用汽車離職**。[44] 捷豹汽車的例子顯示，GM 不僅未能善加利用它的工廠工人，還隨意揮霍它的高階主管人才。

羅斯‧裴洛花了一整年，最後終於搞懂為何世界上最有錢的汽車製造商的汽車售價過高且品質低劣。他察覺到，豐田汽車極度知人善任，充分應用員工的才能，而 GM 系統卻恣意抹殺員工的潛力。

另外，他也清楚體察到，GM 的麻煩將日益惡化，因為本田汽車和豐田汽車正積極投入資金到美國境內的製造基地，同時快速擴張它們在美國的經銷商網路，還準備朝豪華車款邁進，和凱迪拉克競爭。相對的，GM 卻忙著花數十甚至數百億美元，一心只想著在二十一世紀的遙遠戰場上獲勝，誠如裴洛抱怨的，它的競爭者正「利用智慧和人才來取代資本」[45]，稱霸 1980 年代。

砸錢解決問題

1985 年 6 月。GM 同意只要取得董事會許可，便將以 50 億美元購買休斯航太公司，因為羅傑‧史密斯相信休斯航太公司的先進航太技術有助於 GM 革新汽車產業。但裴洛對這個認知存疑，他目睹了 GM 整合 EDS 時所遭遇的困難，所以，他認為再把休斯航太公司加入這個大雜燴家庭，只會導致注意力更加分散。此外，GM 連一款高品質汽車都生產不出來，遑論其他更高的技術。

裴洛實在搞不懂**收購一家製造衛星的國防承包商要怎麼改善 GM 的營運**，所以他決定私下跟史密斯發牢騷。他在 1985 年 10 月 23 日寫的信（見本書書末的收錄），一開始是先要求史密斯提供一份有關休斯航太公司的

完整摘要報告，並希望他列出 GM 打算收購這家公司的主要理由清單。接著，他談到自己和史密斯的共事關係。他寫道：「如果我認為你錯了，我將會坦率告訴你。如果你堅持延續目前的獨裁風格，我將在多項關鍵議題上表明反對立場…我不期待我的所有想法都獲得接納，但我堅持這些想法必須獲得傾聽與認真考慮。」

裴洛就史密斯在不久前的一場會議中公開對某事表達煩躁一事責備他後，又條列了史密斯的管理風格的負面影響：「你的風格對別人構成威脅…你必需知道別人很怕你。這種畏懼感會扼殺 GM 內部人員坦率向上溝通的意願。你必需知道，所有階層的 GM 人都用諸如無情和惡霸等字眼來形容你。」

裴洛在結論部分主張，GM 不能只想藉由灑錢來解決它的問題。他提到日本汽車製造商是憑藉著較優質的管理來打敗 GM，而不是靠技術和資本。接著，裴洛寫道：「這和我們的個人恩怨無關。真正重要的是 GM 的成敗。我很願意為了公司的勝利而努力做我該做的事，而且我知道你也一樣。」

不過，裴洛並不滿意羅傑‧史密斯的回應，於是，他決定投票反對休斯航太公司收購案。他準備了相當長的講稿，打算在下一次董事會中發表，他希望能號召其他董事，共同營造一種急迫感，讓眾人了解 GM 的種種問題刻不容緩，必須即刻予以修正。EDS 的高階主管一想到羅斯‧裴洛打算在 GM 董事會投下幾十年來第一張異議票就不禁畏縮起來，因為此時 GM 和 EDS 之間，已因 EDS 的付款作業和高階主管薪酬而起了嚴重的爭執。裴洛的律師不明白裴洛的想法，因為反對休斯收購案可能會導致即將展開休戰協商的 GM 和 EDS，再度陷入關係惡化的窘境，他感覺這麼做有點不

值得，但裴洛回答他：「沒想到我自己的律師建議我不要扮演獨立超然的董事，這可真是令人嘆為觀止。」[46]

1985 年 11 月 4 日，羅斯·裴洛在通用汽車董事會上發表的演說，不僅表達了他反對收購休斯航太公司的立場，那一席演說更是裴洛此前一年所見所聞的彙總心得，實質上來說，那是指控羅傑·史密斯發展現代化的策略失當的訴狀，也意在質疑未能善盡職責的董事會。他說：「我們必須更積極了解通用汽車內部的狀況。如果 GM 要改變，就必須從頭開始改變，而我們就是那一群頭兒…我們必須以更多雙向溝通，將董事會目前這種被動會議模式，變成更積極且更彼此分享的會議模式，唯有如此，我們才能處理真正重要的議題，解決真正關鍵的問題。」

裴洛對著美國最聲譽卓著的商業機構之一發表這一番演說；GM 的董事會成員包括輝瑞製藥公司、美國運通和寶僑家品公司的董事長，還有聯合太平洋鐵路、伊士曼柯達公司、默克集團和哥倫比亞廣播公司（CBS）的退休董事長。不過，即使擁有這麼多重量級人物，它卻是一個典型效率低落的董事會。

誠如 GM 的董事之一所言：「這個董事會是個**無異議董事會**。」[47] 當羅斯·裴洛那一席慷慨激昂的長篇演說結束時，會場內鴉雀無聲。[48] 羅傑·史密斯向裴洛道謝，感謝他提出那麼多指教，而董事會還是自顧自地核准了休斯航太公司收購案。後來裴洛抱怨：「那些外部董事會成員持有的股權太低…他們無需為通用汽車未來的成敗承擔任何危險。」[49]

勢單力孤的異議董事

羅斯·裴洛對他律師湯姆·路斯（Tom Luce）說：「你在跟我開玩笑

吧？」但路斯非常認真，通用汽車的董事會剛剛投票通過要全面收購羅斯·裴洛和另外三名 EDS 高階主管的股份。這項收購案的條件還包括支付他們四個人總額不超過 7.5 億美元的錢，其中，裴洛本人可獲得 7 億美元。不過，條件是裴洛必須辭去通用汽車公司董事。那天稍早，他告訴路斯，如果董事會核准這個案子，他也會同意在收購案上簽字，不過，他也提出一個限定條件：「湯姆，董事會成員當中必須有一個人站起來表示這個計畫太荒唐。」[50] 但取而代之的，當關鍵時刻到來，整個董事會沒有人發言反對，而裴洛也無奈地簽了全面收購協議書。

那是在羅斯·裴洛寫那封憤怒信給羅傑·史密斯後一年多的事。對每個人來說，那都是一段令人難受的時期。GM 在長達 250 頁的委託投票說明書上解釋了休斯公司收購案，當中還概要揭露了董事會的投票結果說明：「只有一個董事表示異議。」媒體很快就知道投票反對這項收購案的必然是裴洛，所以，他們開始報導他和羅傑·史密斯之間的嫌隙。另外，GM 的營運成果簡直讓情況火上加油。1986 年對整個汽車產業來說是歷史上罕見的豐收年，但那一年通用汽車卻虧本。裴洛對董事會的警告—「GM 投資太多潛在固定成本的機器人和工廠自動化設備，這將導致整體成本顯著上升，而非下降」—似乎成真了。1986 年，克萊斯勒和福特汽車的成本效率雙雙超越 GM。儘管史密斯努力降低費用，GM 的勞動力卻從 1983 年的 69 萬 1000 人增加到 80 萬人。[51] 那年夏天，裴洛成了各大報紙上的紅人，他高分貝質疑 GM 系統和公司經營階層。當記者問他對 GM 災難般的績效有何看法，裴洛早就準備好一套靈巧的回答，他說：「這家公司迫切需要懂得汽車製造實務的工程師來制訂公司的政策。」[52]

當路斯開始和通用汽車的律師討論全面收購股份的事，裴洛表現出很

不屑的態度。裴洛告訴路斯：「他們絕對不可能這麼做，」「GM 絕對不會承認它為了擺脫我而必須花那麼多錢。」[53] 總之，裴洛對協商並不熱中，但他也從未逃避。裴洛事後解釋，到了討論雙方條件的時刻：「我不斷提出各種過份又可憎的要求，沒想到他們竟照單全收。」[54] 直到 1986 年 12 月 1 日，路斯把董事會通過的收購協議擺在裴洛面前，要他簽字時，裴洛還是半信半疑。裴洛後來在法院聽證會上表示：「一直以來，我的態度就是 —— GM 方面不可能有人願意簽這份協議書，因為它不像認真經營事業的人會簽的東西。我真的低估了 GM 董事會處心積慮除掉我的慾望。」[55]

　　GM 以每股 61.90 美元收購裴洛手上的 GM 股票，但當時該公司在公開市場上的交易價格只有 33 美元，而且，這個全面收購計畫的消息一發佈，它的股價還大跌到 30 美元以下。收購的非財務條件也對 EDS 及裴洛非常有利，不僅「非競業條款」（noncompete provision）的限制非常少，還公開澄清 EDS 將擁有自主權，同時表明它和 GM 之間的服務合約繼續有效。股東和員工都感到極度震驚 —— GM 竟然在獲利那麼糟（且時薪工人估計不會獲得任何利潤分享紅利）的年度，花 7.5 億美元全面收購裴洛等人的股份。而且，裴洛並未閉嘴走人，根據路斯先前就曾告訴 GM 的，他隨即在通用汽車面臨以下窘境：

－關閉 11 個工廠。

－裁撤 3 萬名員工。

－縮減資本支出。

－市場佔有率流失。

－獲利能力嚴重出狀況。

此時，他發出一份煽動性的新聞稿：

我剛剛收到通用汽車為了換回我個人持有的 E 類票據與 E 股而付給我的 7 億美元。在接受這筆錢以前，我一定要再給 GM 的董事另一次機會，重新考慮收回這個決策⋯如果 GM 董事的結論是，12 月 1 日的這項交易並不符合 GM 及 E 股股東的最大利益，我願意配合 GM 董事，共同撤銷這項交易。

裴洛對 GM 全面收購股份一案的回應讓通用汽車當局震怒，畢竟這個收購案是雙方長期討論後的結果，也對羅斯‧裴洛及 EDS 非常慷慨；然而裴洛卻在簽署協議之際，火力全開地展開攻擊。GM 的律師感覺裴洛是為了保護他自己的形象，同時藉由先發制人的行動，防止外界指控這項全面收購股份的交易，實質上是一項「綠票訛詐」。如果裴洛那麼擔心 GM 的資本支出規劃，他一開始又為何要接受這些錢？[56]

股東當然也怒不可遏，他們隨即在裴洛的慫恿下開始發聲。「威斯康辛州投資局」（State of Wisconsin Investment Board，以下簡稱 SWIB）寫了一封信給 GM 董事，表示：「你們的行動⋯嚴重侵蝕我們對貴董事會與通用汽車公司主管的信心。這項行動不僅對其他 E 股股東非常不公平⋯支付給羅斯‧裴洛的「封口費」，令人嚴重質疑通用汽車的營運和管理。他對公司來說是彌足珍貴的董事會成員，而從股價在這項全面收購股份的消息披露後所受到的衝擊，便可證明市場也認同他對通用汽車非常珍貴。」[57]

紐約市審計官哈瑞恩‧高丁（Harrison J. Goldin）同時邀請裴洛和史密斯到「機構投資人協會」（Council for Institutional Investors）演說，這個

團體是他和昂魯大爹（Big Daddy Unruh）為了促進更良善的公司治理而在此前一年共同創辦。這個委員會由四十個退休基金組成，它們共持有美國所有股票的 10% 股權。雖然史密斯向高丁表示他會去參加，最後卻只派一個下屬去和裴洛辯論。高丁懷疑史密斯是故意放 GM 的最大股東鴿子，所以他說：「身為 GM 股票的最大持有者，我們有權要求董事長來向我們解釋。如果這個董事長無法前來說明，那麼或許應該換個董事長來。」高丁這一番說詞暗示股東有可能把羅傑‧史密斯踢出董事會，也顯示全面收購裴洛股份一案，已令 GM 的機構投資人忍無可忍。幾十年來不斷忍受這種被忽略的滋味，他們已感到厭煩，而且失去所有耐心。SWIB 遞交一份股東決議，禁止公司進行歧視性的股份買回計畫。高丁的批判呼應了每個對 GM 經營績效不滿的人的心聲：「一家經營良善的企業無須定期說明每一季的改善情況，但如果它花了幾百億美元，又沒有交出任何改善的成績單，大家就該把帳算一算了。」[58]

由於股東對全面收購案的憤怒遲遲未能消退，羅傑‧史密斯不得不出面應付股東。他向高丁道歉，並展開一系列包含二十二場會議的巡迴說明會，向投資人解釋 GM 並未愧對良心。史密斯和投資分析師分享多項統計數據和預估值，並詳細討論未來的成本縮減機會。經過這些會議，GM 宣布將推動一項成本裁減計畫和庫藏股買回計畫，總額達 100 億美元，史密斯宣稱那是「美國史上最大規模的股份有限公司庫藏股買回計畫。」[59] 他也在幕後施壓，削弱外界批評 GM 最力的聲音。公司治理大師羅伯特‧蒙克斯（Robert Monks）與奈爾‧明諾（Nell Minow）在他們的幾本書裡描述，史密斯打電話給威斯康辛州州長，威脅要取消 GM 在這個州的資本支出計畫，最後迫使 SWIB 撤回對這項股東決議的支持。[60]

在 GM 的年度股東大會上，以取消裴洛股份全面收購案為目的的股東臨時動議獲得 20% 選票的支持。一般認為這讓 GM 非常難堪，因為 1970 年時，拉爾夫・納德（Ralph Nader）的**通用汽車運動**（Campaign GM，旨在促進企業責任的股東提案權）才獲得3%的支持，就被視為一項勝利。不過，羅傑・史密斯最後還是贏了：不管是股東或董事，都不想把羅斯・裴洛弄回通用汽車。

由於裴洛終於離開，外界對 GM 的批判也因庫藏股買回及重組計畫而暫時緩解，情況看起來，該公司董事和股東似乎又注定要不知不覺地陷入原來的正常狀態－順從。不過，在平靜的表象下，喧囂的聲音逐漸沸騰。當羅傑・史密斯試圖在 1988 年增加新董事席次，董事會拒絕採納這個意見。《華爾街日報》報導，這場「叛變」行動粉碎了 GM 外部董事長期以來的消極被動傳統。一個內部人表示，董事會感覺「以前有些決策應當參與而未積極參與。」[61]另一個未具名的董事補充，董事會希望「不要老是被告知，而希望能多多被諮詢。」[62] 不過，對史密斯來說，這些沮喪的董事很快就不是讓他最頭痛的人物，因為即使裴洛已然淡出，GM 的機構投資人還是繼續施壓。他們不願意像過去幾十年那樣，老是被當成空氣。

算帳的時候到了

1950 年代通用汽車的勢力達到顛峰之際，機構投資人持有美國股票的比重還不到 10%。但到了 1980 年代末期，機構投資人持有五十大企業的股權已達 50%。[63]

如今，廣義的機構投資人 —— 包括退休基金、共同基金、避險基金、捐贈基金和保險公司 —— 共持有 70% 的美國公開上市股票。[64] 換言之，至

少就理論來說，整個機構股東族群已主控了美國企業界。不過，誠如羅斯‧裴洛向 GM 董事會成員解釋的，廣泛的機構持股權產生了一種特別的影響：股東的權力遭到剝奪。在 GM 藉由全面收購羅斯‧裴洛的股份來把他趕出董事會時，股東對公司的內部事務並無強大的話語權，頂多只能發發牢騷。

關於美國股份有限公司所有權分佈隨時間流轉而發生的演變，通用汽車是一個好例子。1920 年時，GM 的多數股份掌握在彼得‧杜拉克所謂的少數「老闆資本家」手上。這個團體包括杜邦公司和諸如亞弗瑞德‧史隆等人。他們將麾下的事業賣給比利‧杜蘭特，以換取 GM 的股票。接下來三十年間，多數大型個別股東從 GM 的董事會退休並陸續過世。[65]1957 年，美國政府基於反托拉斯考量，強迫杜邦公司處分它持有的超大量通用汽車股權。[66] 到 1960 年代，通用汽車已經成為一家由專業經理人經營且由僅持有少量股權的董事會監理的現代股票公開上市公司。從那時候開始，機構法人已成為該公司股東群的主力。

通用汽車本身在這個演化歷程中扮演了重要的角色。機構投資人最大組成要素之一的員工退休基金，實質上是 GM 創造的產物，雖然 GM 總經理查爾斯‧威爾森（Charles Wilson）在 1950 年成立「GM 退休基金」（GM Pension Fund）時，美國已經有一些退休基金，但那些退休基金通常都是一些持有固定收益證券的年金（annuity）計畫，要不就是把全部資金投入雇主企業股票的信託。威爾森認為退休計畫應該持有顯著的股票曝險部位，不過，他也認為拿員工的退休金去賭雇主的未來，是無謂的冒險。所以，他將 GM 的退休基金委託獨立機構管理，不僅投資雇主公司的金額不多（甚至完全不投資），持有其他公司股權的比重也不高，換言之，這個退休基金持有的是分散投資的組合。[67] 其他雇主很快就跟著採納威爾森的指導原

則 —— 在 GM 成立員工退休基金後一年內，有八千個新退休計畫成立，而且他提出的指導原則也被編纂為 1974 年的《員工退休收入保障法》（ERISA Act）。

美國企業界將員工退休基金廣泛投資到股票的決定，讓美國經濟資產的龐大所有權落入美國工人手中。彼得・杜拉克主張，這個趨勢讓美國成為世界上第一個正牌的社會主義國家。[68] 不過，由於員工退休基金是委託獨立機構管理，故這些投資標的的控制權遂落入一些保守且受到高度監理的受託保管機構手中，而且這些機構對每個單一投資標的的曝險部位都會設限。如果不是羅斯・裴洛的積極搧風點火，這類投資人也極端不可能干預諸如通用汽車等強大企業的內部監督作業。

很多書或許都描述了通用汽車的衰敗，但鮮少將相關責任歸咎給任何利害團體。GM 的高階主管和董事會成員是顯而易見的歸罪目標，不過，專家也將責任指向美國汽車工人工會、GM 的經銷商、它的白領及藍領員工、它的企業文化、石油輸出國家組織（OPEC）、自由貿易，當然，還有各式各樣的政府監理機關。關於 GM 的根基為何會動搖，各方的說法莫衷一是，很難辯出一個結論，不過有一件事是確定的：**GM 的衰敗是漫長、緩慢且顯而易見的歷程**。所以，在整整三十年期間，坐視該公司承受幾次人盡皆知的失敗而不為所動的股東，絕對難辭其咎，換言之，股東也是導致 GM 陷入掙扎狀態的幫凶，若要歸咎通用汽車衰敗的責任，股東要負的責任絕不亞於其他利害關係團體。

GM 第一次人盡皆知的失敗是 Corvair 車款，拉爾夫・納德在《所有速度都不安全》（*Unsafe at Any Speed*）一書中，描述這個車款是「一車事故」（The One Car Accident）。雪佛蘭汽車在 1959 年推出的這個車款隱含非常

嚴重的缺陷，較高速行駛時很容易失控。[69] 雖然這款車的很多工程師反對推出這款車，但 GM 當局一意孤行，最後造成很多駕駛人身亡。位高權重的十四樓高階主管拒絕雪佛蘭的要求 —— 在這輛車上增加一個只要 15 美元的橫向穩定桿—導致該事業部首長威脅將辭職並公開他的不滿。[70]GM 的高階主管事後雖讓步，但為時已晚。納德的書在幾年後出版，並引發一波對 GM 的負面宣傳。[71]

整個 1970 年代至 1980 年代初期，通用汽車推出一系列轟動的失敗新車款，Vega、X-cars、J-cars、和 GM-10，無一不遭受汽車評論家無情批判，消費者也對那些車不屑一顧。我們以為福特的 Edsel 是史上最糟的車款上市案例，但 Edsel 其實是一個野心勃勃的專案，只不過實際上推出的車，和推出前大手筆鋪陳的行銷攻擊在消費者心中製造出來的期待有一些落差罷了。

相對的，GM 的災難則是一連串的失手產品，最終來說，GM 造成的損害當然大很多。《改變世界的機器》（*The Machine That Changed the World*，談論豐田汽車的精實工程設計）一書的合著者詹姆斯・巫馬克（James Womack）就稱 GM-10 是「美國工業史上最大的浩劫。」[72]

巴菲特的投資夥伴查理・蒙格在致藍籌印花公司（Blue Chip Stamps）股東的年度信件中，曾描述了一項棘手的投資：「當它停止對我們發出危險旗號，還開始用那些旗幟來狂揍我們，我們才終於更能看清現實。」這貼切反映了 GM 的法人股東的心境。該公司的失策引來非常大量的大眾關注與檢視。拉爾夫・納德和約翰・德勞瑞恩的書都成為非常成功的暢銷書。另外，所有主要商業出版品都刊登了羅斯・裴洛在 1986 年夏天對 GM

的抱怨。每一項劣質資本投資和每一個爛決策（包括密西根州漢姆崔姆克〔Hamtramck〕廠，就是透過大方的長期福利，將大量財富轉移給員工的「未來工廠」）都被評論家嫌惡地拿出來討論。不過，為了將羅斯‧裴洛趕出董事會而付了 7 億美元的 GM，就像是拿著平日已不斷揮舞的警告旗幟，直接用來打股東的臉。這個股份全面收購案終於讓股東看清 GM 在他們的眼皮底下犯了多大的錯。

在裴洛的股份全面收購案過後，GM 的股東甚至變得比已打起十二萬分精神的外部董事更激進。1990 年時，「加州公務人員退休基金」（即 CalPERS）寫了一封信給董事會，要求羅傑‧史密斯從執行長職務退休後，不能繼續擔任董事。CalPERS 和紐約州退休基金雙雙對董事會施壓，要求他們必須更積極參與新執行長的挑選，不能再把那麼重要的決策全部交給史密斯把持。GM 的董事會提拔了一個工程師來經營整個公司，這是 1950 年代以來首見。不過，由於他未能在足夠快的時間內創造正面的成果，所以很快又被解雇，新任人選則是從公司外部延攬。

機構投資人努力促進通用汽車進行革命性變革之餘，也在其他大型股票公開上市公司施展他們的拳腳。在羅斯‧裴洛股份全面被收購後，四個退休基金（包括 CalPERS 和 SWIB）針對公司治理相關的議題，提交了四十七份股東決議案。這是公共退休基金首度針對公司治理事項提出股東決議案。[73] 隔年，「美國教師退休基金會」（TIAA-CREF）也成為有史以來第一個提出異議董事候選人名單的機構投資人。[74] CalPERS 的執行長戴爾‧韓森（Dale Hanson，他為了 GM 的接班計畫和 GM 公司派槓上）聲明：「在持有股票與選擇股票時，儘管我們投注非常多心思和注意力⋯身為過去 30 年至 40 年的股東，我們並未在適當時機善盡職責。」[75]

據報導，羅斯‧裴洛因離開通用汽車後，沒有一家自己的公司可供他回鍋而非常不滿。但最近我問他是否後悔把他最愛的 EDS 留在 GM 的魔掌，他冷不防地回答我：「我不需要再談那些亂七八糟的事。我已經成立一家新公司，當初可是他們把我踢開的。」羅斯‧裴洛不是一個會浪費時間回顧過去的人。他還有非常多能量可發揮，一如 1986 年年底的他。就在 GM 完成全面收購他的股份後幾個星期，裴洛看到電視上的史帝夫‧賈伯斯（Steve Jobs），並受他的熱情感染，所以，他決定出資贊助 NeXT 電腦公司（NeXT Computer）。當他與 GM 之間的競業禁止條款在 1988 年到期，他隨即創辦裴洛系統公司（Perot Systems），該公司很快就成為價值十億美元的企業。這一切都是他從政（他後來成為現代最成功的第三黨總統候選人）以前的事。不過，儘管羅斯‧裴洛獲得很多勝利，他最光榮的時刻之一，還是在他挺身迎戰羅傑斯‧史密斯及通用汽車董事會成員的那一刻。

　　本書用好幾個章節描寫**遲鈍的股東群如何容忍鞏固自身勢力的董事會與跋扈的執行長**。其中，班傑明‧葛拉罕花了許多年的努力，配合他對洛克菲勒基金會的溫情懇求，才終於促使北方油管公司釋出超額資本。但下一章將討論謝雷爾膠囊公司的董事如何試圖阻擋公司最大股東，也是創辦人女兒的卡爾拉‧謝雷爾加入董事會。羅斯‧裴洛不僅是通用汽車的最大股東，也是董事會成員之一，他更是羅斯‧裴洛！他可是個備受大眾與媒體喜愛與崇拜的億萬富翁。當 GM 的股東發現，連實力雄厚的羅斯‧裴洛都無法動搖 GM 的董事會與經營階層，他們也才終於體認到自己一手創造了一隻怪獸。

　　1986 年羅斯‧裴洛股份的全面收購案件促使機構投資人覺醒，而這對

股票公開上市公司的公司治理形成了立即性影響。

　　這些機構投資人以此前幾年看似無法想像的方法，鎖定不適任的企業執行長與董事會，從 CalPERS 為了將羅傑‧史密斯從 GM 董事會剷除而採取的行動便可證明這一點。不過，一開始，最大的影響還並不容易察覺，我是指那類機構法人股東暗自會下定的決心。

　　就在裴洛股份全面收購案結束後不久，SWIB 董事長說：「如果股東繼續維持被動的態度，未來還是會被當成肥羊，任人宰割。」[76] 他可不是說著玩的。在裴洛案件後，大型法人股東再也不是那麼好打發了，他們是終結企業狙擊手世代的幫手之一，卻也是促成今日市場上的支配力量 ── **股東維權主義** ── 的推手之一。

6

卡爾拉・謝雷爾對上
謝雷爾膠囊公司：

膠囊裡的
王國

「在我們看來，謝雷爾公司經營階層的經濟政策的真正受益
者，顯然就是公司的最高階主管。」

——卡爾拉・謝雷爾（Karla Scherer），1988 年

羅伯特・保利・謝雷爾（Robert Pauli Scherer）在 1933 年發明了一台大量生產軟性明膠膠囊的機器。大約五十年後，他的原始機器原型被保存在史密森尼博物館，而謝雷爾膠囊股份有限公司也成為世界最大軟性膠囊製造商。不過，當羅伯特・謝雷爾的女兒卡爾拉在 1984 年（當時她四十七歲）加入董事會，她對公司的憧憬很快就因其管理方式而破滅。謝雷爾膠囊公司是一家有能力創造大量現金的優質企業，它的技術受到專利保障，而且擁有多年的專業知識。不過，在她加入前二十年間，公司經營階層將軟膠囊業務賺到的利潤，虛耗在多角化活動上，他們介入其他遠比膠囊更商品化（commoditized）的業務，包括紙品包裝和護髮配件等。

另外還有一個問題，謝雷爾膠囊公司的執行長是卡爾拉・謝雷爾的丈夫彼得・芬克（Peter Fink）。**卡爾拉相信她丈夫正在推行一個不符合股東最大利益的激進成長策略，而她正好是謝雷爾膠囊公司的最大股東，更糟的是，她持有的謝雷爾公司股票佔了她的淨財產的大宗。**她後來說：「舞台是我出資建造的，但在上面跳舞的，卻是經營階層和他們的親友團。」[1] 這個領悟讓她的婚姻無法維繫下去。問題是，卡爾拉持有的股份雖然比其他董事多很多，但董事會的其他成員卻拒絕承認公司存在她擔心的種種問題。她認為，那些人之所以頑冥不靈，部分原因在於她是這個幾乎清一色是男性的董事會裡唯一的女性，而且沒有受過商業教育。不過，她認為另一個原因是董事會成員之間充斥錯綜複雜的利益糾葛。有一次，卡爾拉・謝雷爾描述了這個董事會的動態：「這是一個老頑童的網路，我不是開玩笑！這些人一起打高爾夫，參加相同的俱樂部，而且私相授受地讓彼此愈來愈有錢。」[2]

擔任董事幾年後，卡爾拉・謝雷爾體認到，如果能撤換績效低落的經

營團隊，她父親一手開創的這個軟性膠囊事業的價值將會改善很多。謝雷爾膠囊公司是伊坎最喜歡的典型套利標的：**這家股票公開上市公司的資產市場價值遠比其帳面價值高**。但為何會發生這樣的狀況？北方油管公司對股東缺乏當責態度的原因是，五席董事中有三席是內部人，而在謝雷爾膠囊公司，經營階層只佔了兩個董事會席次。

問題是，即使公司董事會未直接受經營階層控制，董事卻傾向於是執行長欽點的人選。所以，即使這些董事真正抱持獨立超然立場，董事會成員間的社交本質也讓他們難以彼此對抗。就本質來說，企業董事會本就傾向於讓經營階層變得更加鞏固。卡爾拉‧謝雷爾對上她丈夫的辛酸委託書爭奪戰，就是董事會令經營階層更加鞏固的教誨之一。

謝雷爾的成功故事

羅伯特‧保利‧謝雷爾登基為「膠囊國王」前是個無業遊民，他已婚，有兩個小小孩。不過，根據 1949 年的一份《週六晚報》上的人物簡介所述：「謝雷爾的成功故事不是什麼白手起家傳奇。」[3] 包伯（Bob）—— 他會希望我們叫他包伯 —— 是底特律一名成功的眼科醫師的兒子。他 1930 年從密西根大學畢業，很快就在底特律一家製藥公司找到了化學工程師的工作。工作四個月後，包伯判斷他一個月需要 125 美元的薪資才夠過活，問題是，老闆拒絕幫他加薪，所以，他在整個國家陷入大蕭條之際，辭去他的第一份工作。[4]

謝雷爾製造機械的天分來自父親的遺傳（他父親將房子的地下室改裝為一個大型的金屬工作坊）。包伯年輕時，看著父親建了一台電動咖啡研磨機、肉品與蔬菜切片器，以及一台冰淇淋冷凍機。[5] 包伯離職後有了閒暇

的時間，還有一個配備良好的工作室可供他全權使用。於是，他決定建構一台能製造軟性明膠膠囊的新型機器。

包伯的老雇主是採用一種麻煩的版壓法來製造一批批的軟膠囊，這種方法必須使用兩個印模版。那個老雇主使用的技術比起此前五十年的技術並沒有改善多少，而且生產速度慢又不精準。每個模版都像一個大型的錫製杯狀蛋糕模，只是上面的凹槽只有藥丸大小。相關的製程是將暖明膠薄薄地鋪在底部的模版後，再將要填入膠囊的液態藥劑注入每個囊內—通常是均勻地從上方注入。接著，在上面鋪一層暖明膠，再蓋上第二個模版。最後，將這兩片磨版像一個大型鬆餅機般壓合在一起，膠囊便可成形。

包伯為了開創他的轉模製程，在父母親的地下室研究了三年。謝雷爾的機器是一部完備的設備，能製造暖明膠薄片，以非常精確的測量度注入藥劑，並利用兩個滾動的圓柱體鋼模，持續不斷地噴出軟膠囊。[6] 這個方法比較不像版壓法那麼浪費，而且生產速度快很多，因為它能同步壓製明膠薄片和塑造膠囊外型。內容物挹注系統不僅能處理液體內容物，也能處理軟膏或糊狀物，所以，可充填的內容物數量多很多，一部機器能在一天內產出超過一百萬個軟膠囊。[7]

機器完成後，羅伯特・謝雷爾為他的轉模製程申請專利，並在 1933 年開始營業。那一年，他的第一張訂單來自他的前東家，而到 1944 年，謝雷爾一年生產的膠囊數量就達到五十億顆。這個事業的獲利能力非常高，謝雷爾還將所有盈餘都重新投資到這項業務。《週六晚報》的一篇文章引用了他的說法：「我追求成長，不追求保障。」

這篇文章也描繪了謝雷爾的工作習性，在 1949 年的讀者眼中，一定會覺得他好像有點古怪。這篇文章描述了包伯・謝雷爾平日的生活狀況，「他

痛恨工作。」他每天都睡很晚 —— 直到大約早上 9：30 才起床，接著至少花一個小時閱讀或思考，好不容易到辦公室以後，讀完郵件便外出吃午餐。放鬆吃完午餐後，謝雷爾回到辦公室，這才開始一天的工作。如果他的心思被某個專案霸佔，他就會極度聚焦在那上面，甚至過了午夜還不下班。如果沒有讓他牽掛的專案，他就會按時回家，或到外面吃晚餐、小酌和玩撲克牌。對一個 1949 年的企業高階主管來說，羅伯特·謝雷爾簡直是個造反者。他的穿著甚至也與眾不同：「即使在最冷的天，他也不戴帽子，而且對於有計畫戴保險套的人展現出微微的輕蔑。他的雙排扣西裝及毛皮外套和他六尺二的身高及約莫 180 磅的體重相當般配，但他的鞋子卻永遠都沒擦。」[8]

謝雷爾堅稱：「我做的所有事都是工作。」[9] 這正是他成功的關鍵。包伯終其一生職涯都密切聚焦在如何改善他的軟膠囊製程，以及如何將這項產品導入新市場。這是他熱愛做的事，而且鮮少偏離這個軌道。到 1940 年，他已是擁有專利保障的最低成本軟膠囊製造商，而且佔有了 90% 的市場。[10] 另外，他也開發了能更加鞏固自身事業的競爭障礙的驚人專業知識。一開始，他的顧客會把膠囊藥劑交給他，再由他將之封入膠囊內；但在開創事業後的十五年內，謝雷爾的多數顧客都也都委託他協助配製其膠囊配方。

羅伯特·謝雷爾在 1960 年因癌症病逝，得年僅五十三歲。在他的領導下，謝雷爾膠囊公司得以守住具支配力量的市場佔有率，而且快速成長，在全球三個大陸上的六個國家開設工廠。[11] 但謝雷爾過世後，公司的方向迅速改變。雖然包伯樂於為了改善軟膠囊業務而把多數時間耗在工作室，他的繼任者卻野心勃勃，更積極追求快速的成長。故接下來三十年間，謝雷爾膠囊公司實行了非常激進的收購策略。

毫無章法的「多角化」（Diworsification）

謝雷爾過世後，他剛愎自用的兒子小羅伯特（Robert Jr.）接掌了他的事業，他年僅二十七歲就接任公司的總經理。小羅伯特接班後短短一年內，就為謝雷爾膠囊公司啟動第一宗收購案。1961 年時，他收購了底特律的莫里斯製造公司（E. Morris Manufacturing），它是一家理髮用品供應商，最開始的業務是從德國進口直式剃刀。[12] 他後來又接著收購一家牙醫用品事業、一家外科手術儀器公司，一家費拉蘆薈（aloe vera）化妝品製造商的 25% 股權，一家為耳鼻喉科醫師製造鋼櫃的企業，以及兩家製造髮夾和髮捲的公司。[13] 在小羅伯特擔任總經理期間，該公司也收購了加拿大一家硬殼式明膠膠囊製造商，並介入很多其他國家的硬殼式膠囊市場，包括美國。

1971 年，謝雷爾膠囊公司成為股票公開上市公司，整個承銷作業相當成功。不過，此時該公司在核心軟膠囊業務的支配地位已開始動搖，換言之，它為了保有原來的地位而陷入苦戰。1960 年代期間，它流失了三分之一的市場佔有率。前執行長艾恩斯‧斯庫（Ernst Schoepe）事後表示：「企業總部缺乏方向。」[14]

小羅伯特在 1979 年離開公司，卡爾拉‧謝雷爾的丈夫彼得‧芬克取代了他的職位，芬克從 1966 年起就擔任董事會成員。[15] 小羅伯特離職時，謝雷爾膠囊公司將旗下非膠囊封裝業務全部賣給他，以交換他持有的 20% 公司股權，這是他的離職配套方案之一。這是件不尋常的交易 —— 小羅伯特基本上等於保留了他擔任總經理二十年期間隨機收購的所有事業；不過，這也意味謝雷爾膠囊公司將重新聚焦在它的核心事業。[16] 芬克誓言將集中所有心力在膠囊製造上，而且「唯有和核心事業互補」[17] 的事業，他才會

考慮收購。

但謝雷爾膠囊公司聚焦核心業務的決心並沒有維持太久。大約在芬克接掌執行長一年後，謝雷爾膠囊公司便收購德國企業法蘭茲波爾公司（Franz Pohl），該公司的業務是製造「針劑用密封墊與封口」。如果你讀過很多企業年報，你應該很清楚那種公司的業務內容描述令人費解且浮誇。說穿了，法蘭茲波爾公司只是生產藥水罐的鋁製上蓋。那是一種低報酬率且商品化的業務，且顧客群非常集中。

要說法蘭茲波爾公司和謝雷爾膠囊公司的膠囊密封業務互補，實在有點牽強，不過，至少這兩家公司還多少有一些共同顧客。芬克接下來的幾個收購案件甚至更匪夷所思。他收購一家生產拋棄式牙醫用品製造商、一家動物測試實驗室，以及兩家眼鏡及隱形眼鏡製造商。其中最大的收購案件是帕可藥物服務公司（Paco Pharmaceutical Services），它經營藥品包裝業務。一如波爾公司，帕可公司和謝雷爾膠囊公司之間或許有些微的互補性，但卻是一個爛行業—它是一家勞力密集且遭遇工會掣肘的紙品包裝公司，資產報酬率很低，邊際利潤率也非常差。

一如在他之前的小羅伯特，彼得·芬克也將謝雷爾膠囊公司多角化到遠比自家核心軟膠囊業務更差勁的事業。1988 年，謝雷爾膠囊公司膠囊業務的稅前資產報酬率達 29%。這樣的獲利率相當高，如果扣除低報酬率的硬殼式膠囊業務以及那一年年亞洲業務重組的影響，這個數字甚至會更高。相反的，事後收購的事業只創造微薄的 6% 稅前資本報酬率。[18] 更糟的是，這些收購案的代價都高得離譜。芬克在 1987 年花了 6400 萬美元的現金收購帕可公司，但帕可 1988 年的營業利益僅僅 83 萬美元。[19] 為了購買牙醫用品公司、測試實驗室和光學用品公司，芬克也花掉了許多現金，外加 130

萬股評價遭低估的謝雷爾膠囊公司股份。當卡爾拉發動的委託書爭奪戰，將謝雷爾公司的股價推升到較接近內含價值的水準後，芬克諸多收購行為的愚蠢更顯得一覽無遺。他花了超過 4 千萬美元收購一些已不太有成長潛力的事業，而這些事業在 1988 年的稅前營業利益總共只有 320 萬美元。[20]

不僅如此，謝雷爾膠囊公司在本業方面的某些投資也相當令人質疑。例如，小羅伯特決定在 1968 年介入「硬殼式膠囊」製造產業的作法就令人存疑。硬殼式膠囊是比軟膠囊更加商品化的產品，配方比較容易搞定，製造也容易很多，所以邊際利潤率較低。[21] 納入硬殼式膠囊業務後，謝雷爾膠囊公司不僅必須和其他製造商競爭，有時候，它的業務還會被原有顧客搶走，因為顧客能輕易在廠內製造這類產品。芬克接掌執行長職務後，更推動一項 7 千萬美元的建築計畫，包括海外的幾個硬殼式膠囊設施和一座位於猶他州的先進工廠。但猶他州工廠才完成五年，謝雷爾膠囊公司就被迫退出美國及加拿大硬殼式膠囊製造業務。該公司因關閉猶他州新廠而虧了 650 萬美元，關閉紐澤西的老舊硬殼式膠囊設施也花了 490 萬美元。[22]

謝雷爾膠囊公司明明有非常出色的業務 —— 軟明膠膠囊配方與製造，卻把現金揮霍在更差的風險性投資。其中最糟糕的一項風險性投資的規模也最大 —— 它即是帕可公司。幾乎就在謝雷爾膠囊公司收購帕可公司後，該公司就陷入一系列困境。它為了平息卡車司機罷工，勉為其難地同意簽訂一項將年薪及福利提高 8% 的三年期合約，另外，該公司的一個波多黎各顧客因決定要自行在內部進行包裝生產，一個大顧客因此流失。

更糟的是，該公司的兩個工廠雖失去獲利能力，卻受制於勞動合約中嚴厲的關廠罰則而硬著頭皮繼續運轉。另外，帕可公司先前成立了一家聚焦於眼科用藥及穿皮貼片劑（transdermal patch）的研發合夥企業，但這家

公司的幾個合夥人並沒依約履行他們的繳款要求，導致公司需要找錢來填補幾百萬美元的資金短缺，若不填補資金，它就必須讓這家合夥公司歇業，並因此虧掉原始投資。[23]

對卡爾拉·謝雷爾來說，帕可公司就是壓垮駱駝的那最後一根稻草。她說：「這是另一個我感覺不適合介入的事業。」[24] 卡爾拉持有的謝雷爾膠囊公司股票，幾乎是她的全部財產，但她對經營階層及其他董事沒有信心。此時她的婚姻已亮起黃燈，不過，她知道自己並不是因為婚姻上的不協調，才懷疑芬克沒有能力為股東創造良好報酬。她面臨兩個不同的問題：**一個即將崩潰的婚姻關係，以及任人擺佈的財務狀況**。第一個問題讓第二個問題變得更不容小覷。

遲來的覺醒

卡爾拉·謝雷爾是羅伯特·謝雷爾的第三個孩子，她是在羅伯特為他的轉模機器申請到專利後五年出生。《週六晚報》上有關包伯的人物簡介是在她年幼時刊登，但當時她已因持有家族事業的股權而成為百萬富翁。卡爾拉十六歲時，在一次帆船約會中認識彼得·芬克。她最初是上衛斯理學院（Wellesley），後來為了能早一點和彼得結婚，最終是在密西根大學取得學位。[25] 卡爾拉想，如果換個年代，她父母應該會鼓勵她接受商學教育，並進入家族企業工作。但取而代之的，年僅二十歲的她直接從學生走入家庭，成為一名家庭主婦。

那麼，究竟為何完全沒有受過商業教育的卡爾拉·謝雷爾會想要擔任謝雷爾膠囊公司的董事？1980年代初期兩個事件的影響，促使她興起在公司扮演更積極角色的想法。

首先，她母親過世了。瑪格麗特・謝雷爾（Margaret Scherer）是名意志堅強的女性，她不僅在包伯過世時將家人緊緊維繫在一起，幾個孩子在她調教下，個個循規蹈矩。[26] 母親過世後，卡爾拉開始對丈夫問起更多有關家族事業的問題。1982 年時，大型工業公司 FMC 股份有限公司（FMC Corporation）試圖收購謝雷爾膠囊公司。彼得・芬克在卡爾拉及她弟弟約翰的支持下，順利讓對方打消購併意圖。不過，卡爾拉擔心自己因盲目的忠誠（完全沒有認真考慮芬克是否為最佳執行長人選）而進一步鞏固了芬克的執行長權勢。於是，她決定要求彼得讓她取得一席董事。她說：「那是遲來的覺醒。」「我當時想，『怎麼說我才是股東，而且我想要知道公司的營運狀況。』」[27]

當卡爾拉向芬克施壓，要求取得一席董事，芬克很抗拒。他告訴她，其他董事問：「她懂什麼業務？」不過，卡爾拉堅持。她告訴芬克：「我跟著這個企業一起長大，」「我們在飯桌上的話題都是圍著它打轉。」她設法終結芬克的拖延戰術。「最後我很沮喪，我說－我感覺那段對話就好像是昨天才發生，我清晰記得自己是站在什麼位置講那些話 —— 我說：『如果董事會不提名我，我會提名我自己。』…他臉色頓時轉為蒼白，後來我就這樣進了董事會。」[28]

卡爾拉・謝雷爾是在 1984 年進入謝雷爾膠囊公司董事會。她目睹了1985 年硬殼式膠囊業務的崩潰、公司在 1985 年與 1986 年的虧損，以及在1988 年 2 月完成的帕可公司收購案。為了支付收購帕可公司的款項，謝雷爾膠囊公司的長期債務增加一倍以上，而且帕可公司幾乎是一收購就馬上爆出一連串警訊。雖然謝雷爾公司的軟膠囊事業績效還是非常好，卡爾拉卻對芬克監督下的公司前景感到憂心忡忡。1988 年 3 月至 4 月間，她個別

和每個董事見面，遊說他們把公司賣掉。

卡爾拉遊說其他董事的說詞很簡單。她主張，由於謝雷爾膠囊公司歷經兩年災難般的虧損後好不容易恢復獲利能力、由於核心業務的盈餘持續顯著成長，以及由於外國人對美國資產的濃厚興趣衍生了一個強盛的收購市場，所以，公司一定能賣到一個好價錢。她相信，透過控管良好的拍賣程序把謝雷爾膠囊公司賣掉，股東獲得的利益一定比讓這家公司繼續以獨立股票公開上市公司的姿態營運好。她確實說到了重點 —— 市場並不那麼重視謝雷爾膠囊公司。雖然前一年核心密封膠囊業務創造了還算不錯的3500 萬美元營業利益，但它的股價僅 15 又 5/8 美元，以這個價格估算，市場賦予該公司的評價僅僅 2.3 億美元。而且在過去四年間，股票最低交易價曾僅 8 又 5/8 美元，超過 20 美元的時間只有短短幾個月。[29]

謝雷爾膠囊公司的兩名董事接納了卡爾拉的意見，同意賣掉公司，其中一個是她弟弟約翰，他從 1961 年起就擔任董事，另一個是艾恩斯·斯庫，他是謝雷爾膠囊公司的營運長，斯庫是彼得·芬克以外唯一進入董事會的經營階層。他原本是該公司德國子公司的員工，一路晉升，最後在 1985 年成為董事之一。他認為芬克把密封膠囊業務經營得很糟糕，而且，他也認同卡爾拉的意見是對的，他相信對股東最好的結果，就是為公司找到一個買家。

不過，董事會其他所有成員都拒絕支持出售謝雷爾膠囊公司。卡爾拉記得，反對者當中沒有一個人有向她說明他們拒絕賣掉公司的合理商業理由；取而代之的，他們只是不斷表示應該效忠彼得·芬克。其中一名董事甚至告訴她：「妳不能這麼做，那等於是閹了彼得。」[30] 董事會呈現 7 比 3 的意見紛歧，主張公司保持獨立營運的意見勝出，換言之，芬克和其他六

名董事的人數優勢超越了卡爾拉、約翰和艾恩斯·斯庫這一派。

彼得·芬克和他的六名董事支持者之間，私下的關係非常深厚，他們分別是：

威爾博·梅克（*Wilber Mack*），美國天然資源公司（*American Natural Resources*）已退休的董事長暨執行長

梅克是謝雷爾膠囊公司董事會的主席，即董事長，在卡爾拉展開委託書爭奪戰以前，公司每年支付他幾乎 40 萬美元的現金。除了優渥的現金薪酬，公司也發給梅克股票形式的報酬和其他大方的福利，包括俱樂部會員和秘書支援。而如果他過世或失能，而且他或太太其中一人還活著，他或太太每年有權獲得 4 萬 2000 美元的福利。[31] 根據卡爾拉的說法，在公司裡，梅克對芬克來說就像父親的角色。他當時已高齡七十七歲，故卡爾拉相信他在公司的所有職責「大半是有名無實的形式職責。」[32] 梅克也是在芬克的推薦下進入謝雷爾膠囊公司董事會。

彼得·道（*Peter Dow*），靈獅（*Lintas*），康艾廣告公司（*Campbell-Ewald Company*）總經理暨營運長

彼得·芬克和彼得·道是孩提時期的朋友，他們剛進入職場時，都是在康艾廣告公司上班，而且被安排在同一個四人訓練團隊。彼得·道離開康艾廣告公司後，還是和芬克維持密切的友誼，另外，他就住在芬克位於密西根州葛洛斯波因特的住家的對街上。[33] 彼得·道也是在彼得·芬克的舉薦下，進入謝雷爾膠囊公司董事會的。

小馬瑞特‧瓊斯（*W. Merritt Jones Jr.*），希爾、路易斯、亞當、古德李奇與泰特（*Hill, Lewis, Adam, Goodrich & Tait*）法律公司合夥人

馬瑞特‧瓊斯是底特律一家法律公司的合夥人之一，謝雷爾膠囊公司是該公司的三大客戶之一。[34] 在卡爾拉發動委託書爭奪戰前一年，謝雷爾膠囊公司支付了49萬6300美元的法律服務費給瓊斯的公司。[35] 他也是彼得‧芬克的舅子。[36] 瓊斯一樣是在彼得‧芬克的舉薦下，擔任謝雷爾膠囊公司的董事。

理查‧馬諾吉安（*Richard Manoogian*），馬斯科公司（*Masco Corporation*）董事長暨執行長

理查‧馬諾吉安是彼得‧芬克的老友，芬克是馬斯科公司的董事，而且贊助馬諾吉安成為他的鄉村俱樂部的會員。[37] 馬諾吉安是在彼得‧芬克的舉薦下，擔任謝雷爾膠囊公司董事。

迪恩‧理查遜（*Dean Richardson*），製造商國民金融公司（*Manufacturers National Corporation*）董事長暨執行長

理查遜是位於底特律的製造商國民銀行（Detroit-based Manufacturers National Bank）的經營者，該銀行是謝雷爾膠囊公司的大型放款往來機構之一。在卡爾拉發動委託書爭奪戰前一年，謝雷爾膠囊公司付給該銀行的利息和手續費達52萬8617美元。製造商國民銀行也是謝雷爾家族幾個信託基金的受託保管人，同時是該公司普通股與優先股的過戶及登記轉讓信託機構。謝雷爾膠囊公司董事長威爾博‧梅克恰好是製造商國民銀行的前任董事之一。[38]

威廉·斯塔特（*William Stutt*），高盛公司（*Goldman Sachs*）的無限責任合夥人

比爾·斯塔特是高盛公司的合夥人之一，他和謝雷爾膠囊公司之間維持了長達十七年的投資銀行業務往來關係。高盛公司在 1971 年協助謝雷爾膠囊公司完成股票公開上市事宜。在卡爾拉發動委託書爭奪戰之際，高盛公司就擔任謝雷爾膠囊公司派的財務顧問。[39]

誠如以上所述，這些人倒不是一群自肥又沒良心的爛咖，彼得·芬克的六個支持者都是成就斐然的商人，其中三個人在擔任謝雷爾膠囊公司董事之際，還是底特律幾家主要企業的經營者，彼得·道是一家全國性廣告公司的領導人：迪恩·理查遜的製造商國民金融是底特律市最大銀行之一，該銀行是艾德賽爾·福特（Edsel Ford）所創辦，另外，馬諾吉安的馬斯科公司是一家成長快速的建築用品製造商，目前已經是《財星》500 大企業之一。馬諾吉安後來還成為億萬富翁，並擔任福特汽車公司的董事。這個團體是由梅克領軍，他是底特律最大公用事業公司之一的退休董事長暨執行長；瓊斯和史塔特則分別是底特律市最大法律公司（希爾路易斯）之一和高盛公司的合夥人。

總之，這是一群擁有豐富商業經驗又能幹的人，不過，他們在某些關鍵層面確實備受彼得·芬克厚愛。這六個人當中，有四個人明顯有支持芬克的經濟誘因。其中，威爾博·梅克從謝雷爾膠囊公司得到的物質薪酬，遠比一般常見的董事酬勞高很多。迪恩·理查遜、比爾·斯塔特和馬瑞特·瓊斯則吹噓謝雷爾膠囊公司是他們的大客戶。這六個人當中，有五個人和芬克有著深厚的社會聯結。除了史塔特以外（他是紐約人），其他人都是

葛洛斯波因特某鄉村俱樂部的成員。[40] 彼得‧道是芬克孩提時代的朋友，馬瑞特‧瓊斯是他的舅子，而威爾博‧梅克則是他的良師益友。

彼得‧芬克的支持者中，有四個人能獲聘為謝雷爾膠囊公司的董事，都得直接歸功於芬克，他們是他欽點的人選。其中理查‧馬諾吉安（Richard Manoogian）甚至邀請芬克（後來又邀請彼得‧道）擔任他公司的董事。芬克擔任馬斯科董事後，身為謝雷爾膠囊公司董事的馬諾吉安，還有可能當一個難搞且要求嚴格的謝雷爾公司董事嗎？這些人會對彼得‧芬克提出尖銳的問題，並敦促他對謝雷爾膠囊公司的績效負起責任嗎？如果有人提出慷慨的收購價，因他的庇蔭而獲得各種好處的他們任何一人會支持把公司賣掉嗎？

1988 年 4 月 26 日與 6 月 8 日，芬克和他的支持者在競爭投票中獲勝，謝雷爾膠囊公司董事會通過一項決議，不考慮任何收購該公司的提議。[41] 它也宣布，拒絕任何收購計畫的決定絕對符合股東的最大利益。**這是明顯荒謬的聲明，世界上沒有一家企業好到不能以任何價格出售**。我懷疑這些擔任謝雷爾膠囊公司董事的產業大頭擔心，一旦外界對公司提出合理的收購價，他們將不得不在好友彼得‧芬克和股東之間做一個抉擇。

公開搏鬥

於是，卡爾拉‧謝雷爾決定直接向股東闡述她的論點。1988 年 5 月 20 日當天，也就是她和彼得‧芬克聲請離婚後九天，卡爾拉和約翰‧謝雷爾向 SEC 申報了一份 13D 表格，揭露他們基於所有股東利益而有意出售公司的意向。[42] 到了 6 月，他們要求謝雷爾膠囊公司提供股東名冊，並宣布將發動一場委託書戰爭，希望能改變董事會組成人員。

彼得‧芬克和他的支持者也嚴肅看待這場委託書爭奪戰。卡爾拉和約翰是可怕的威脅，因為他們兩人共控制了 38％的投票權，這還不包括他們父親指定他們為受益人的信託基金所持有的額外 9％股權。[43]

謝雷爾膠囊公司隨即在馬汀‧利普頓的協助下展開反擊，他是以發明毒藥丸著稱的企業辯護律師。該公司拒絕提供股東名冊給卡爾拉及約翰。董事會還通過一個新的股票選擇權計畫，一旦公司控制權換手，這個計畫將加速選擇權的分批發放。另一方面，彼得‧芬克也開始遊說製造商國民銀行將那個信託基金為卡爾拉及約翰持有的投票權股份，投給公司經營階層。董事會也增加一名新成員 —— 喬爾格‧塞伯特（Joerg Siebert），他是德國的德意志明膠公司（Deutsche Gelatine）董事長，該公司前一年出售了價值 1200 萬美元的明膠給謝雷爾膠囊公司，還向它收取了 700 萬美元的其他費用。

塞伯特的加入，讓董事會成員增加到十一人，芬克如虎添翼，防禦力大增。謝雷爾膠囊公司董事會是採用「任期交錯制」的分期改選舉董事方案，董事分成三類，每一類的任期是三年。這個模式和很多企業董事會不同，其他企業的董事會多半採用所有董事一年任期的模式。交錯選舉結構能防止公司的某個股東群透過一場選舉，換掉整個董事會的所有成員。1988 年那一年，謝雷爾膠囊公司只有三個董事要改選，他們是理查‧馬諾吉安、約翰‧謝雷爾和彼得‧道。卡爾拉及約翰的異議候選人名單包括約翰和兩名新人，其中一個是在製藥產業經驗豐富的投資銀行業者弗里德里希‧法蘭克（Frederick Frank），以及密西根最高法院前法官希歐鐸‧索瑞斯（Theodore Souris）。如果這些異議候選人獲勝，他們將和卡爾拉及艾恩斯‧斯庫共同控制五席董事。不過，由於彼得‧芬克增加了一席董事，所

以他的多數優勢可以延續到 1989 年的選舉，避免發生整整一年都陷入五比五的僵局。芬克將因此獲得一年的時間來試著改善營運、討好股東，並讓公司無法成為拍賣場上的商品。

在 7 月 7 日 —— 也就是「德拉瓦州衡平法院」（chancery court）聽證會召開前一天，謝雷爾膠囊公司終於交出股東名冊。約翰·謝雷爾抱怨公司的拖延與強制訴訟策略，衍生了高額的法律成本，而那些成本最終還是得由股東承受。兩天後，謝雷爾膠囊公司的律師在德拉瓦州要求卡爾拉宣示作證。當時的質詢理當聚焦在卡爾拉及約翰是否真的有意發動委託書爭奪戰。但取而代之的，律師在那一場長達四小時的會議中不斷拷問卡爾拉，約翰形容他們的那些行為「不適當」且已構成「騷擾」。[44] 總之，情勢變得非常醜惡。

隨著 8 月 17 日投票日逼近，雙方開始以委託書信件轟炸股東。公司派在 7 月 11 日開始發動掃射式攻擊。一封由彼得·芬克和威爾伯·梅克聯合署名的信，宣稱卡爾拉和約翰的動機純粹是出於他們個人的財務利益，而非全體謝雷爾膠囊公司股東的福利。卡爾拉也不甘示弱，在 7 月 25 日寄出一封信，主張把公司賣給出價最高的收購者，將能實現最大的股票價值。她也敦促股東投票反對新的股票選擇權計畫，因為她認為那個計畫是謝雷爾膠囊公司高階主管為因應股票遭全面收購的可能，而採用的「**黃金降落傘**」（golden parachutes）方案。卡爾拉及約翰還將他們提名的小組命名為「卡爾拉·謝雷爾芬克股東委員會」。

7 月 28 日當天，芬克與馬克發送一封簡短的信件給股東，將卡爾拉「所謂的委員會」貶損了一番，並宣稱她曾要求擔任公司的執行長。8 月 4 日當天，他們又接著發出一封長信，內容也是指控類似的情節。

這封信長達四頁，採單行間距，由此便可見內容有多麼冗長。其中一段粗黑字體內容如下：

今年三月初，毫無經營管理經驗的芬克太太要求各位的公司任命她擔任執行長，換下彼得‧芬克。

總之，這封信強調卡爾拉在公開呼籲賣掉公司的不久前，才剛聲請和彼得離婚。信中再度質疑卡爾拉賣掉公司的動機，並主張她要求自己經營謝雷爾膠囊公司，和她對媒體發表的內容彼此矛盾──先前卡爾拉向媒體表達了許多有關公司經營階層及未來展望的正面聲明。

在一段標題為「卡爾拉‧謝雷爾‧芬克提名了哪些人？」的內容中，有一個和希歐鐸‧索瑞斯有關的要點敘述：「異議被提名人和希歐鐸‧索瑞斯，芬克太太的律師代表，是處理芬克太太離婚事宜的法律公司員工。」當然，索瑞斯本身並非卡爾拉的離婚律師。1960 年時，他以史上最年輕的歲數（三十三歲），獲得密西根最高法院錄用。他在高等法院服務九年後才回到民營機構，成為密西根最受尊重的企業律師之一。[45]

謝雷爾膠囊公司在 8 月 4 日發給股東的信中，將卡爾拉‧謝雷爾醜化為一個反復無常的「夜之后」（Queen of the Night），並將芬克描繪為冷靜且泰然自若的「薩拉斯托」（Sarastro，譯注：這兩個人物是歌劇《魔笛》裡的人物）。信中鎖定她要求擔任執行長一事窮追猛打，其用心昭然若揭。雖然卡爾拉激烈否認她曾要求要擔任執行長──當然，也沒有任何正式文件記錄了她那樣的要求 ── 但就算她要求擔任那個職務，實在也沒什麼好奇怪的。**如果一個掌握謝雷爾膠囊公司 39% 具投票權股份的人，要求取代經**

營績效不彰的執行長，好讓他能把公司拍賣掉，會有任何人臉紅脖子粗地出聲反對嗎？當然不會。芬克和梅克試圖把卡爾拉抹黑成一個不理性又淪為笑柄的人，他們說她充其量只是一個意圖和離婚律師聯手搞垮丈夫公司的下堂妻。[46]

經營階層的委託書徵求信隱約透露出困獸之鬥的意味，相對的，卡爾拉的信件卻是字字清晰且一針見血。她在信中反駁公司派說她要求擔任執行長的指控（請見第 227 頁），字字句句理直氣壯，她寫道：

> 我們相信，經營階層為了防止公司被賣掉，以便讓最高主管人員繼續圖利自己而試圖誤導你們。從 *1985 年 4 月 1 日起至 1988 年 3 月 31 日止*，董事長威布爾‧梅克（在我們看來，他只是擔任有名無實的形式職務）和總經理彼得‧芬克，共獲得 *300 萬 7000 美元的薪酬*…高於那三段期間內的股東股利收入的三分之一…眼前的問題在於你們的財務保障，我們絕對不會為了讓你們失焦而對經營階層進行人身攻擊。

投票前一個星期，卡爾拉感覺自己打贏這場仗的勝算頗高，所以心情很不錯。因為有幾個大股東出面呼應她的理想而團結在一起，並購買了非常可觀的股權，包括備受敬重的避險基金經理人東尼‧席魯佛（Tony Cilluffo，他是史坦哈德范恩公司〔Steinhardt, Fine〕初期的合夥人之一）。不過，她也接著接獲一些不怎麼令人開心的消息：製造商國民金融公司打算將卡爾拉及約翰的信託基金裡所持有的 9%股份，用來反對她提名的董事候選人。這個決定有可能造成命運大翻轉。將卡爾拉及約翰的信託基金持有的 9%具投票權股份，加上馬諾吉安持有的 15%，以及喬爾格‧塞伯特的

DGF 公司所持有的額外 10％股份，經營階層的提名人選就篤定握有 34％的投票權。[47] 這個數字非常逼近卡爾拉及約翰合計的 38％股權。

別忘了，製造商國民金融不僅是包伯·謝雷爾為卡爾拉及約翰設置的信託基金的受託保管人。它因放款的緣故，一年向謝雷爾膠囊公司收了 50 萬美元的利息，而且，該公司的董事長迪恩·理查遜還是謝雷爾膠囊公司的現任董事。[48] 該公司因和謝雷爾膠囊公司之間長久的利潤關係而獲益良多，而且這些公司的高階主管之間的社交關係非常密切。謝雷爾膠囊公司董事長威爾伯·梅克甚至曾是製造商國民金融公司的董事之一。

卡爾拉的律師曾在七月底和信託管理人員接洽，詢問該公司對於這次委託書投票的意向。那幾個律師主張公開拍賣謝雷爾膠囊公司絕對符合股東的最大利益，而且，他們提醒信託管理人，卡爾拉及約翰是這些信託基金的收益的唯一受益人，而他倆希望這些股份能投給他們支持的人。但信託管理人員回覆，這是個「敏感」問題，必須由信託部門的最高首長決定。[49] 卡爾拉非常氣憤，尤其讓她感到不滿的是，在此前五年間，該公司在包伯·謝雷爾另外兩名子女的要求下，賣光包伯當初為他們設立的信託基金所持有的謝雷爾膠囊公司股份，在整個過程中，該銀行從未有任何其他異議。製造商國民金融會這麼做，想必是認同以當時的價格（比此刻還低）出清那些持股，確實符合她兄弟姊妹的利益。既然如此，為何它如今卻主張，拒絕支持一組尋求立即拍賣公司的董事提名人，符合卡爾拉及約翰的最大利益？

當卡爾拉及約翰針對這件事提起訴訟時，他們的律師主張：「如果有人相信受託保管人以該信託基金持有的本公司股份進行投票的決定，絕對不會未受迪恩·理查遜的行動影響，也不會因製造商國民金融保護與促進

它與本公司之業務關係的利潤誘因影響，那他就太過天真了。」[50] 最後，信託部門的最高首長還是投票支持經營團隊提名的人選，因為彼得．芬克在一個私人晚宴俱樂部向那個首長簡報他的論述。問題是，信託部門首長未曾和卡爾拉或她的代表人見面，而且沒有讀過她寄出的委託書資料或包含在包伯．謝雷爾的遺囑裡的信託文件。

選舉當天，密西根上訴法院命令製造商國民金融不得以那些信託股份投票，不過，由於該公司在那個星期稍早已遞交它的選票，所以它肆無忌憚地決定不撤回。但那並未影響到大局，卡爾拉提名的人選還是獲勝了。公司派試圖根據信託股份來爭辯選舉結果，還表示有另一大批投給卡爾拉提名人選的股份是採用影印本的委託書，因雙方的原始資料中都沒有記載到這一批股份，所以不能算數。不過，法院站在卡爾拉這一邊，所有異議董事全數順利在 10 月份以董事身份參加董事會會議。而且短短幾個月後，喬爾格．塞伯特就倒戈支持卡爾拉陣營。彼得．芬克被拔除執行長職位，謝雷爾膠囊公司也順利展開拍賣事宜。

1989 年 5 月，希爾盛雷曼哈頓公司（Shearson Lehman Hutton）同意以 4.8 億美元收購謝蕾爾膠囊公司。[31] 以這個金額來說，股東等於是以每股31.75 美元賣掉股份－包括 28.19 美元的現金和 3.56 美元的優先股，這些優先股將配發 17％的股利。從卡爾拉在此前十四個月開始遊說股東將公司交付拍賣後，股價已上漲超過一倍。到幾年後優先股被贖回時，謝雷爾膠囊公司的股東共收回了每股 33.21 美元的價值。

衝突與妥協

多數美國股票公開上市公司的股份所有權人和經理人之間的關係向來

非常疏遠，而**董事會理當扮演這兩方的橋樑**。就某些方面來說，董事會就像個中間人，必須確保經理人的利益不會和股東的利益抵觸。[52] 不過董事會也被授與經營企業的巨大權力，它能挑選執行長，並為重大策略性決策提供建議，所以，董事會成員對公司的監理權遠大於其他任何族群。[53]

我們把很多責任託付給企業董事，身為股東和社會人士的我們對他們寄予厚望，期許他們能善盡義務。不過，他們能勝任這件工作嗎？一個股份有限公司董事必須善盡很多義務，而這些義務常彼此矛盾，所以，他們絕對不可能很有效率。讓我們看看其中兩項最根本的責任：**董事會成員理當挑選經理人，並協助經理人引導公司向前進**，但另一方面，**董事會又必須評估這些經理人的績效，並代表股東敦促他們承擔責任**。換言之，董事會協助設定公司策略，但又要負責判斷這項策略是否有效。既然既然董事在選擇執行長或為執行長提供建議方面扮演重要的角色，那他們又怎麼可能客觀衡量公司的經營績效呢？

我們先前已透過「大沙拉油騙局」的種種詭異情況，見到這種型態的偏差。美國運通公司會放任德・安傑利斯犯下那麼令人無法置信的騙局，多半是因為該公司的經理人賭上的自己的聲望，接納聯合公司這個客戶，如果承認他造假，不也是承認自己的選擇錯誤嗎？所以，如果股票公開上市公司的董事攻擊執行長，實質上等於是譴責自己選錯領導人。

企業董事會的動態最終導致經營階層和董事之間的關係變得更加緊密，而這會適得其反地使得股東和經理人之間的缺口變得愈來愈大—董事會成員本當扮演這兩者的橋樑。卡爾拉・謝雷爾與謝雷爾膠囊公司之間的鬥爭，具體闡述了董事會成員可能如何賦予績效不彰的經理人過當權力。幸好這個案例也讓我們體察到如何解決其中某些問題。

首先讓我們條列導致謝雷爾膠囊公司董事會成員缺乏健全異議的某些障礙。顯而易見的問題之一是，董事會成員之間充斥相當多財務利益衝突。即使以目前的水準來說，該公司付給董事長的薪酬都非常龐大。另外，公司的往來銀行人員、往來投資銀行人員、律師和最大供應商之一，竟都是董事會成員。公司執行長和營運長也是董事會成員，這代表十一席董事中，有七席明顯有財務衝突的問題：其中三個直接領取公司的實質薪酬，另外四個則是藉由客戶或供應商的身份獲得某種利益。

謝雷爾膠囊公司董事會的另一個問題是：彼得‧芬克欽點的董事人數過多。一個人會因獲得董事會席次而得到酬勞和聲望，尤其一般人認為擔任大型企業董事是莫大的榮耀。但當執行長實質上掌握了選擇董事的權利，也等於掌握了賜予那些人榮耀和董事酬勞的權利。這樣的動態打從一開始就玷污了董事客觀評斷經營階層的能力。

當執行長在選擇董事方面擁有重大影響力，他們也可能會偏好讓不會找自己麻煩的人擔任董事。卡爾拉記得有一次和彼得‧芬克談到謝雷爾膠囊公司董事會的一個懸缺。根據她的說法，芬克找某個人遞補：「因為他很弱，所以總是對芬克唯命是從。」[54] 關於這個現象，有一個非常好的例子：前 SEC 董事長亞瑟‧李維特（Arthur Levitt）和蘋果公司董事會職務擦身而過的故事。李維特在 2002 年出版的《華爾街老手真心話》（*Take on the Street*）的精彩著作中，描述了他以為史帝夫‧賈伯斯要邀請他擔任蘋果公司董事的事。一開始，亞瑟非常悸動，因為從 1984 年購買他的第一部「麥金塔」電腦後，就一直是死忠的「蘋果迷」。他隔天就飛到加州和賈伯斯共進早餐，接著和蘋果公司的高階經營團隊見面。財務長針對公司的財務狀況及董事會組成份子向他做了簡報，接著分享了未來幾次董事會的開會

日期。聽完後，亞瑟交給財務長一份他針對公司治理主題所做的演講稿資料。李維特搭飛機返家的過程中，賈伯斯閱讀了其中一份講稿，隨即改變邀請他加入董事會的主意。他打電話給時任 SEC 董事長的亞瑟說：「亞瑟，我想你擔任我們的董事應該不會太愉快，所以我認為我們最好不要邀請你加入。」[55]

或許導致謝雷爾膠囊公司董事會缺乏異議份子的最重要障礙，也是最可能衍生危害的問題 —— 各董事之間密切的社交關聯性。幾乎每個董事都是同一個鄉村俱樂部的會員。董事會的成員包括一個向來被彼得‧芬克敬為父親的人物、一個他兒時的麻吉，還有他的兩個舅子。諷刺的是，如果芬克沒有讓他太太擔任董事，他或許會擁有一個徹底隨他擺佈的董事會。各董事與執行長之間的深厚個人關係，當然一定會影響到董事會的監督功能。

監理機關、交易所和投資人最重視的事項之一是要促進「董事的獨立性」。他們在董事會安插與公司沒有關係的「外部」董事，希望藉此善加確保股東獲得公平的待遇。包括《沙賓法案》（Sarbanes-Oxley）等新法規，都具體以提高董事的獨立超然程度，乃至改善董事會績效為目標。不過，有任何客觀的核對清單可用來判斷一個董事的獨立超然程度嗎？謝雷爾膠囊公司的董事會是闡述這個問題的完美範例。

一般認為，和公司之間沒有任何商業往來或聘僱關係的董事擁有「超然獨立」的立場。針對潛在董事進行的「獨立性問卷」，多半是用來檢核他們是否隱含財務利益衝突的問題。不過，社交關係雖較難以界定，但它對一個董事能否落實其自身義務的影響，很可能不亞於利益衝突對他的影響。製造商國民金融的迪恩‧理查遜是否比芬克的兒時麻吉及目前的鄰居

彼得・道更超然獨立？公司應付給馬瑞特・瓊斯所屬法律公司的費用，或者他身為芬克的舅子的事實，哪一個比較令你擔憂？要在公司董事會安插一大堆「獨立」但和執行長關係甚篤的董事，實在是易如反掌，例如，以華德迪士尼公司來說，麥可・艾斯納（Michael Eisner）就有讓他的個人律師、他的建築師和他小孩的小學校長擔任公司的董事。[56]

所以，我認為**用公式化的方法來評估董事的獨立性，不太能有效改善董事會的績效**。這個問題的根本挑戰之一是，商業界的高階人員之間早已嚴重「亂倫」，我們真的很難明確追蹤到人與人之間複雜的社交與專業關聯性。事實上，股票交易所也在其獨立性標準中承認了這個困難。那斯達克及紐約證交所雙雙將這件艱難的任務交給董事會成員，要求他們透過集體判斷的方式，來推斷某個特定董事是否獨立。[57] 這是股票公開上市公司董事會成員另一個「球員兼裁判」的情況。[58]

另一個挑戰是，**一般人過於高估董事的獨立性對改善監督機制的影響**。誘因和衝突都很重要，但真正的獨立性更存乎於心態。如果不算執行長，猜猜看謝雷爾膠囊公司的哪些董事表面上看起來最不超然獨立？答案是：當中的異議董事：卡爾拉・謝雷爾和艾恩斯・斯庫，也就是執行長的太太，以及公司的營運長。

就算董事的獨立性能對改善董事會績效發揮巨大的影響力，那種影響力也只有在董事和經營階層培養出更密切關係以前才有效。人類是社交生物，企業董事和執行長也是人，而且他們應該是比一般人更重社交的人。即使企業的董事會一開始不是沿著社交關係建構而成，隨著時間流轉，各董事和經營階層之間，也會慢慢培養出更密切的關係。2002 年時，巴菲特

將理當「聰明且正派的董事」的監理失敗，歸咎於「董事會裡的氣氛」，他的這個說法為人所津津樂道。[59] 他在波克夏海威公司 2014 年的股東大會中描述得更加具體：「論董事會的本質，它們本來就是企業組織的一環，也是社會組織的一環。人類的行為表現，局部取決於他們的商業頭腦，局部則取決於他們的社交頭腦。」

巴菲特在 2014 年的股東大會中，答覆了幾個和波克夏海威近來以可口可樂公司最大股東身份所採取的幾項行動有關的尖銳問題：可口可樂公司先前宣布了一項頗具爭議的股票獎酬計畫，有個股東稱那個計畫是「無法無天的公然搶劫。」[60] 巴菲特也認同那個計畫確實太過份，但他並沒有投票反對，而是直接向可口可樂的執行長穆塔・肯特（Muhtar Kent）提出申訴。當然，巴菲特和可口可樂之間的關係非常深遠。除了波克夏海威到目前為止仍是該公司的最大股東（持股 9%），巴菲特還擔任該公司董事達十七年之久，而且他兒子霍華德目前也擔任該公司董事。巴菲特為自己開脫：「這是為波克夏公司進行溝通的最有效方式。」

巴菲特的方法並不差，因為就算他投票反對這項股票獎酬計畫，計畫還是可能會通過（72% 對 28%）。[61] 他說：「我們並不想向可口可樂宣戰。」所以，他沒有公開爭辯，而是私下向執行長表達他的意見，讓公司及董事之間不會陷入難堪的對峙。這個作法果然奏效，可口可樂公司後來修正了這項計畫。不過，這個情節也清楚展現了美國最大型股票公開上市公司高層的那種合議環境。巴菲特成功改變了可口可樂的股票獎酬計畫，但他並不是直接透過投票的方式來反對這個計畫，董事會其他成員也沒有這麼做。要在一個局部社交、局部商業的組織發揮有效的影響力，有時候難免要玩弄一下社交手腕。

巴菲特在波克夏海威公司 2014 年的股東大會中，對這個議題作了個總結：「社交動態對董事會行為的影響非常重大。」但卡爾‧伊坎不認同他的說法。他以文字評論了巴菲特這種棄權的態度：「太多董事會成員將董事會視為某種兄弟會或俱樂部，所以，他們認為絕對不能在會中發怒。這樣的態度讓庸碌的經營階層獲得更鞏固的力量，也揚棄了讓我國迄今仍得以享受經濟霸權的能人統治文化。」[62] 伊坎的見解是對的，不過，誠如巴菲特在寫到「董事會氣氛」時發出的悲嘆，企業董事會**確確實實是**某種兄弟會或俱樂部，這一點無庸置疑，而在裡面發脾氣，也的確會引來負面的反擊。巴菲特解釋了要如何從內部影響董事會：「必需在天時地利人和的狀態下，採取適當的作法。」[63]

　　董事會那種合議本質是導致董事監督能力受到傷害的另一個因素，而這個因素也凸顯出妄想利用董事獨立性來矯正公司治理成效的想法有多麼愚蠢。不管怎麼說，長期下來，多數董事遲早都會任經營階層擺佈。通常和業務及公司經理人最沒有關係的董事反而最可疑。恩隆公司（Enron）的董事會成員就體現了這個動態。

　　美國前小布希總統在 2002 年將《沙賓法案》簽署為正式法律時說：「低劣準則與捏造利潤的時代已成為過去。所有美國企業的董事會都必須恪遵這項法律。」[64] 當然，「後恩隆改革」一詞最讓人覺得諷刺的是，恩隆公司董事會的結構可說是完全順從那一項新法規。[65] 以董事會的建構方法來說，恩隆公司其實是走在時代尖端 —— 早在因它的破產而開啟的「獨立性至上」時代來臨前，它的董事會結構就備受讚譽，換言之，在被貶抑為治理不良的惡例以前，恩隆公司的董事會還常被稱許為美國國內最健全的董事會之一。它的董事會充斥諸如史丹佛商學院前院長（他曾是會計系

主任）、英國前內閣閣員（他還擔任過英國下議院及上議院領袖）等名人。這些人和恩隆公司執行長肯恩·雷伊（Ken Lay）之間，都沒有特殊到值得他們冒險摧毀自己一生職涯與聲望的個人關係。恩隆公司是體現董事獨立性的真實典範，但那樣的董事會還是沒有發揮應有的作用。

本書舉了許多功能運作極度不彰的董事會案例。那麼，促使董事會維持良好運作的因素又是什麼？讓我們看看卡爾拉·謝雷爾為謝雷爾膠囊公司董事會導入的價值和前途。首先最重要的是，她是秉持著**所有權人**的心態進入董事會。卡爾拉持有非常大量的股票，這些股票佔她個人淨財產與公司整體股權的比率都非常高。她加入董事會時，這些股權雖成為一種防禦手段，但她也心知肚明，如果公司搞砸了，她絕對會損失慘重。另外，卡爾拉對執行長的懷疑絕對是有根據的，她掌握了足夠的資訊，而且她並非蠻不講理地為了反對而反對 —— 她堅持自己直到加入董事會後才開始考慮離婚的事 —— 只不過，卡爾拉和彼得·芬克之間長達三十年的婚姻關係，確實讓她佔了一點優勢：她很容易就能分辨出對方的一言一行是否有詐或任何值得推敲之處。

卡爾拉·謝雷爾並未接受過正式的商學教育，但她非常機智，而且很了解謝雷爾膠囊公司的業務。她選擇和公司營運長艾恩斯·斯庫結盟的作法也相當聰明，這讓她得以更深入了解公司的營運，而且，有了斯庫的協助，她才得以對芬克及董事會其他成員提出許多一針見血的問題。所以，**透徹了解公司的業務是成為一名優質董事的關鍵**，這勝過一大堆各種形式的商業及財務證書。也因如此，彼得·芬克從來都無法藉由操縱資訊流通，讓卡爾拉及她提名的異議董事無法取得謝雷爾膠囊公司的必要資訊。

前途無量的軟膠囊業務

謝雷爾膠囊公司被希爾盛雷曼哈頓公司收購後那幾年，營運表現極度成功。全面收購該公司股份的希爾盛雷曼哈頓公司，選擇和亞歷克斯‧厄迪爾詹（Alex Erdeljan）及傑克‧凱西曼（Jack Cashman）合作（他們兩人在 1986 年收購了謝雷爾公司的加拿大硬殼式膠囊業務）。厄迪爾詹曾在 1979 年至 1986 年間為謝雷爾膠囊公司工作，他深知彼得‧芬克以及芬克之前的小包伯，太忽視軟膠囊業務。他說：「他們認定這項技術的發展已經走到了盡頭，並因此認為必須將現金流量應用到能多角化經營上。」[66]

厄迪爾詹和凱西曼入主後，便裁減所有非核心業務，將所有精力集中在向潛在顧客推廣軟膠囊技術上。亞歷克斯解釋為何該公司在芬克領導下，營運績效明顯落後：「他們真的只把公司當成一家合約製造商。他們的想法是，如果有人需要我們，自然就會打電話來…他們不積極經營行銷事務，也不追求擴展新業務。」厄迪爾詹和凱西曼提出新的誘因，將工人從「消極的訂單接受者改造為積極的行銷者。」另外，也開始裁減組織成本，尤其是企業總部的成本。

這一切作為的成果相當斐然。密封膠囊業務的營收在收購案完成後六年間增加了一倍，營業利益也在五年內成為原來的三倍。在被收購前五年，公司核心業務的平均邊際營業利益為 11%，但被收購後五年，這個數字上升到 20%。[67] 該公司的新老闆也因此賺到可觀的財富。

謝雷爾膠囊公司在 1990 年代的非凡成就，證明了優質領導團隊的力量有多麼強大，但也令人開始質疑股票公開上市公司對股東的誓約 —— 為何謝雷爾膠囊公司的原始股東無法參與公司那唾手可得的巨大發展機會？為

何有長達二十五年的時間，該公司要忍受那麼糟糕的領導團隊，而且一而再再而三地捨棄優異的核心業務，追求一系列不良的收購標的？卡爾拉代表股東讓謝雷爾膠囊公司擺脫那些經營階層的「魔掌」，把公司轉手給願意支付公平價格給股東的人，這個結果固然讓股東蒙受其利，但如果她當初能直接引進厄迪爾詹或其他任何跟他一樣能幹的人來領導這家公司，股東獲得的利益會不會更大？

亞歷克斯·厄迪爾詹並不苟同這個觀點。他說：「芬克喜歡當執行長，但並他沒有好好做一個執行長應該做的事…而且他把自己的每一個葛洛斯波因特麻吉全部安插到董事會。」厄迪爾詹解釋了私人所有權的好處：「私募股權的最大優點就在於它的治理。因為牽涉到的是個人出資者的錢，他們不會畏懼提出讓經營者感到為難的問題，而且，他們是真的了解業務，並樂意進行必要變革。一直以來，企業董事會在擺脫劣質董事的步調上，可說是遲緩到惡名昭彰，要拔除績效不彰的執行長，更是難上加難。」

遺憾的是，除了賣掉公司一途，卡爾拉無法說服股東支持她的委託書爭奪戰。當時她取得董事會控制權的唯一途徑，就是向投資人承諾，一旦股東們協助公司擺脫彼得和其他董事的掌握，就讓投資人藉由出售公司業務而獲得龐大的溢價。如果卡爾拉當初的訴求是希望投資圈支持她展開救火隊管理，她的勝算並不高。所以，卡爾拉·謝雷爾在她父親一手創立的公司的歷史上，扮演著一個怪異的角色：她為了拯救公司擺脫長期績效不彰的窘境，為了終結公司嚴重遭到不當經營階層及董事盤據的狀態，不得不犧牲自己及其他股東未來可能得到的顯著成長和獲利潛力。

如今距離包伯·謝雷爾發明轉模膠囊密封機器已超過八十年，但即使到今天，他的技術依舊具有市場支配力量，而這家公司的殘存業務─目前

是加塔蘭特公司（Catalent）的一部分—還是持續成長，獲利能力也相當高。厄迪爾詹說：「一般人低估軟膠囊技術的價值的理由是，他們傾向於將專利視為一種防禦性代用品。他們所不了解的是，這項專業技術與知識本身的價值更高。」謝雷爾膠囊公司擁有非常優異的業務，只不過它的經理人不了解這項業務的價值罷了。「他們是差勁的經理人，而差勁的經理人就會做出差勁的決策。」[68]

謝雷爾膠囊公司的戲劇化案例告訴我們，董事會經常未能代表股東有效監督經營階層。這個案例也點出了和股票公開上市企業公司治理有關的更深刻問題。

真相是，長期下來，鮮少董事會能憑藉著它自身的力量，成功管理一家企業。也因如此，我們執著於建構絕對可靠的企業董事會的種種努力，其實並沒有真正對症下藥。優質的公司治理不僅要仰賴一群能幹的董事會成員來實現，也需要有適任的股東和經理人。股票公開上市公司的經理人和投資人之間向來壁壘分明，而要讓這類企業維持良好運作，需要有一個熱愛公司的執行長，一群長期導向但密切關心公司狀況的股東，以及一群時時保持警醒的董事會成員。透過本書的幾個案例，我們已經知道要實現這樣的組合有多麼困難。北方油管公司的例子告訴我們，經理人很容易流於腐敗，美國運通的例子告訴我們，股東有可能陷入精神分裂，而謝雷爾膠囊公司的例子則顯示，企業董事會成員經常只是為了讓經營階層進一步鞏固自身勢力而存在。

7

丹尼爾・洛伯與
維權避險基金：

侮辱人的
花招

「情況顯示，你只是把星辰天然氣公司充作個人的『蜂蜜
罐』，你從中為自己及家族成員搾取薪資，為你的好友搾取
費用，同時讓你得以免於面對先前因涉嫌偽造、謊報及背信
等行為而起的眾多個人法律訴訟案件。」

——丹尼爾・洛伯，2005 年

2013 年 9 月，億萬富翁投資人榮恩·伯克（Ron Burkle）修訂了他的公司轉投資摩根斯酒店集團（Morgans Hotel Group）的 13D 申報表格聲明。13D 表格是證券交易委員會規定的申報表格之一，一般大眾能從 SEC 的網站查閱這份表格。根據規定，持有股票公開上市公司 5%以上股權的股東，必須向 SEC 報告他們最近對這檔股票所採取的行動、他們的資金來源，以及相關交易的目的等，當然股東還必須申報其他表格。伯克這一次修訂 13D 表格，是 2009 年年底以來針對摩根斯酒店轉投資股份的第十次申報（內容包括一些諸如「hereby（特此）」與諸如「那類減碼非事前可斷定」等照本宣科的文字和語句）。不過，伯克那次申報的目的並不是要更新 13D 上的數據。據報導，他的持股數量和資金來源都沒有改變。[1] 取而代之的，伯克這一次修訂申報表的目的是要納入一封他在幾天前寫給摩根斯酒店董事長及執行長的信。他寫道：「不要再像個被寵壞的孩子，你該修正你的行為了。別再把公司當成你的新玩具。透過公開市場把公司賣給適當的買家吧。為了所有股東著想，此刻正是賣掉公司的好時機。要求你母親幫你買點別的玩具吧。」[2]

　　惡意狙擊手時代在 1980 年代末期結束時，股票公開上市公司的經營團隊以毒藥丸及諸如《德拉瓦州普通公司法》第 203 條（Delaware Section 203）等反購併法來鞏固自身的防禦力量。不過，企業並非完全可隨心所欲不受羈絆。諸如加州公務人員退休金及美國教師退休基金會等大型機構投資人漸漸熟悉公司治理議題，不再像以前那麼願意忍受經營績效不彰的經理人。尤有甚者，一群改革者、機會主義者和居心不良的歹徒 —— 即新一代的班傑明·葛拉罕、路易斯·沃夫森以及卡爾·伊坎—開始以避險基金經理人的姿態，利用令人聯想到委託書之狼的戰術，陸陸續續浮上檯面。

雖然他們的資金實力不足，但他們的決心和厚顏無恥的態度，足以彌補這個缺憾。就算他們缺乏足以左右經營團隊的影響力，也會訴諸強烈的公開污辱言辭來達到目的。他們最強大的武器是筆墨──他們利用 13D 表格來向市場上的其他人傳達他們的滿腹牢騷，進而獲得其他股東的支持。他們的方法果然非常有效，不僅影響了商業頭條新聞，甚至促使美國最具代表性的幾家企業更換高級主管人員。後來，連諸如卡爾·伊坎和尼爾森·佩爾茲等明星級的企業狙擊手，很快也加入這一群避險基金經理人的行列。

「**避險基金**」是個「發育不全」的用語，最早採用這個用語的是《財星》雜誌的卡羅·盧米斯（Carol Loomis），1966 年時，他以「避險基金」來形容瓊斯（A. W. Jones）那種多一空「兩面下注（譯注：即對沖）」的投資合夥公司。目前，這個用語被用來形容各式各樣根據管理資產規模收費並向投資人收取基金績效費用（根據基金的利潤收取一定比率的費用）的私募投資基金。雖然各個避險基金的策略差異甚大，但法律結構通常都很類似，而且受監理機關監督的程度都很低（不過目前監理機關對避險基金的規範急速增加）。

如果以現代的標準來說，當年班傑明·葛拉罕、羅伯特·楊、華倫·巴菲特和查理·蒙格等人經營的合夥公司，都會被稱為避險基金。1990 年時，這類基金只在資金管理產業佔有一個微小的利基，當時市面上只有大約 600 檔避險基金，總資產僅約 390 億美元。[3] 但如今，市面上共有 1 萬 5000 檔以上的避險基金，總資產超過 3 兆美元。

在這個產業尚未成熟的那段時日，受避險基金吸引而投入這個行業的多半是心性獨立且具創業特質的交易員和投資人。其中多數人一開始的資金都不多，所以，他們必須創造優良的績效才能夠勉強收支相抵。保羅·

杜鐸‧瓊斯（Paul Tudor Jones）在 1984 年以 150 萬美元創辦了「杜鐸期貨基金」（Tudor Futures Fund）。[4] 丹尼爾‧洛伯在 1995 年成立的「第三點公司」（Third Point）也只有 300 萬美元的創始資金。大衛‧艾因霍恩（David Einhorn）則在 1996 年以區區 90 萬美元成立「綠光資本」（Greenlight Capital）。雖然這些基金後來的管理資產都高達幾十億美元甚至上百億美元，但剛成立時的規模都非常渺小。回顧 1960 年代中期，華倫‧巴菲特向他的投資人解釋，他爭取投資組合標的企業的控制權的「意願和財務能力」，讓他擁有某種寶貴的「保險」。[5] 不過如果你管理的資金量非常少，麥可‧密爾肯又正好被禁止介入證券產業，要如何才能有效對一家股票公開上市公司施壓？一檔無法採用伊肯式公開收購手段的年輕避險基金，要如何喚起企業經營團隊的重視？

放射性武器

1999 年 5 月 18 日，一名叫羅伯特‧查普曼（Robert Chapman）的年輕避險基金經理人，寫了一封熊抱信給企業復興集團（Corporate Renaissance Group，以下簡稱 CRG），它是馬汀‧薩斯（Martin D. Sass）經營的商業開發公司。該公司當時的股票交易價遠低於其實際資產價值。它的資產很單純，只有現金和三項投資。收到信後，CRG 盡可能在公開市場上買回所有能買到的股份，接著宣布將推動幾個策略性替代方案，包括購買一家營運中的企業或清算公司。由於最終未能找到優質的收購標的，薩斯領導的公司經營團隊表達希望以每股 8 美元的收購價，將公司私營化。

這時查普曼持有 6% 的 CRG，他認為該公司的現金加投資，至少價值每股 10 美元。於是，該公司的董事會聘請一個特殊委員會來評估經營階層

的開價，不過，查普曼擔心那個委員會將會偏袒身為董事長、執行長及最大股東的薩斯。為了敦促該委員會做出誠實的評估，查普曼提出願意以每股 9 美元收購該公司股份，但也主張清算公司才符合股東的最大利益。他甚至在信中加了他自己的「非常有信心」字眼。他本人並沒有那麼多錢，但他說他「非常有信心地認定，事實將證明目前商討中的融資計畫將會成功。」[6] 這封信並不像德崇投資銀行寫給菲利浦斯石油公司那封信那麼有說服力，不過倒也讓人留下深刻的印象。查普曼將他的熊抱信作為一份 13D 申報表格的附件，這有點類似 1980 年代企業狙擊手的手法。這個戰術果然奏效。CRG 宣布它的資產價值上升到每股 12 美元以上，接著展開清算作業。

五個月後，查普曼又在他的公開 13D 申報書表之一，附上另一封信，那是寫給瑞斯公司（Riscorp，這是一家已倒閉的員工薪酬保險公司）董事長的信，而且是在該公司執行長過世四天後寄出。瑞斯公司是透過和鳳凰管理公司（Phoenix Management）之間的一份合約而雇用這名執行長，他是鳳凰管理公司的合夥人之一，另一名較年輕的合夥人則是瑞斯公司的總顧問。執行長一過世，瑞斯公司便延續和鳳凰公司之間的關係，換言之，較年輕的那個合夥人就此接下執行長職務。查普曼主張，鳳凰公司因這項合約而獲得太多好處，而且那個年輕合夥人根本不夠格，遠遠比不上先前病中的執行長。他補充：「有一件事如果不說，那就是我的疏忽，他擔任該公司法務人員期間…使該公司捲入保險業史上最嚴重的法務醜聞之一…」[7]

這一次查普曼並未提出正式的全面收購提案。他只是要敦促該公司終結和鳳凰公司之間昂貴的經營管理合約。不過，這項聲明並不是那麼好擬定，他在主張執行長薪資高而不當的同時，還得審慎地對他的過世表達同

情之意。最後這封信長達四千字，只能以文情並茂來形容。查普曼並沒有足夠的股份能把董事會成員趕出公司，但他有創意地利用 13D 表格，在所有股東眾目睽睽的情況下，對公司派施壓。

革命隨著羅伯特‧查普曼的下一份 13D 表格而展開。2000 年 3 月 20 日，他寫了一封信給美國共有財產信託（American Community Properties Trust，以下簡稱 ACPT）的董事長兼執行長麥可‧威爾森（J. Michael Wilson）。他攻擊持有該公司 51％股權的威爾森家族，透過關係人交易和「一連串的顧問費肥水」，掠奪公司資源。查普曼還補充：「如果受託人想要繼續以真實版的『大富翁』遊戲模式來經營 ACPT ── 憑什麼一個曼哈頓學院（Manhattan College，位於布朗克斯區〔Bronx〕）畢業生又只當過銀行放款行員的 32 歲年輕人，會被他父親提名為執行長？── 那麼，我強烈建議你們乾脆將公司私營化，到時候很多不當裙帶關係運作就不會受到嚴格審查。

查普曼的信件內容多半是無禮的責罵，不過，在敏銳分析該公司財務之餘，那些信也帶有一點尖酸刻薄的諷刺和幽默。他向彭博新聞的一名記者解釋他的策略：「**挪揄是一種放射性武器。**」[9]他總共針對十七家公司申報過 13D 表格。其中某些信件的內容簡直可說是無法無天到極點 ── 他曾用過一次「陰莖」字眼；不過，他也從那些投資賺到不錯的利潤，幾乎所有投資的年化報酬率都達到 20％，只有一項例外。[10]

2003 年，羅伯特‧查普曼因徒手衝浪運動導致脊椎斷裂，黯然從避險基金產業退出。他是在維權避險基金開始陷入超速狀態之際離開。接下來，一群新世代的維權避險基金經理人，開始利用 13D 信件來鎖定一些經營績效不彰的企業，但那些信看起來簡直像出自滿口髒話的幼稚青少年，完全

不能和華倫・巴菲特或班傑明・葛拉罕等大師手筆相提並論。在那些人當中，表現最強悍的莫過於第三點公司的丹尼爾・洛伯。後來，丹尼爾・洛伯和帕新廣場（Pershing Square）、加納（Jana）、蘭米厄斯（Ramius）與星盤價值（Starboard Value）、綠光及價值行動（ValueAct）等基金裡志趣相投的同類，一步步從惹人厭的牛虻變成猛禽，並展開幾場大型的委託書爭奪戰，在爭奪過程中，他們爭取大型機構投資人的支持，同時主導了幾項重大的公司治理議題辯論。

沉潛準備期

從丹尼爾・洛伯早期的生涯，實在看不出他有成為產業巨人的一天。他在哥倫比亞大學取得經濟學士學位，但他和諸如班傑明・葛拉罕或卡爾・伊坎等明星學生完全無法相提並論。不過，他的某個養成經驗倒是和伊坎如出一轍：二十出頭歲時，他透過股市投機操作而賺了一大筆錢，但後來全數虧光，還得繳一筆稅。洛伯花了十年才把錢全數還給當年出面為他解圍的父親。他告訴一名彭博新聞的記者：「那長達十年的教訓讓我了解到槓桿和部位過度集中的風險。」[11]

大學畢業後，洛伯從事過幾個金融業的工作，但都不長久，其中幾個是投資機構的職務，也有幾個是經紀商相關職務。[12] 八〇年代末期，他甚至在克里斯・布萊克威爾（Chris Blackwell）的小島唱片（Island Records）工作了一小段時間。在那之前不久，該公司才因投資太多錢到一部亞特・葛芬柯（Art Garfunkel）主演的犯罪驚悚電影，而無力支付 U2 合唱團的版稅，最後陷入一場流動性危機。洛伯協助布萊克威爾取得債務融資，並幫他解決一件和巴布・馬利（Bob Marley）的遺產有關的爭端。[13] 小島唱

片是有史以來最了不起的唱片公司之一，也是早期別具隱藏價值的公司之一。雖然該公司不斷因流動性問題與財務困難而動盪不安，卻是一家極端有價值的企業。當布萊克威爾在 1989 年以 3 億美元將公司賣給寶麗金公司（Polygram），先前將其應收版稅轉換為股權的 U2 合唱團也大賺了一筆。

離開小島唱片後，洛伯在一家稱為拉弗股權投資人（Lafer Equity Investors）的避險基金，擔任了三年的風險套利分析師。離開拉弗後，由於找不到其他避險基金相關工作，所以他轉換跑道，到經紀商圈子裡任職。很多積極進取的投資人認為，從避險基金轉戰經紀商，就像是踏上一片永遠離開大船的木板。不過，洛伯卻是在天時地利人和的情況下，接下了一個正確的職務 —— 他在 1991 年加入傑佛瑞斯集團（Jefferies）的不良債務交易部。

傑佛瑞斯集團是一家位於洛杉磯的經紀商，它專營「場外」（off-exchange）大宗股票交易業務。1980 年代中期，伊凡‧波伊斯基（Ivan Boesky）和聯邦調查員合作，透過電話找上傑佛瑞斯公司創辦人伯伊德‧傑佛瑞斯（Boyd Jefferies），討論一宗「股票假買賣」（stock-parking，譯注：基於逃漏稅或隱匿資產等目的，將股票暫時存放在他人名下）安排，並將談話內容錄了下來，這個事件導致該公司陷入困境。內線交易相關的制裁使得該公司幾乎無法生存，但這件事最終卻大幅推升了它的財富，因為伯伊德為了挽救公司而犧牲自己，而正好德崇投資銀行在不久後崩潰，傑佛瑞斯集團遂趁機扮演收拾殘局的角色。[14]

德崇投資銀行在 1990 年聲請破產後，傑佛瑞斯集團隨即大張旗鼓，延攬了幾十個德崇投資銀行老員工，將經紀業務擴展到高收益與不良債務領域。德崇投資銀行為傑佛瑞斯公司提供了現成的銷售與交易人才，後來該

公司的交易部門就以交易德崇所發行的債券為主。當時洛伯擔任不良債務分析師兼交易員，他研究許多已破產的德崇發行者的狀況，學習利用破產法牟利。被傑佛瑞斯與洛伯充分利用過後，德崇看起來似乎再也沒剩餘任何利用價值。不過，它還有最後一道「佳餚」——洛伯開始研究德崇投資銀行本身的破產，最後發現一檔鮮為人知的證券有權獲得德崇的清算信託（liquidating trust）的賠償款。

德崇公司的清算計畫為債權人規劃了三種等級的「受益憑證」（certificates of beneficial interest）。根據破產揭露聲明裡的估算，最優先的等級－A 受益憑證－每單位將獲得 646 美元的賠償款，總賠償金額超過 10 億美元。[15] 當時很多 A 受益憑證的持有人是歐洲的大型銀行業者，它們早已將帳面上對德崇的聲索權一筆勾消。洛伯從破產法庭取得一份所有權人清單，發現它們願意以極低的價格賣掉手上的受益憑證。於是，他安排他最好的顧客購買那些 A 受益憑證，讓他們賺了一大筆財富，因為德崇投資銀行清算程序結束後，最終共支付超過 20 億美元給債權人。[16]

洛伯在傑佛瑞斯公司的表現非常優異，而且也和一群崛起中的投資人建立了彌足珍貴的關係，這群投資人後來陸續叱吒避險基金產業。在那段時間，他也發現不良債務投資正逐漸興起為一種可行的資產類別（導因於 1990 年代初期的經濟衰退），而他正好又佔有這個投資領域非常核心的競爭地位。丹・洛伯到花旗集團擔任一年的債券銷售人員後，終於成立了他自己的避險基金。1995 年時，他在基金經理人大衛・泰伯（David Tepper）位於紐澤西州的辦公室的舉重房，成立了第三點公司。[17]

品克先生

投資圈人士向來都能因同儕間的良性意見交流而受惠。即將進入十九世紀之際，美國建國早期最有錢的富翁之一羅伯特・比佛利（Robert Beverley），就經常寫信給一群投資維吉尼亞州北部銀行與保險業者的麻吉。他們彼此分享對相關企業的財務狀況的見解、這些企業的承保業務與貸款品質，以及這些企業的公司治理及內部人持股水位等。[18] 班傑明・葛拉罕也經常和志同道合的投資人 —— 如某鐵路公司財務人員包伯・馬隆尼（Bob Marony，葛拉罕在為了爭取第一份工作而寫的研究報告中，嚴詞批判馬隆尼的雇主）等發展長期的關係。後來馬隆尼還在葛拉罕為了幾家油管公司的事而寫給洛克斐勒基金會的第一封信上連署。此外，華倫・巴菲特幫葛拉罕的門生們安排靜修地點，好讓他們和恩師密會。華德・蕭洛斯（Walter Schloss）和幾個熱中於股票的同儕，也維持了幾十年的書信往來關係。還有，據說麥可・密爾肯一天要透過電話和五百個人說話，[19] 其中一個人是伊凡・波伊斯基，但他們的意見交流比較不是那麼正派了，有時甚至牽涉到一些見不得光的金錢往來。

舉了這麼多例子，我要表達的重點是，**在投資圈子裡，孤狼少之又少。**

在學習投資的過程中，一定要多和別人討論自己的想法和投資流程，你不能孤身在戰場上奔馳。如今的投資人透過推特交換投資想法，或許明天他們會戴上虛擬實境的耳機，和看起來像華倫・巴菲特、想法和華倫・巴菲特雷同的人工智慧聊天機器人聊天。而在丹尼爾・洛伯創立第三點公司的初期，他們則時興是在匿名網路訊息留言版上張貼股票推薦名單。

「品克先生針對非常多元的主題分享他的智慧，包企業分拆（spin-offs）、互惠儲蓄（mutual thrift）、保險轉換（insurance conversions）、合併套利、破產後股票（post-bankruptcy equities）與放空的點子等。品克先生不會說謊。」1996 年時，洛伯以「品克先生」的名義出現在 Siliconinvestor.com 網站上，並開始在留言版上張貼他放空了哪些股票。隔年，他在那個網站成立自己的留言版**「品克先生精選」**（Mr. Pink's Picks），在版上分享他的多／空想法，並和任何在線上的人交談。如果有任何一個想法奏效，品克先生就會宣告「天啊，他真聰明。」但如果他的想法不管用，他也會宣告「天啊，他夠遜的。」他在 1997 年寫道：「品克先生是避險基金界的一個小人物。」那是股票訊息留言版問世不久後的事。那是一個詭異的時期，當時諸如丹‧洛伯和麥可‧伯瑞（Michael Burry，麥可‧路易斯〔Michael Lewis〕的暢銷著作《大賣空》概要描繪了他的輪廓）之類的投資人，都大剌剌地將小道消息傳達給任何願意聆聽的人。不過那是一種相當清高的對談，推薦的投資概念也相當優質。當時洛伯推薦很多「特殊狀況」，也就是因特殊狀況而導致價值遭到嚴重低估的案例，像是互助型保險公司股份化（demutualizations）、企業分拆、失敗的股票首次公開發行，以及危難股票（distressed equities）等。如果當今這個競爭激烈的市場的投資人有幸能閱讀品克先生的留言版，應該都會緬懷過去的那種不拐彎抹角的溝通環境。

　　第三點公司早期的績效非常亮麗。洛伯的作多與放空部位都創造了良好的績效，到了 2000 年年初，他的基金規模就成長到 1.3 億美元以上。[20]從事小型企業作多與放空操作五年後，丹‧洛伯才發現這些企業的公司治理有多麼糟糕。他的作多部位曾因劣質的公司經營階層而暴跌，他也放空過把公司僅存的微薄資金拿來控告他的標的。洛伯讀過查普曼寫給 ACPT

的 13D 信件後，知道他為了這個崛起中的基金找到了一個有用的武器。以品克先生的名義張貼多年的尖銳訊息後，丹‧洛伯非常了解如何和市場上的其他人交流。因此，他的 13D 信件讀起來比較像匿名訊息留言版上那種極具針對性的激情批判，而不像正式的商業書信。

2000 年 9 月 8 日當天，洛伯針對不久前才從雷森普瑞納公司（Ralston Purina）分拆出來的農品公司（Agribrands）申報了 13D 表格。在他申報前，該公司剛宣布將與雷爾公司（Ralcorp，這家公司也是從雷森普瑞納公司分拆出來的）合併的計畫，洛伯認為計畫中的合併條件有欺騙農品公司股東之嫌。這兩家公司的董事長都是比爾‧史提瑞茲（Bill Stiritz），他從 1981 年起就擔任雷森普瑞納公司的執行長。史提瑞茲是備受敬重的商人，他在任期內為雷森普瑞納公司的股東創造了可觀的價值。他將原本尾大不掉的綜合企業集團加以拆解，留下好的業務，再利用槓桿來獲得更大利益，最後還利用超額的現金買回庫藏股。完成這些任務後，他又開始將組成雷森普瑞納公司的各個事業部分拆出來給股東。[21] 雷爾公司和農品分別是在 1994 年和 1998 年獨立出來。

洛伯主張這個合併計畫（當時市場的評價大約每股 41 美元）嚴重低估農品公司的價值，接著他又指控，史提瑞茲先前就有一度曾將個人利益擺在農品公司股東的利益之上。雖然從該公司被分拆出來以後，股價表現「基本上持平」——分拆後 35.75 美元，兩年後才上漲到 36.25 美元，而且是在合併計畫宣布之前才漲到這個價位——但洛伯指出，在 1998 年亞洲金融危機導致該公司股價短暫被壓低到 21 美元時，公司發給史提瑞茲一筆 50 萬股的鉅額認股權。根據洛伯的說法，公司是在大手筆買回庫藏股以及當季盈餘超出分析師期望等消息發佈前，發給執行長這些認股權。

洛伯先引用史提瑞茲的說法 —— 這幾個分拆計畫非常「成功」，接著寫道：「但那是以什麼人的標準來衡量？在我所屬的基金管理行業，我們是以投資人獲得的報酬率來衡量所謂的成敗。（我們的報酬率非常高，過去五年，儘管我們對農品公司的投資導致基金的整體報酬率被拖累，但我們的平均年度報酬率仍高達 35%。）從那樣的投資人觀點來看，農品公司和雷爾公司的表現其實很糟。你在幸運的時機獲得了鉅額認股權，而選擇權的訂價也對你非常有利，算一算你已得到超過 1400 萬美元的利潤。看起來你所謂的成功，應該是指這些認股權為你創造的利潤，而不是股東獲得的利益。」[22]

洛伯以他人生第一份 13D 申報表格，展現他不畏懼對耆老無禮的氣魄。查普曼申報的 13D 信箋通常是鎖定一些沒沒無聞的平庸之輩。而指控比爾・史提瑞茲這樣的人自肥，則是完全不同的兩回事。史提瑞茲是個經驗豐富的資金分配者，他認為如果能把經營動物飼料這種成熟行業又坐擁超額現金的農品公司，併入希望藉由購併活動來實現成長的高報酬率消費品經營者雷爾公司，將創造一個很好的機會。兩者的合併並沒有綜效可言，不過，他認為自己找到一個能為農品公司股東更善加利用資本的管道。當然，洛伯並不認同他的想法。他認為這筆交易低估了農品公司核心業務的價值，進而傷害了農品公司的股東權益。就在他申報 13D 表格後三個星期，嘉吉公司（Cargill）就自發性地以書面方式，提出願以每股 50 美元收購農品公司的計畫。[23] 嘉吉公司最終的收購價達 54.5 美元，而洛伯也實現了豐厚的利潤，滿意地離開。

接下來幾年，洛伯連續申報了幾封憤怒的 13D 信件，除了撻伐標的企業的執行長績效不彰，他也毫不畏懼地把目標轉向董事會成員。洛伯的

專長之一是揪出企業的股東委託投票說明書中,在專業履歷上灌水的董事。他揪出了幾個只曾受雇於某些空殼公司的董事。在針對賓州維吉尼亞公司(Penn Virginia)申報的 13D 信件中,洛伯質疑某個董事的商業經歷(「伍德佛德管理公司」(Woodforde Management, Inc,)「控股公司」「創辦人暨執行長」)。[24] 洛伯發現,這家伍德佛德公司沒有其他任何員工,也幾乎沒有營收。這個董事唯一曾真正參與的企業,是一家名為棉洗(Cot'nWash)的洗潔劑公司,它的狀況不怎麼理想,而且和伍德佛德登記在同一個地址。洛伯稍後還在這封信上,點出賓州維吉尼亞公司另一個董事的缺點,他寫道:「我們已經跟棉洗公司下了一筆訂單,那些洗潔劑應該能用來清洗我們為了了解公司甫上任那個董事的背景……而弄髒的某些衣物。」

洛伯也非常留意自肥和用人唯親的行為。在寫給阻隔技術公司(Inter-Cept)董事長暨執行長的信中,洛伯對一項有償關係人融資交易以及一架私人噴射機的租賃協定提出控訴。他還指出,執行長的女兒和女婿雙雙出現在公司支領薪水人員名單,兩人合計領了二十五萬美元的薪資。另外,洛伯有一次在上班時間打電話給執行長的女婿,原本想要了解他在公司扮演什麼角色,結果他在電話那頭答覆他:「我在高爾夫球場。」[25] 洛伯在後續寫給阻隔技術公司信中,回應該執行長指稱第三點公司是「三腳貓避險基金」的說法:「以一個收購 iBill ——一家聲稱經營『商業處理業務』,但實際上主要是為赤裸色情書刊網站提供計費服務的企業的人來說,你的信譽並不怎麼高尚,當然也不太有資格評斷別人的道德水準…在媒體上把你們公司的第二大股東貶為『三腳貓』,更進一步證明你的判斷力有多低劣,而那種類型的行為應該會讓你在不久的將來,有非常多機會和你女婿

一起上高爾夫球場。」

　　值得一提的是，上述某些人身攻擊通常和洛伯的投資沒那麼相關，也和他一開始的維權動機無關。舉個例子，他寫給阻隔技術公司的第二封信並沒有具體的目的，只是為了嘲諷該公司執行長。那封信一開始便寫道：「我寫這封信是為了通知你，我們認同市場的判斷 —— 如果你即刻自動辭去執行長職位，阻絕技術公司（以下稱「公司」）的價值應該會遠比目前高 —— 我們預期若公司拍賣順利，你不久後將主動離職。」在這封信上，洛伯並沒有嘗試遊說其他股東支持他，也不期望能說服經營階層或董事會進行變革。他**只是在執行長已經非常落魄之際，再對他落井下石**。他在隔年寫給星辰天然氣合夥公司的信，甚至更加苛刻，不過，這一次至少他有一個明確的目的：他要求該公司董事長兼執行長辭職。他解釋：「有時候『斬首示眾』的作法有助於建立我的威信，讓我未來更好對付那些肆無忌憚的執行長。」[27]

保守但股利穩定的股票

　　星辰天然氣合夥公司（Star Gas）是一家丙烷及熱燃油配銷商，該公司的經營者艾瑞克・塞芬（Irik Sevin）曾從事投資銀行業務，他透過購併活動，讓該公司得以快速成長。星辰天然氣的戰略和大型綜合企業集團的自我壯大手法並沒有太大差異 —— 它利用它被高估的股票，取得購併所需的資金。[28] 不過，星辰天然氣並不仰賴成天追逐盈餘成長題材的機構投資人來購買它的股票，而是以看似堅不可摧的股利，引誘追求高收益的散戶投資人來追捧它的股票。總之，星辰天然氣公司師法企業狙擊者的戰術，大無畏地盡情使用槓桿來擴展版圖。

打從成立之初，星辰天然氣就承諾投資人，將發放每股超過 2.00 美元的優質股利。該公司股票交易價所表彰的收益率水準大致和公用事業公司不相上下，所以它的股價達到 25 元左右。不過，熱燃油及丙烷配銷業務並不是穩定的公用事業業務，前者的季節性波動非常明顯，變化非常快，同時營運資金需求非常高。此外，隨著屋主在家庭暖氣燃料的需求上，漸漸改以天然氣熱能取代熱燃油，故熱燃油的需求呈現長期難以扭轉的下降趨勢。1998 年至 2004 年間，星辰天然氣公司年年都為了募集資本而發行股份，它在那段期間支付的 3.35 億美元股利，讓公司的營運穩定度顯得非常高，但實際上，它光是透過發行股票，就取得了 4.68 億美元。

2002 年時，星辰天然氣公司針對熱燃油業務展開廣泛的改造作業。熱燃油運送和丙烷的配銷方式看起來很類似，但這兩種業務其實有非常多根本差異。以丙烷來說，95％的屋主是直接向配銷商租用貯存槽，而且多數州只允許貯存槽的所有權人填充丙烷。這類「消防安全規範」鞏固了責任經銷商的地位，實質上來說，顧客可以說是被經銷商綁架。但以熱燃油來說，顧客相對容易更換經銷商，所以這是一個競爭更激烈且服務導向的產業。不過，熱燃油業務有一個不為人知的秘密：如果善加經營，資本報酬率將非常高：某些屋主當然會四處搜尋最自己最有利的條件，但如果能提供優異的個人化服務，就能贏得多數顧客的長久忠誠度，舉例來說，美國東北部很多小鎮的熱燃油公司都是家族企業，這些企業的老闆都因經營這項業務而變得非常富裕。

為了積極降低成本並改善服務，星辰天然氣公司決定取消熱燃油業務區域化經營的作法，將這項業務合併成為兩個品牌，在這個過程中，它以往經由收購而取得的其他九十個品牌將全數消失，問題是，其中很多品牌

是服務地方社區好幾代人的家族品牌。[29] 另外，星辰天然氣公司不再透過它旗下的二十七的地方辦公室為顧客提供全面性的服務，只從兩個地點派遣服務技師，經由十一個點管理燃油配送事宜，並開始採用加拿大一家外包電話客服中心。

艾瑞克‧塞芬說，他的計畫將創造一個有效率的大型熱燃油企業，而它的外在形象則是一家「非常學術化又聰明有趣」且經營良善的丙烷公司。問題是，這個改組活動成為一場災難，它花了高達 3000 萬美元的成本，卻沒有產生顯著的成本節省效益。你應該也想像得到，這個計畫導致公司與顧客關係趨於疏離，顧客接二連三離開。2004 年的顧客淨流失數，比起此前三年的平均數高五倍。雪上加霜的是，那時熱燃油價格飆漲。家庭熱燃油批發成本從 2003 年 9 月的每加侖 0.78 美元，飆漲到 2004 年 9 月的 1.39 美元。價格的飆漲不僅衝擊到星辰天然氣的顧客（導致顧客減少熱燃油消費），也威脅到公司的流動性，因為它的營運資金需求顯著增加。隨著 2004 年情勢愈來愈緊繃，星辰天然氣做了幾個營運決策，而總的來說，就是一些針對石油價格的波動方向押注的決策。該公司延後進行避險和漲價，一心期待熱燃油價格能穩定下來。遺憾的是，熱燃油價格持續上漲，星辰天然氣公司因此產生了 800 萬美元不必要的虧損。[31]

2004 年 10 月 18 日，星辰天然氣公司為了保護資本而暫停發放股利，這個決定導致它的股價在一天內重挫了 80％。11 月中，該公司以 4.81 億美元賣掉丙烷業務。雖然星辰天然氣公司迅速使用其中的 3.11 億美元來減輕債務，但營運陷入困境的熱燃油業務，負債比率還是維持在過高的危險水準。更糟的是，由於該公司是一家公開掛牌的合夥企業，所以，它等於將出售丙烷業務所產生的鉅額應稅利得轉嫁給股東。如果你是一個退休人

員，當初基於星辰天然氣過去五年每年都可靠地發放 2.3 美元股利而購買它的股票，那麼，你現在面臨的問題，不僅是原本以 20 美元成本購買的股票目前只價值 5 美元，還要承受每股 11 美元的應稅利得。真的是屋漏偏逢連夜雨。

2005 年 2 月 14 日，丹尼爾‧洛伯寄了一封惹人厭的情人節信，給星辰天然氣合夥公司的艾瑞克‧塞芬（見本書書末收錄）。這封信劈頭就批評塞芬，從股價崩盤後就完全不和股東溝通。接著洛伯寫道：「悲哀的是，你的不稱職並不僅限於你未能和債券及單位持有人溝通。回顧你過去的紀錄，就可發現你多年來做了多少破壞價值的事，犯了多少策略性失誤，我們已因此將你封為美國最危險且最不稱職的高階執行主管之一。（我也在我們的調查過程中發現一件令人莞爾的事：康乃爾大學竟有一個『艾瑞克‧塞芬獎學金』，我們實在很同情那個因為把你的名號附在自己的學術記錄上而蒙羞的窮學生。）」

洛伯的信還猛烈抨擊星辰天然氣公司的營運績效、艾瑞克‧塞芬的薪酬，和該公司的鉅額法律與銀行往來費用，這些抨擊產生了摧毀性的效果。洛伯統計，該公司花了 7500 萬美元在手續費上，那筆錢幾乎是公司總市值的一半。接著，他質疑塞芬讓他高齡七十八歲的母親擔任董事一事：「我們更納悶，究竟你是根據什麼樣的公司治理理論，才讓你母親擔任董事。就算你在高階執行主管職務上的績效遭到唾棄 —— 我們相信的確如此 —— 我們也不認為你母親會善盡職責地炒你魷魚。我們擔心你幫家人增加所得的貪婪及慾望 —— 透過 2 萬 7000 美元的董事酬勞及你母親的 19 萬 9000 美元基本薪資，遠勝於關心單位持有人的利益。我們堅持要求你母親必須立刻從公司的董事會辭職。」

洛伯在信中的結論蓄意透露他們兩人彼此相熟的社交關係。他寫道：「我認識私底下的你已有多年，所以，我即將說出一些看起來似乎有點嚴厲的話，但我絕對有說這些話的權力。你該辭去執行長與董事職務了，唯有如此，你才能去做你最擅長的事：回到位於漢普敦的水岸豪宅，在那裡打打網球或和你的名流社交圈朋友聚聚會。你應該把你一手造成的爛攤子，留給專業經營階層以及將因公司命運而承擔經濟風險的人處理。」

三個星期後，艾瑞克‧塞芬黯然辭去星辰天然氣合夥人的所有職務。一年內，約克鎮合夥公司（Yorktown Partners）的關係企業——凱斯特瑞爾能源（Kestrel Energy）私募股權公司為星辰公司重新注入資本，並進行資本結構調整。凱斯特瑞爾公司原本是美國第三大熱燃油配銷商明南熱燃油公司（Meenan Oil）的母公司，不過，星辰天然氣在 2001 年收購了明南。星辰天然氣獲得凱斯瑞爾注資後，還是維持股票公開上市狀態，而從未離開的明南公司團隊，則接手星辰天然氣公司的所有營運。董事會和經營團隊持有公司非常大的股權，而經營團隊的第一步，就是恢復地區化的顧客服務模型。

在洛伯要求星辰天然氣公司的董事長暨執行長辭職後多年，該公司的營運一直欣欣向榮。雖然產業情勢明顯變得更加艱困（熱燃油價格起伏加劇，一度達到每加侖 4 美元，而且經濟陷入痛苦的衰退深淵），但該公司每加侖的毛利幾乎增加一倍。從凱斯特瑞爾公司在 2006 年取得控制權以後，星辰天然氣公司發放了 1.15 億美元的股利，並完成了價值 2.49 億美元的收購案。而且，這些成果都是在沒有提高長期負債或發行任何股票（為了集資）的情況下完成。事實上，星辰天然氣公司還花了 8300 萬美元，在公開市場上買回 24% 的自家股份。過去一年，該公司的稅前、息前盈餘比塞芬

時代（當時的星辰天然氣不僅經營熱燃油業務，還經營甲烷配銷業務）的最佳年度盈餘更高。[32] 當然，星辰天然氣公司現任執行長的薪資比艾瑞克·塞芬的薪資低 40%。[33]

重新定義「用經營事業的方式進行投資」

班傑明·葛拉罕在《智慧型投資人》一書結尾寫道：**「用經營事業的方式來投資，就是最聰明的投資。」**一般人經常拿這個句子來解釋，葛拉罕認為投資人應該將一家公司的股份視為一部份的所有人權益。不過，葛拉罕的意思不僅僅是如此 ── 這個陳述其實是一項投資哲學。他真正的意思是，由於購買股份等於是購買企業的一部分權益，所以，投資人應該將這件工作「當成自己的事業投資」來經營。所以，要獲得優異的報酬，就需要使用一個穩健商人在投資事業的過程中會使用到的所有元素。

當然，班傑明·葛拉罕或許會把諸如要求執行長的七十八歲老母親辭去董事職務，和提到被玷污的內衣或陰莖等內容的公開信件，排除在他所謂的「公認從商原則」之外。不過，如今的公認商業運作方式，或多或少都容忍某種程度的狂熱主義─可能會被葛拉罕視為異類的狂熱。威廉·桑迪克（William Thorndike）的《局外人》（Outsiders）一書描繪了幾個透過明智的資本配置來創造突出表現的企業執行長。不過，未來或許有人會出一本稱為《狂躁者》（Maniacs）的再版，描述諸如史帝夫·賈伯斯、雷伊·克洛克（Ray Kroc）、羅斯·裴洛、湯姆·摩納漢（Tom Monaghan）、列斯·史瓦伯（Les Schwab）以及赫伯·凱勒荷（Herb Kelleher）等執著成迷的人物。我們可以從本書的很多角色找到和上述狂人相似的特質，包括路易斯·沃夫森、卡爾·伊坎，乃至當今很多將智慧型投資應用到極端的維權避險

基金經理人。

關於避險基金業，我最喜歡的一本書是大衛‧艾因霍恩所著的《一路騙到底》（*Fooling Some of the People All of the Time*）。這本書是一份非常卓越的文獻，當中詳細說明艾因霍恩在 2002 年至 2007 年間，針對一家名為聯合資本公司（Allied Capital）的小型商業開發公司所建立的放空部位。它記錄了艾因霍恩及他的綠光資本同事和聯合資本公司之間的第一場對話（綠光資本平常都會錄下所有和研究有關的電話通聯內容），並接著帶領讀者了解這一檔基金在五年半期間內，本著騎士精神而向監理機關、分析師、媒體工作者及其他投資人揭發聯合資本公司激進會計作業的歷程。

大衛‧艾因霍恩是當今最成功的避險基金經理人之一 —— 據報導，綠光資本的資產管理規模達 100 億美元，所以，他的時間極端寶貴。身為一個專業投資人，他勢必對資本報酬率非常敏銳。然而，他和他同事卻花費無數時日，對從來都不是他們的重要投資部位的聯合資本公司窮追不捨，尤其在這個傳奇故事即將結束之際，它佔該基金的部位更低。這本書最引人注目的時刻之一是，艾因霍恩透過巴菲特首度安排的年度 eBay 慈善午餐，和華倫‧巴菲特見面。艾因霍恩終究忍不住用他和世界上最偉大投資人見面的寶貴時間，徵詢巴菲特對聯合資本公司的看法。

大衛‧艾因霍恩對聯合資本公司的放空部位變成一個神聖的任務。他並不是為了個人私利而放空它。他建立部位那一年就誓言要把一半的利潤捐做慈善用途（但他最後把所有利潤全數捐出）。另外，放空操作實在也沒什麼好榮耀的，即使放空標的是像聯合資本公司那麼骯髒的商業開發公司。然而，艾因霍恩不僅投入非常多時間在這個概念上，還針對這個主題寫了一本長達四百頁的懺悔書。這整件事實在令人感覺很不可思議。

不管是丹尼爾‧洛伯對艾瑞克‧塞芬之母的攻擊，或大衛‧艾因霍恩就佔他的基金僅 3% 的部位而寫的精彩美國小說，避險基金經理人對他們鎖定的目標的關注都高到有點奇特，那種程度的關注似乎不太有經濟意義可言。塞芬絕對是美國境內最危險且不稱職的高階執行主管之一。他未能把星辰天然氣的熱燃油事業經營好，但如果油價沒有上漲一倍，他或許到今天都還是該公司的執行長。

至於聯合資本公司，它當然高估了資產負債表上的資產價值，但這個產業的其他很多公司（某些會對美國經濟造成更大危害的大型產業裡的企業）也都是這麼做。某種程度上來說，避險基金會鎖定塞芬和聯合資本公司，其實是隨興的結果，而洛伯在援引「斬首示眾」的隱喻時也深知這一點。他其實意在警告其他股票公開上市公司的經營團隊：「我們已經盯上你了，你有可能是下一個目標。」後來避險基金又開始鎖定更大且更有基礎的企業。例如，艾因霍恩控告雷曼公司涉及激進的會計作業；洛伯揭發雅虎公司的執行長在履歷上灌水，而比爾‧阿克曼（Bill Ackman）的帕新廣場資本公司，更在一場生死對決的鐵籠戰中，對上了多層次傳銷業的大白鯨 —— 賀寶芙（Herbalife）公司。

企業狙擊手以惡意公開收購方式取得控制權，並利用套利支持者大軍等方式闖進企業大門，而早期的維權避險基金則是採用說服戰術。最終出面調停以上爭端的是諸如加州公務人員退休金及加州退休教師系統等大型機構投資人。但不久後，連這些投資人都開始和維權避險基金站在同一陣線上，支持他們**以對抗績效不彰的經營團隊為目的**的活動。隨著避險基金維權股東在董事會代表及委託書爭奪戰等戰術上變得更加純熟，他們也不再需要將挪揄當成一種放射性武器，因為這類手段甚至會造成反效果。

對大型機構投資人來說，和維權避險基金建立共生關係後，它們得以更容易暗中對企業施壓。有時候，大型機構投資人甚至會透過維權股東，尋找一些能讓它們可藉由干預來牟取利益的投資標的。而且，或許最重要的是，隨著維權股東愈來愈興盛，機構投資人也遠比過去更懂得如何評估避險基金主導的活動，並明智地投下他們的選票。如果某個維權股東的活動是以一個愚蠢的點子為出發點，他可能無法獲得太多支持。三十年前，每個遭受股東攻擊的企業，最後幾乎都一致成為被購併的標的。最後的結局幾乎都不可避免－即使時機不佳，公司一樣被賣掉，偉大的勞‧凱利（R. Kelly）曾說：「她寫道，那就像是謀殺。」[34] 但誠如加州公務人員退休基金的全球治理處處長安‧辛普森（Anne Simpson）在 2013 年年底向《紐約時報》表示的，「維權股東正逐漸演化，他們不再是『門口的野蠻人』，而是表現得像所有權人。」

這所謂演化－維權避險基金不再是局外人，而是受大型機構投資人展開雙臂歡迎的人－對美國企業界的影響非常深遠。**除非封鎖投票控制權，否則沒有一家企業是禁地**。近幾年，維權避險基金也對世界上兩家最大型的股票公開上市公司 — 蘋果和微軟公司－發起這種活動。卡爾‧伊坎對蘋果公司施壓，要求它將更多資本退還給股東。即使他並未能號召到很多其他投資人的支持，他的行為似乎也對該公司造成了影響，因為蘋果公司提高了庫藏股買回規模。ValueAct 基金持有不到 1% 的微軟股份，卻得以在該公司的董事會安插一個代表。在短短十年前，幾乎無法想像避險基金有能耐贏得這樣的勝利。

當然，「維權避險基金將完全和長期所有權人站在同一陣線上」的想法，有一個明顯且根本的缺陷 —— 避險基金結構設計並不是要管理長期的

資金。當基金發起委託書爭奪戰和擔任企業董事，它的資本就會被綁在這些目的上，換言之，一旦這麼做，就會產生維權投資標的投資期限和基金流動性條件之間「錯配」（mismatch）的問題。很多避險基金會告訴你，他們的投資人都會堅定地長期投資，但如果基金的績效開始降低，投資人一定不會繼續堅定，不會再長期投資。儘管很多避險基金經常號稱它們要當長期所有權人，但那終究只是鼓舞士氣的口號罷了。

要以避險基金成功執行某個長期的投資策略，絕對不能無視於短期商業壓力的存在。你必需思考催化劑和退場策略。也因如此，諸如馬帝・利普頓（譯注：前文提過的毒藥丸發明者，企業捍衛律師）等企業防禦者才會毫不猶豫地指出，**避險基金經理人宣稱要當長期所有權人的民粹式聲明，謀取私利的成分比較高一點**，不見得是認真的。

關於這一點，丹・洛伯對星辰天然氣的投資特別非常發人深省。我先前提及，從 2006 年該公司所有權大換手以後，它的營運就非常成功。但洛伯並未堅持到營運轉機出現之際。在塞芬退出、公司資本結構調整作業完成後，「事件」和「催化劑」都消失了。他的投資人對星辰天然氣非常厭倦，何況主要股權是掌握在推動資本結構調整計畫的人手上。在這種情況下，投入星辰天然氣的資金注定暫時不會有明顯波動，而洛伯正好也為資金找到了更好的用途。誠如他在 2004 年向《紐約》雜誌的史帝夫・費雪曼（Steve Fishman）表明的：「我唯一關心的，就是能不能幫我的投資人賺錢。」[36]看來「品克先生」沒有說謊。

對今日的投資人來說，好消息是，當諸如洛伯等基金經理人試圖在市場上賺錢，讓其他股東一樣蒙受其利，通常才符合他們的最大利益。維權股東很難在為自己創造優異報酬之餘壓榨其他所有人（像綠票訛詐時代）。

大型機構投資人的覺醒和這個動態非常有關。當消極股東懂得明智地利用手上的股份投票，就能將維權股東引導到正面方向，而非破壞。舉個例子，ValueAct 持有微軟的股份不到 1%，在這種情況下，微軟的所有股東也必須蒙受其利，它才能透過這麼小的股權獲得優異的報酬。

不過，一如委託書之狼和企業狙擊手，我們不該一味相信滿口維護股東之類民粹言論的人。若想看清維權股東對其他股東的真正意圖，只要看看他們取得公司控制權以後的表現即可。一如之前的委託書之狼和企業狙擊手，避險基金的記錄也是良莠不齊。關於這一點，或許最佳案例是沙爾達．畢葛拉瑞（Sardar Biglari）在牛排與奶昔餐廳（Steak 'n Shake）一案中的傳奇事蹟。

關懷的精神特質

沙爾達．畢葛拉瑞是畢葛拉瑞控股公司（Biglari Holdings）的董事長兼執行長，這家控股公司持有牛排與奶昔餐廳（Steak 'n Shake），還有一家保險公司和《美信》（Maxim）時尚潮流雜誌。他來頭不小，他父親是伊朗某前軍官，1979 年革命後遭到監禁，所以沙爾達的童年有一段時間和母親一起遭到居家軟禁。[37] 他在七歲時和家人一起搬到美國，當時他懂得的英文字只有 hi 和 bye。

畢葛拉瑞十九歲時接觸到《勝券在握》（The Warren Buffett Way）一書，開始對投資產生興趣。大學畢業後，他便成立自己的避險基金，並投資非常多資金到一家稱為炙熱西部餐廳（Western Sizzlin）的企業。加入該公司董事會後，畢葛拉瑞協助重組該公司業務，聚焦於連鎖業務，並將過多的現金配置到一項非常成功的維權投資案 ── 友善冰淇淋（Friendly's

Ice Cream）。畢葛拉瑞鎖定的下一個標的，是中西部極具代表性的漢堡連鎖店牛排與奶昔餐廳，丹尼‧麥耶爾（Danny Meyer）的 Shake Shack 就是受它啟發而來。在這之前，牛排與奶昔餐廳花了大量資金開立新分店，但對現有店面營運績效惡化的現象視而不見。畢葛拉瑞在 2008 年月被選為董事，並於同一年 8 月初成為該公司執行長，當時牛排與奶昔餐廳正處於債務違約邊緣，更糟的是，整個國家即將陷入嚴重的金融危機與經濟衰退。

那時的畢葛拉瑞還不到三十歲，而且沒有任何經營餐廳的經驗，不過，他卻一手扭轉了牛排與奶昔餐廳的命運。經債務人協商而爭取到某些迴旋空間後，他積極削減成本並簡化菜單。接著，雖然該公司的財務狀況十分危急，他卻採取非常勇敢的行動 —— 為了吸引顧客而大幅降價。最後，儘管當時整體經濟情勢艱困，但牛排與奶昔餐廳的顧客流量卻大幅增加，獲利能力也顯著提升。

沙爾達‧畢葛拉瑞拯救了牛排與奶昔餐廳並讓它恢復獲利成長能力，從而為該公司的股東創造非常多財富。不過，在那之後，他卻採行一系列以鞏固他在公司的勢力與提高自身薪資的爭議性行動。誠如一名避險基金經理人告訴我的：「他嘴巴上說的聽起來像華倫‧巴菲特，但作法卻向榮恩‧佩雷爾曼（譯注：企業狙擊手之一）！」

畢葛拉瑞曾寫信給炙熱西部餐廳的股東：「我們希望整個組織展現出一種關懷股東的精神特質…」[39] 從那時開始，他將牛排與奶昔餐廳及炙熱西部餐廳合併為一家稱為畢葛拉瑞控股的公司，根據最新的 SEC 申報資料，該公司投資 6.2 億美元到沙爾達的避險基金。雖然根據最新的 SEC 所有權申報內容，畢葛拉瑞個人持有這家與他同名的公司的股權還不到 2%，他卻透過自己的避險基金，控制了該公司幾乎 20% 的股權。[40] 不僅如此，只

要這些避險基金為畢葛拉瑞控股公司創造超過 6% 的報酬率門檻，他就能領取 25% 的績效費

　　避險基金投資活動也可作為鞏固自身力量的強大工具，因為畢葛拉瑞控股的資金基於沙爾達的基金的閉鎖期規定，必須連續投資五年以上才能異動。為了進一步保護自身地位，畢葛拉瑞同意將他的名字授權給公司使用，但一旦他被拔除董事長或執行長職位或被剝奪資金配置的權責，公司必須支付約當每年營收的 2.5% 的費用給他。所以，如果憤怒的投資人膽敢共謀趕走沙爾達・畢葛拉瑞，公司就必須支付他好幾年的權利金，才能繼續使用「Steak＇n Shake by Biglari」的用語（假定這項協議能獲得法院認可的話）。以該公司最新申報的年度營收計算，2.5% 的營收就接近 2000 萬美元，約當該公司 2014 年盈餘的 70%。

　　畢葛拉瑞的薪酬（不包括他透過避險基金相關協定而賺到的錢）也大有問題。畢葛拉瑞控股公司最新的股東委託投票說明書顯示，過去兩年，他每年賺超過 1000 萬美元。那樣的薪酬水準比很多更大型同類型企業（包括麥當勞、漢堡王、大力水手炸雞〔Popeyes〕和溫蒂漢堡）的執行長多。畢葛拉瑞的薪酬發放公式是以公司帳面價值的增長為基礎。2014 年，畢葛拉瑞控股公司低於股票市價 40% 的價格，向股東發行現金增資股票。[41] 股東為了避免自己的股權遭到稀釋，不得不繳更多資金給公司。而這次現金增資的淨影響究竟是什麼？畢葛拉瑞控股公司獲得大量資金的挹注，帳面價值因而上升，並帳面價值上升又進而讓畢葛拉瑞個人的薪酬增加。如果這些股款事後又被投資到他的避險基金，他還能在基金利潤超過 6% 門檻後，再領 25% 的績效費。

　　由於沙爾達・畢葛拉瑞成功為牛排與奶昔餐廳的股東創造非常多價值，

所以，投資人多半願意忍受他種種鞏固自身勢力的行為與自肥式的優渥薪酬。在幾名小股東發動委託書爭奪戰，企圖爭奪畢葛拉瑞董事會的控制權後，大名鼎鼎的價值型投資人暨股東權益提倡者馬里奧・嘉百利（Mario Gabelli）竟告訴一名《印第安那波利斯明星報》（Indianapolis Star）記者，說他很可能會支持現任董事。[42] 畢葛拉瑞本身則似乎考慮採用某種經由「小精靈」（Pac Man）電動遊戲發展出來的防禦戰。他透過麾下的避險基金購買某兩家公司的大量股權，因為有一個異議股東是這兩家公司的董事。

　　無疑的，沙爾達・畢葛拉瑞的花招將繼續考驗機構投資人的耐性。如果他持續透過明智的投資案和優良的餐廳營運成果來為股東賺錢，我猜他應該還是能保住他在畢葛拉瑞控股公司的地位，而且會繼續一路順風。但投資人一定會防著他，尤其是他對其他企業採取的行動。雖然畢葛拉瑞持有餅乾桶公司（Cracker Barrel）的 20% 股份，又展現非常寶貴的餐廳經營本領，他卻連續幾年都未能贏得餅乾桶公司的董事會代表席次。他以非常多封措辭優雅的書面信件，試圖歪曲該公司的經營績效，但這些信並未在餅乾桶的機構股東群中引發迴響。如果股東不信任你，任何中傷的書信也無濟於事。2007 年時，畢葛拉瑞寫了一封信給友善冰淇淋店的股東，信中強調「公眾股東的利益應該優先。」他寫道：「私人噴射機象徵著一種不適當的工作文化，一種不關懷股東的文化。」[43] 不過，餐廳財務作家強納森・梅茲（Jonathan Maze）在 2014 年報導，畢葛拉瑞控公司共登記持有四架噴射機的所有權權益。[44]

　　鮮少避險基金經理人像沙爾達・畢葛拉瑞那麼激進。大衛・艾因霍恩拿下艾因斯坦諾亞餐廳集團（Einstein Noah Restaurant Group）的實質控制

權時，並未將這家公司更名為「艾因霍恩餐廳集團」，也沒有大手筆購買四架噴射機。不過，畢葛拉瑞的故事 —— 他將避險基金股東維權主義發揮到過度極端的後意識型態（post-ideological），則相當發人深省。誠如先前所述，目前股東掌握了公司治理制度的多數權力。維權避險基金曾經無足輕重 —— 諸如丹‧洛伯和包伯‧查普曼等變節者，只能對著企業董事會丟屎炸彈 —— 但如今他們和大型機構投資人結合在一起，故已幾乎能自由進出美國所有企業的董事會。在這種情況下，一旦公司出狀況，我們就難以把問題全部歸咎給公司治理方面的傳統代罪羔羊（例如任人擺佈的董事會和經營權及所有權分離等藉口），換言之，**當公司治理開始變質，股東也必須負擔一些罪責**。儘管股東願意為了股東價值及更優質的企業監督而戰，但就算是最老練的投資人，都習慣在有利可圖時便宜行事地漠視各種警訊。所以，除非沙爾達‧畢葛拉瑞的股票大跌，否則市場還是會允許他從事自肥的行為。但如果他開始出現搖搖欲墜的績效，股東勢必會無情以對。

投資股票公開上市公司是一件高風險的工作，因為我們只能根據有限的資訊，將手上的錢拿去冒險。即使你費盡心思，在有安全邊際的狀態下購買股票，終究還是難免犯下會導致虧本的錯誤。

過去一些凡事要求完美且志向遠大的投資人，也難免曾介入一些有問題的事業。例如丹‧洛伯介入梅西能源（Massey Energy）、艾因霍恩介入新世紀（New Century），克拉爾曼（Klarman）介入惠普（HP），阿克曼介入潘尼百貨（JCPenney），以及伊坎介入百視通影視（Blockbuster Video）等，都讓他們損失慘重。連華倫‧巴菲特介入的波克夏海威，都曾是個問題企業，更別說那些麻煩的愛爾蘭銀行。當維權主義開始變質，伸長

脖子看熱鬧的投資人就會開始七嘴八舌，說三道四。不過，與其忙著指責或茫然以對，不如探究幾個因維權主義失敗而引發的災難，看能不能從中學到更多教誨。而且別懷疑，那種災難絕對會發生。

8

BKF 資本集團：

從眾的
侵蝕力量

「貪婪與自肥的文化橫行無阻。」

——卡羅・坎內爾 (J . Carlo Cannell)，2005 年

「反對陣營並不願坦白承認這一點，而是一味反對成長，而
且一味建議應立即大幅縮減薪酬，問題是，如果強制實施這
些對策，將不可避免導致重要人員離職，並使得現有業務的
價值遞減。」

——約翰・李夫 (John A . Lev)，2005 年

在眾多失敗的股東維權主義案例中，最聲名狼籍的例子當屬比爾・阿克曼針對潘尼百貨發起的「**高瞻遠矚**」（Think Big）運動。

如果你跟任何一個基金經理人提起 JCP 信件，他們的反應通常融合著激憤與幸災樂禍。阿克曼管理一檔名為帕新廣場資本管理的避險基金，該基金因採用某種超級集中投資的價值型投資策略而非常成功。目前它管理的資金超過 150 億美元。[1] 當避險基金的規模達到這樣的水準，多半都會開始改變投資風格，改採較為較保守且以追蹤指數為目標的方法。不過，值得敬重的是，阿克曼一直信守他原始的風格。SEC 最近一份每季持股報告顯示，他把 130 億美元的部位分佈到區區七檔股票。[2] 由於阿克曼相對較少出手，而且一出手就常打出大砲型的全壘打，所以整個華爾街對他的一舉一動都極為關注。

比爾・阿克曼的簡報功力向來非常遠近馳名，他有能耐以如絲般柔滑的步調，完成詳細至極且漫長的簡報。他針對漢堡王提出的 52 頁簡報已經夠驚人了，麥當勞的達 78 頁，通用成長房地產（General Growth Properties）高達 101 頁，賀寶芙的報告更是長達 342 頁。關於潘尼百貨的「高瞻遠矚」運動，他提出一份 63 頁的簡報，內容滿滿洋溢著他對該公司未來願景的雄心壯志，不過，他的投資論點其實非常簡單。潘尼百貨有 49％的店面是自有房地產，剩餘的是透過低於市場行情的租金租得。該公司的年度銷售額達 170 億美元，行銷預算也高達 10 億美元，所以它算得上是擁有某種經濟規模。[3] 雖然只要該公司的營運稍有轉機，就能為股東創造非常優渥的報酬，但阿克曼要的更多。在他眼中，潘尼百貨是一幅空白的畫布，能讓他盡情在上面揮灑他的零售業夢想，[4] 而且，他發現蘋果公司的榮恩・強森（Ron Johnson）就是他要的那個藝術家。

不過，強森未能在潘尼百貨再造他在標靶百貨（Target）與蘋果公司的成就。他為了戒掉潘尼百貨顧客對高折扣促銷活動的癮頭而投入的所有努力，反而導致顧客掉頭離開。結果，潘尼百貨的同店銷售額大幅降低25%，原本它的現金流量就已經夠低了，後來還變成一個大量燒錢的事業。短短十七個月後，董事會悍然中止了強森翻轉潘尼百貨的所有努力。連阿克曼都說了重話，他說強森和他的團隊犯了「嚴重的錯誤」，公司高階執行主管「幾乎可說是一場災難。」[5] 五個月後，阿克曼賣掉所有潘尼百貨的股份，據報導，他因此虧掉了 4.5 億美元。[6]

雖然這對股東來說是極為慘痛的結果，但我個人還是不認為潘尼百貨的案例是不良維權主義的經典案例。當該公司董事會一致同意從蘋果公司挖角強森時，投資人其實興奮得眼花撩亂。比爾‧阿克曼和潘尼百貨董事會的其他成員決定聘用強森，等於是代表股東承擔了一項可計算的風險，雖然結果不如人意，但那畢竟是可以理解的舉措。但如今潘尼百貨卻成為不良維權主義的代名詞，這凸顯出在這種成果導向的行業進行事後回溯分析的困難。

單憑股票表現來評斷維權主義的良窳，有流於狡猾及膚淺之嫌。舉個例子，很多導致企業遭到拍賣的干預行為都創造了非常正面的股票報酬。然而，公司遭拍賣，對長期股東的實際影響並不是那麼一番兩瞪眼。如果維權股東強迫績效不彰且只顧著鞏固自身力量的經營團隊遠離一個有價值的事業，股東通常將受惠。但如果全面收購的溢價未能公平補償股東未來的可能利得，那麼即使股價上漲，股東也會受到傷害。最近一份捍衛維權股東的學術研究認定，溢價全面收購活動對股東有無庸置疑的好處。[7] 但事實絕非如此。如果你要求一群基金經理人談談自己投資人生涯中最沮喪的

經歷，答案多半都和訂價過低的全面股權收購有關。

　　要正確評價一個維權局面，不只要看表面的股價表現、了解那個企業的實際上發生了什麼事，以及它為何會成維權股東的目標。我們還必須考量，**如果維權股東從未介入，這些標的企業又會發生什麼事**。記住這一點後，讓我們開始檢視 BKF 資本集團那可悲又可笑的局面：2005 年的一場維權股東運動，導致該公司的股東價值徹底遭到摧毀。BKF 堪稱維權主義失敗的代表性案例，相較之下，比爾‧阿克曼的失敗經驗，絲毫無損他的聲名。

大樹將倒

　　貝克芬翠斯公司（Baker, Fentress & Company）的歷史最早可回溯到 1890 年代，當時它是一家專長於木材業務的芝加哥投資銀行。1940 年代初期開始，該公司將它持有的幾十家木材與伐木公司股份出清，並將換回的資金投入公開上市的股票。[8] 到了 1995 年，貝克芬翠斯公司已成為一個管理 5 億美元被動投資標的的基金，另外，它還掌握了聯合托莫卡土地公司（Consolidated-Tomoka Land Company）的控制權益，那是它長期持有的木業公司股份之一。不過，貝克芬翠斯公司的步調非常笨重，從詹姆斯‧芬翠斯（James Fentress，他擔當經營者重任幾乎二十年）在 1987 年過世以後，該公司的投資組合績效就遠遠落後標準普爾 500 指數。[9] 貝克芬翠斯公司本身的股票交易價，也遠遠低於它的實際資產價值，所以，如果它要募集資本，勢必會導致現有股東的權益遭到稀釋。董事長詹姆斯‧高爾特（James Gorter）相信，促進公司成長的最好方法，就是開始經營外部資金管理業務，問題是，該公司近年來的績效，實在差勁到難以吸引客戶青睞。

1996 年 6 月，貝克芬翠斯公司收購了專精於大型股價值投資的基金管理公司 —— 約翰李文公司（John A. Levin & Company）。該公司管理的資產超過 50 億美元，較前一年增加 40%，而且從 1982 年創立以來，它一直都能創造相當強勁的投資報酬。約翰・李文公司就是以其創辦人為名，他曾擔任洛伯羅迪斯公司（Loeb, Rhodes）的研究部門主管，他在 1976 離職，成為避險基金「史坦哈德合夥公司」（Steinhardt Partners）的合夥人之一。李文自己的公司一開始是為一些有錢的散戶投資人管理單純作多的投資標的。但到貝克芬翠斯收購李文的公司時，機構客戶佔其管理資產規模的比重已超過 80%。在這之前不久，他也陸續成立了幾個採用不同策略的避險基金。這件收購案讓李文的公司取得了大額的永久性資本，而它可以將這些資本拿來作為一些新基金策略的種子資金。[10] 根據收購條件，約翰・李文將成為貝克芬翠斯公司的最大股東及執行長。

李文的公司後來更名為李文資產管理公司（Levin Management），並繼續在貝克芬翠斯公司的羽翼下成長。到 1998 年年底，它的資產管理規模達到 83 億美元，還創造了相當健康的避險基金資產成長率。該公司旗下最大的避險基金是一檔「事件驅動型」（event-driven）策略基金，是他和兒子亨利共同管理。對李文來說，避險基金是非常難能可貴的成長機會，部分原因是這種基金的收費結構非常激進。[11] 2000 年時，李文資產管理公司透過傳統單純作多型的資產獲得的手續費收入是 4100 萬美元，但僅佔總管理資產 10% 的避險基金部門，就創造了 3400 萬美元的手續費收入。那一年，亨利管理的那一檔基金的資產管理規模跨越了 10 億美元門檻。[12]

雖然李文資產管理公司的成長相當亮眼，貝克芬翠斯公司的股票交易價還是遠低於其資產價值。此時封閉型基金不再受歡迎，貝克芬翠斯公司

又是一家特別奇怪的公司，它同時持有李文資產管理公司和聯合托莫卡土地公司。1999 年時，貝克芬翠斯決定撤銷它的投資公司登記，將投資組合變現，並把現金與聯合托莫卡公司的股份分派給股東。這對股東來說是絕佳的結局，因為他們持有貝克芬翠斯股票投資組合那麼久，如今終於取回公平價值。剩下的權益被更名為 BKF 資本集團，只涵蓋李文資產管理公司的業務。最近約翰・李文告訴我：「我認為那是一個對股東極度友善的事件，」[13] 不過，這個事件也導致股東群結構全面翻轉，為維權投資人開了一扇方便的大門。

歷經超過一百多年的悠久歷史，貝克芬翠斯即將消失。對它的投資人來說，原本他們持有的是一檔穩定發放股利的封閉型基金，但到最後，他們的投資卻將只剩下一個聚焦於投資管理業務的小公司。BKF 的財務長葛蘭・艾詹（Glenn Aigen）回憶：「所以，我們撤銷封閉式基金登記的那一刻起…股東群徹底改變，從共同基金投資人和有錢個人股東群，轉變為更機構法人導向的股東，具體來說，是避險基金股東。」[14] 當一家企業的股東群出現結構性更迭，通常會導致股價下跌到相當便宜的水準。於是，貝克芬翠斯吸引了非常多價值型投資人介入。馬里奧・嘉百利就收購了非常高比例的股權，連華倫・巴菲特都在貝克芬翠斯公司將前述資產分派給股東前不久，以他的個人帳戶買了一些股份。[15]

2000 年代初期，BKF 資本集團成為價值導向型避險基金經理之間最流行的個股選擇。[16] 他們作多該公司股票的論點很單純 —— 多數分析師是根據某些營運數據相對其資產管理規模的百分比來評估一家資產管理公司的價值。就這個標準來說，BKF 公司看起來真的很便宜，它的企業價值約當其資產管理規模的百分比，比其他股票公開上市的資產管理公司低。更誘人

的是，BKF 擁有快速成長的避險基金業務，這和多數同業不一樣。當時直接涉足避險基金曝險部位的股票公開上市公司並不多，而會在 2000 年代初期積極購買 BKF 的避險基金經理人都知道，這個產業正處於爆發成長期。

到 2003 年年底，BKF 資本集團管理的資產已超過 130 億美元。它旗下那一檔事件驅動型避險基金的規模更超過 20 億美元，而且，那一年，該基金的手續費收入高達 5100 萬美元。但儘管 BKF 快速成長，手續費收入也達到 9700 萬美元，它的股票表現依舊落後。那一整年間，該公司的市場價值多半都低於 1.5 億美元。甚至一度跌到 1.15 億美元以下，遠遠低於貝克芬翠斯公司在 1996 年收購約翰李文公司所付出的代價，何況當年約翰李文公司管理的資金比此時還少得多。這時股東終於開始失去耐心。當你根據一家公司的營收來評估它的價值，而非根據現金流量來評估，你就等於對它的成本結構作了一個含蓄（多半是樂觀）的假設。不過，BKF 的成本非常高，尤其是員工薪酬，而且沒有任何跡象顯示約翰・李文有任何削減成本的興致。BKF 的很多投資人一直迫切期待該公司的避險基金業務能真正起飛。但當那一天終於到來，那些投資人所秉持的投資論點，也顯得缺點叢生：就算 BKF 的避險基金賺到高額的績效費，那些報酬也多半被用來獎酬員工，而不是發放給股東。這凸顯出該公司一個更深層的結構性問題：BKF 的員工持有的自家公司股份並不多，連約翰・李文也只持有大約 10% 的 BKF 股權。總之，員工獲得非常多獎酬，股東並沒有得到旗鼓相當的權益。

一開始，李文認為不會有人會想對公司發動惡意攻擊，因為他和他兒子對這項業務太過重要了。[17] 另外，他也安排也有一群星光熠熠的獨立董事，包括耶魯大學捐贈基金的詹姆斯・帝希（James Tisch）、柏頓・墨基

爾（Burton Malkiel）和迪恩‧高橋（Dean Takahashi），以及投資銀行業者安森‧貝爾德（Anson Beard）及彼得‧所羅門（Peter J. Solomon）。但2001年，就在馬里奧‧嘉百利控制的幾個實體購買超過9%的BKF股權後不久，BKF安排了一項毒藥丸計畫，這個毒藥丸的啟動門檻相對很低，只要有人購買超過10%的股權就會啟動整個計畫。一個月後，嘉百利表示，除非股東核准這項計畫，否則他將在即將到來的股東大會上遞交一份股東提案，要求BKF贖回它的毒藥丸，。[18]

贖回毒藥丸的股東提案在BKF2002年及2003年的股東大會上獲得壓倒性支持。可惜這些提案並無約束性，所以董事會選擇對那些建議視而不見。2003年9月，嘉百利的總顧問詹姆斯‧麥基（James McKee）就毒藥丸一案，寄了一封措辭強烈的信給BKF。他寫道：「是該要求企業為其自身行為負責了！重建企業董事會及高階主管人員制衡機制的時機已到。企業不能繼續以毒藥丸來建構護城河，不能再漠視股東的聲音了。」[19]

兩個月後，菲利浦‧高德斯坦（Phillip Goldstein）申報一份13D表格，並遞交一份股東提案，要求公司派出售BKF。他原本是紐約市一名公職工程師，後來經由投資價值低估型封閉式基金，開創了相當成功的第二職涯。高德斯坦在他的補充聲明中寫道：「BKF的市值（股票的市場價格加上債務）／管理資產規模比率僅僅1.3%，那個數字遠低於其他投資管理公司。舉個例子，以富蘭克林資源（Franklin Resources，代號「BEN」）的股價計算，該公司的這個比率是4.4%，駿利資產管理（Janus Capital，代號「JNS」）的是2.9%，而瓦戴爾里德公司（Waddell and Reed，代號「WDR」）為7%。我們認為BKF的此一比率偏低的主要原因是費用過高。2002年，大約有69%的營業收入被消耗在薪酬費用，但BEN的這項比率僅25%，JNS也只

有 30％，以及 WDR 更只有 13％…總之，我們認為強化股東價值的最確定管道，就是立刻找個投資銀行來評估各種能將股東價值最大化的替代方案，包括賣掉公司。」[20]

除了股東提案，麥基代表嘉百利寄出的信中，還威脅要在 2004 年的股東大會上提名董事人選。但到開會當天，他們並未發動委託書爭奪戰，只是再次要求撤消毒藥丸，問題是，董事會根本對他們的訴求不理不睬。儘管 BKF 的股東連續幾年都表達明顯的不滿，卻沒有人願意真的站出來為爭取董事會席次而戰。不過，這個情況即將轉變。2004 年 4 月，史提爾合夥公司（Steel Partners）申報一份 13D 表格，上面顯示它持有 6.5％股權。

蓄勢待戰

史提爾合夥公司是華倫・列支敦斯登（Warren Lichtenstein）在 1990 年創辦，它是**最早以避險基金結構來利用維權投資策略**的公司之一。列支敦斯登以卡爾・伊坎為模範，打造他的激進風格。列支敦斯登和伊坎很像，總是步調明快，每次出手都希望能立即得到成果。很多維權避險基金經理人在申報委託書文件以前，都會先考慮到長期價值，並取得長期股東的支持。但列支敦斯登總是直接切入關鍵點：例如，他在 2001 年寫給 SL 工業公司（SL Industries）執行長的信中，解釋他提名的董事候選人「為了幫 SL 的股東創造短期價值，將不惜採取所有必要行動。」[21]

史提爾合夥公司在對上 BKF 之前十四年間，陸續針對多家小型股票公開上市公司發動維權運動，堪稱經驗豐富。所以，史提爾公司介入後，BKF 的情勢不可避免地出現根本的變化。整整三年，該公司因員工薪酬過高和拒絕贖回毒藥丸等問題而和投資人漸行漸遠。這時史提爾合夥公司看

起來就像是個自願請纓上戰場的打手，所以，如果公司派與投資人之間無法協商出一個重新調整董事會結構的解決方案，史提爾將會發動委託書爭奪戰，而且它志在必得。此時，唯一可行的替代結果就是立刻將公司賣掉。市場對這個情勢的反應相當熱烈，從史提爾合夥公司於 4 月申報 13D 表格後，到它在 12 月寄出第一封信給 BKF 公司派為止，它的股票價格上漲了24%。[22]

2004 年 12 月 16 日當天，史提爾合夥公司要求 BKF 立刻增加三名股東代表到公司的董事會。華倫‧列支敦斯登在附給董事會的信件中概述了他的理由：「雖然我們相信約翰‧李文的公司一直以來都為客戶提供良好服務，未來也將如此，但 BKF 並未能幫它的所有權人創造價值。坦白說，我們不能理解為何一家管理大約 130 億美元資產且擁有 1 億美元營收的資產管理公司會虧本。」[23] 他又接著寫道：「我們相信，BKF 的獎酬計畫必須能兼顧主要員工的績效獎勵和 BKF 客戶與股東的利益，不能偏廢任何一項。根據我們對 BKF 長期績效的觀察，我們非常擔心 BKF 的董事會把公司當成私人企業來經營，未能對股東當責…明確來說，我們的目標非常直接明瞭－即刻增加 BKF 所有股東的價值。」[24]

由於約翰‧李文和 BKF 董事會其他成員並未配合列支敦斯登的要求（也就是立即增加新董事），故史提爾合夥公司在即將召開的股東大會，提名了它自己的董事候選人。由於 BKF 董事會是採任期交錯制（分期改選制），所以那一年只有三席董事要改選，包括約翰‧李文、柏頓‧墨基爾和一個私募基金投資人巴特‧古德文（Bart Goodwin）。史提爾合夥公司則提名列支敦斯登、投資人榮恩‧拉波（Ron LaBow），以及曾在多家大型資產管理公司累積了豐富經營經驗的柯特‧史加奇（Kurt Schacht）。

委託書爭奪戰集中在大約三個星期內（2005 年從 5 月中到 6 月初）如火如荼進行。史提爾公司所傳達的訊息，和它在第一封公開信中表達的指控相去不遠，聚焦在 BKF 過高的員工薪酬和偏低的營業利益率，以及諸如毒藥丸、任期交錯制董事會，以及明列在公司章程及細則中的反收購條款等鞏固公司派自身勢力的手段。史提爾公司也鎖定關係人交易，包括亨利·李文在 2004 年領取的 900 萬美元薪酬，以及該公司付給約翰·李文的女兒的一筆 17 萬 5000 美元顧問費。

BKF 董事會在辯護時主張，由於公司採納以促進資產長期成長為目標的策略，難免會壓縮到近期的利潤率。該公司在 5 月 18 日申報的股東投票委託書上寫道：「我們感覺採用和較大型或私人投資管理公司旗鼓相當的薪酬方案，才能讓公司留下並吸引必要的人才，帶領公司持續成長到足以創造更高利潤的格局…雖然我們了解公司的邊際利潤比規模遠大於我們的競爭者低，但我們也不認為專為改善短期邊際利潤而設計的對策，或完全聚焦在邊際利潤最大化－而非聚焦在絕對利潤－的對策，最終能讓股東價值最大化。」[25]

雙方砲火往來數個星期後，史提爾重砲攻擊 BKF 的公司治理作業，並贏得「委託書顧問機構股東服務公司」（Institutional Shareholder Services，以下簡稱 ISS）與葛拉斯路易斯公司（Glass, Lewis）的支持。BKF 也不甘示弱，它指出，由史提爾公司擔任董事的那些企業，一樣涉及某些關係人交易。BKF 董事會在 5 月 26 日發出的信件上寫道：「就公司治理方面來說，史提爾合夥公司向來都不是什麼模範生…列支敦斯登先生對公司治理議題窮追猛打的偽善令人瞠目結舌。」[26]BKF 也在信中強調了該公司股價的優異表現－但其實它的股票大致上是在史提爾公司公開揭露它持有的 BKF 股

權後才開始上漲。史提爾公司則是要求提高股利，或是執行庫藏股買回。

BKF 也強調，史提爾合夥公司選擇投資同在資產管理行業的競爭者，或許有什麼不可告人的動機。董事會寫道，史提爾有可能是覬覦 BKF 的資產，想要將 BKF 的費用收入據為己有。[27]BKF 的董事會那封信的結論是：「請別被愚弄了 —— 史提爾合夥公司真正在意的並非良性的公司治理，也不是想要代表所有股東爭取權益。它只是想透過這場戰爭來增長列支敦斯登先生的個人利益。」[28]列支敦斯登對信中有關他一心為了史提爾自家利益而意圖竊取 BKF 資產的說法嗤之以鼻。他寫道，史提爾公司的聲望來自它保護全體股東價值的一貫表現，而且他指出，其他憤怒的 BKF 投資人也都是資產管理業的同行。他補充：「任何污衊我們有不可告人動機的推論式說法都不足採信，那只是企圖模糊這場選舉的真正重要議題的烏賊戰術罷了。」[29]

BKF 資本集團的委託書爭奪戰是相當標準的委託書爭奪戰，它一直延續到 2005 年 5 月底才結束。史提爾合夥公司利用通過時間考驗的委託書爭奪戰公式，最後贏得這場戰爭。它反覆強調它的核心論述 —— BKF 的財務績效因過高的員工薪酬而長期低落，而且提出許多所有能想像得到的其他訴求，包括公司治理創議、要求提高股利、指控內部人私相授受等。BKF 資本公司則是竭盡所能地抵擋史提爾合夥公司的攻擊，希望將股東的焦點導向董事的選舉，以及公司資產管理規模持續成長的成績上。接下來，就在股東大會前八天，一名叫卡羅‧坎內爾（J. Carlo Cannell）的避險基金經理人出現，他將 BKF 全體股東長久以來的不滿，濃縮在他申報的 13D 信件上，他在信中激烈指責約翰‧李文及其餘董事的行為。李文和他的名人董事們個個遭受攻擊，不過，枕戈待旦的董事長也不甘示弱，以他個人對股

東的激昂懇求來回應這封信。

一股強大的動力

1992 年時，卡羅‧坎內爾以 60 萬美元資產成立他的避險基金。十年後，他管理的資產已近 10 億美元，並成為該產業崛起中的明星。根據《機構投資人》（Institutional Investor）雜誌的報導，卡羅‧坎內爾是 2002 年所得排名第十三高的避險基金經理人，收入達 5600 萬美元。[31] 這個數字領先很多大師級人物，如喬治‧索羅斯（George Soros）、大衛‧泰伯（David Tepper）、艾迪‧蘭波特（Eddie Lampert），以及史帝芬‧芬柏格（Stephen Feinberg）等。

卡羅‧坎內爾採用多 - 空價值型策略，主要鎖定一些默默無聞的小型企業。誠如他在接受《價值投資人觀點》（Value Investor Insight）雜誌訪問時所言：「我們主要是試圖在市場的矮樹叢中，挖掘被投資圈忽略且未來將大有可為的轉機型企業、股性呆滯的公司、各式各樣未充分反映其投資價值的公司。」[32]《機構投資人》最高所得榜上的很多基金經理人多半是採用多元策略，而且多半是大型公司的創辦人，相對的，坎內爾卻堅持維持精簡的組織，而且從未改變核心投資方法。為了避免他的基金規模成長得過大，他共還了 2.5 億美元給他的投資人。他解釋：「我們的投資方法的最大缺點是，基金規模不能太大。」[33] 很多避險基金經理人不像他那麼坦白，只要有人願意投入資金，他們就會接受，因為這樣能賺取後續的費用。

雖然卡羅‧坎內爾已在快速成熟的避險基金產業爬升到較高指揮的位階，他還是保留了一點與眾不同的作風。他自詡為投資世界的獨行俠，而且實際上也鮮少做和其他基金一樣的事。例如，在某一場投資研討會中，

主辦人告知基金經理人要在會中推薦具體的股票，但他卻只針對巨儒艮（Hydrodamalis gigas，即大海牛）的滅絕作了一份簡報。[34] 在連續多年不斷返還資本給投資人後，坎內爾在 2004 年徹底退出這個正蓬勃發展的事業，體驗退休生活。他當時宣布：「我很後悔在坎內爾資本公司還在包尿布的階段忽略了我的家人。」「現在我兒子還包著尿布，而我的事業已經成長茁壯，所以我決定休息一段時間陪陪他們。」[35]

但六個月後，坎內爾實在無法忘懷避險基金生活，他太樂於搜尋未能充分反映投資價值與股性呆滯的企業，於是，他帶著全新的專注力回到市場上，並隨即注意到 BKF 資本集團。在他眼中，BKF 是一家成長型企業，但盈餘卻因爛經營階層而受到壓抑。由於股東群不滿，加上幾個有能力的維權投資人股東陸續挺身而出，BKF 的問題看起來似乎不難解決。坎內爾在 2005 年 2 月 14 日（也就是丹‧洛伯對星辰天然氣公司展開「情人節大屠殺」那一天）揭露他持有 5% 的股權，後來隨著委託書爭奪戰趨於白熱化，他對 BKF 的持股也增加到接近 9%。[36]

史提爾合夥公司的業務向來是繞著維權主義打轉，但坎內爾不同，他只是將維權主義視為一個保護自家投資人的必要武器。多年的小型股票公開上市公司投資經驗，讓他變得愈來愈勇猛頑強，一如丹‧洛伯的成長歷程。坎內爾的是非觀念極端強烈，而且當其他商人懷抱可能傷害到他的投資人的不良意圖，他就會感覺到義不容辭，非採取保護投資人的行動不可。他告訴我：「如果有人在我面前毫不掩飾地欺騙我的有限合夥人（limited partner），而我卻坐視不管，那我就沒有盡到我的應盡義務。」[37] 以 BKF 的案例來說，李文不願意善加管理該公司的 1.2 億美元手續費收入，以致於未能幫公司的公眾投資人創造利潤，讓坎內爾非常反感。坎內爾說：「他

必須對不正當的結構性議題更有自覺。」「他的行徑太過囂張，明顯到無可辯駁…這不是我個人的主觀看法。」[38]

雖然卡羅・坎內爾本身是個非典型基金經理人，但他其實來自一個歷史上相當有名的金融家家族。他是投資銀行家腓迪南・艾伯斯塔德（Ferdinand Eberstadt）的外孫，艾伯斯塔德在華爾街及華盛頓（他曾是美國政府相當依賴的顧問）的職涯發展都相當光彩奪目。艾伯斯塔德的商業成就之一，是**創辦了史上第一檔資產管理規模超過 10 億元的共同基金**——化學基金（Chemical Fund）。[39] 卡羅的父親彼得・坎內爾（Peter B. Cannell）的第一份工作是在大型廣告公司 BBDO 裡擔任文案人員。不過，彼得的老丈人逼迫他到華爾街，後來他也成為化學基金的總經理。1973 年時，彼得創辦了他自己的公司彼得・坎內爾公司（Peter B. Cannell）。截至他在 2004 年年底退休時，該公司的年化報酬率達 16%。[40] 彼得致投資人的精彩信件（他在信中傳遞他內在的大衛・奧格威〔David Ogilvy〕式文風）常被華爾街人士廣為流傳，一如當今霍華德・馬克斯（Howard Marks）的備忘錄。彼得・坎內爾和兒子卡羅一樣嫉惡如仇，經常批判華爾街的經營團隊，而且喜歡寫一些筆鋒尖銳的文稿—他在 2000 年時寫了一篇標題為「Dumb.com」的文章，批判網路公司把股東的錢浪費在糟糕個廣告活動上。[41]

不過，彼得・坎內爾並未將他毒辣的筆鋒直接用來對付他的目標企業。誠如他的同事之一在 1997 年的一場訪問中說的：「我們是單純的投資人，我們會避開爭議。如果一項持股變得有爭議，我們會直接賣掉它。」[42] 卡羅的文字能力和父親一樣流利，不過，面對績效不彰的企業時，他便頗有外祖父的大將之風（有一本書曾形容他外祖父是「動力的體現。」）[43]，而卡羅在 2005 年 6 月 1 日（見本書書末收錄）寫給 BKF 資本集團的信就是

明證。那封信的開場白如下：

「喔！喀提林，你要到何時才會真正停止濫用我們的耐性？你的瘋狂還要讓我們失望多久？你何時才會停止那肆無忌憚的傲慢無禮行徑？」

西元前 63 年，馬庫斯‧圖利烏斯‧西塞羅（Marcus Tullius Cicero）在他的「對魯休斯‧喀提林的第一場演說」（First Oration Against Lucius Catilina）中，如此揭露羅馬元老院的腐敗與邪惡。如今就在我們研究 BKF 資本集團的紀錄之際，他的字字句句顯得至為中肯。

坎內爾一開始就鎖定 BKF 的低邊際利潤和偏高的員工薪酬窮追猛打：

「成本高得誇張…持續增長的營收被過度膨脹的薪資消耗殆盡；結果，即使過去五年間資產管理規模和營收分別增長 18% 與 64%，BKF 一樣繼續虧本。」

接著，他寫到了亨利‧李文及事件驅動型避險基金其他資深經理人的優渥薪酬：「這些經理人的薪酬都不是以 BKF 股票的形式發放。唯有長期獎勵才能鼓勵人才留任，問題是，他們的薪酬全部不是以長期獎勵的形式發放。這些約定是否兼顧這基金經理人和你們身為股東者的利益？如果 BKF 是一家私人企業，外人對上述所有過份行為自然沒有任何置喙的餘地，問題是，BKF 是股票公開上市公司。」

關於 BKF 的費用，坎內爾抱怨：

BKF 無情濫用股東資產的行為激怒了我們，想必也會激怒西塞羅。我們去拜訪公司時，住的是每晚只要 39.95 美元的汽車旅館，不是接待櫃檯上有招待水果的那種華麗酒店…2005 年 5 月 26 日去拜訪你們辦公室後，我非常震驚，這麼一個不賺錢的企業，怎麼會設立在美國境內最昂貴的辦公室空間之一？你們位於洛克斐勒中心高達 5 萬 6000 平方呎的辦公室，想必所費不貲，而那些費用都是 BKF 的股東買的單…我能理解賭場為了引誘大人物到賭桌上賭博而砸錢大搞門面的作法，但我之所以能接受賭場的作法，是因為我能預測到那些浮誇的裝飾有助於提高盈餘，有助於促成有利可圖的機會。但窩在洛克斐勒中心的你們根本搞不出什麼名堂。

坎內爾不僅提到很多和史提爾合夥公司雷同的問題，而且還以更搧動的字眼提出這些問題。他特別點名董事巴爾頓‧畢格斯（Barton Biggs）、柏頓‧墨基爾和安森‧伯德（Anson Beard），說：「流氓地痞有那樣的舉止不足為奇，但你們這些華爾街崇高名士做這種事，實在令人嘆為觀止。」接著坎內爾催促董事會應「（i）將 BKF 私營化，要揮霍請私下揮霍；（ii）聘請一家投資銀行來辦理公司的拍賣事宜，機會合夥公司（Opportunity Partner）的菲利浦‧高德斯坦也曾在 2003 年 11 月 17 日的 13D 申報內容中提出這樣的建議；或是（iii）引咎下台，將指揮棒交給對股東友善的董事會。」坎內爾在那封信的結論寫道：「雖然喀提林意圖與其他有錢及貪污人士組成反叛軍，西塞羅最終還是擊敗了喀提林…你們還有時間逃，逃吧，喀提林。」

請將票投給公司派

隨著 6 月 9 日逐漸逼近，維權股東的動能明顯強過公司派。先前 BKF 為了討好股東而提出的牛肉—包括 92.5 美分的特殊股利，以及發放 70% 自由現金流量（free cash flow）的新政策等，都沒有產生顯著的影響。[44] 另一方面，史提爾合夥公司提出的公司治理改革訴求，則獲得投資人的熱烈迴響。於是，BKF 採取激烈的行動，該公司暫停召開股東大會，延期兩個星期，並屈服於所有公司治理訴求 —— 它同意贖回毒藥丸、取消董事會任期交錯制，並修正公司章程細則，從此允許股東召開特殊股東會。列支敦斯登在一封致股東信上，對 BKF 小家子氣又為時已晚的行動嗤之以鼻：

由於你們對我方提名人選及我們提倡的公司治理創議的支持，*BKF* —— 向死命不肯就範的野蠻董事會，終於在不情不願的情況下，跨進公司治理改革的現代世界…*BKF* 拖延許久後，終於採納我們早就倡議多時的提案和立場，這證明我們的主張已為 *BKF* 的股東爭取到利益。革命尚未成功，同志仍須努力。*BKF* 董事會依舊沒搞懂這場選舉戰的主要議題—改善營運績效，並在安排薪酬計畫時兼顧股東利益！[45]

直到委託書之戰進行到此時，約翰・李文都還是保持相對低調的態度。他從未公開回應對手對他的個人攻擊，而且公司先前發出的三封委託書信函，都是由「董事會成員」署名。[46]6 月 16 日當天，李文終於決定親自出馬對股東說項。他寫了一篇反駁坎內爾和史提爾合夥公司的強硬講稿，懇求股東再度把票投給伯頓・墨基爾和巴特・古德文。一如 1954 年紐約中央

鐵路委託書爭奪戰中的威廉‧懷特，約翰‧李文在幾乎確定將被擊敗的情況下，主動扛起責任，勇敢面對「槍口資本主義」。[47]

李文在那封信（亦請見本書書末收錄）的開場白中，解釋他撤銷毒藥丸以及取消董事會任期交錯制度的決定：「最近 BKF 的董事們採取激烈的行動，撤銷年度大會的所有議題，只留下一個核心議案：哪一群候選人才能組成有助於促進公司成長與成就的最佳董事會？」他指出，雖然史提爾合夥公司和坎內爾居心叵測地製造很多有關降低公司費用的雜音，卻遲遲未提出具體的費用裁減計畫。接著，李文主張 BKF 需要投資在全體員工身上，才能維持業務的適度成長，並為股東創造最大的長期價值：

所以，儘管我們公司由許多經驗豐富的專家組成，但算起來它終究是一家羽翼尚未豐滿的年輕股票公開上市公司，我們一直努力尋求開發能促進成長能量的多元投資策略。在這個發展階段，我們的命運－繼續成長還是淪落為失敗者－掌握在股東手上。

為 BKF 的支出政策提出辯護後，李文又接著回應有關自肥的指控：

對所有人公認的資產管理產業專家巴爾頓‧畢格斯的攻擊－說他在某一小段期間內花錢租用我們內部未充分利用又無法分租出去的空置辦公室空間 — 簡直是笑話，所有人一聽到我們稍加說明，就都清楚那是怎麼回事。他們也攻擊我們付給彼得‧所羅門的投資銀行組織的費用金額相對偏低，問題是，這些抨擊者又同時批評我們未能奉行策略性替代方案來實現股東價值。

在這篇反駁稿中，李文最咄咄逼人的部分或許是討論到他子女的薪酬的那段話：

至於對我子女的攻擊，我必須說，那些攻擊內容只透露了對手有多麼惡質，但也顯露所有安排絕無不當。他們對公司支付給犬子亨利的薪酬多有微詞，不過，我要懇求股東以他身為事件驅動型策略基金的兩名資深投資組合經理人之一，且多年來為公司創造非常高比重的營收與自由現金流量等條件來評估他…他的薪酬是根據他所管理的策略基金對公司獲利能力的貢獻來決定，而批評我們的那些避險基金經理人，不也是根據這樣的給付標準支薪嗎？…我不了解的是，從什麼時候開始，根據他管理的帳戶的獲利能力來決定他的獎勵方式，竟變成不正確的作法…小女珍妮佛‧李文‧卡爾特（*Jennifer Levin Carter*）的學術記錄非常傑出，她在耶魯大學念大三那一年，就獲得美國大學生優等生（*Phi Beta Kappa*）資格；她以卓越的分子生物物理學和生物化學成績從耶魯大學畢業，並以優等成績從哈佛醫學院及哈佛公共衛生學院畢業。她提供的寶貴研究成果讓我們的投資專家在研究生物科技及其他隸屬她的專業領域的企業時獲益良多，他們都認為與她互動為他們的研究加分不少。

李文指控史提爾合夥公司和坎內爾誤導投資人，將 BKF 描繪成一家虧本的企業，事實上，該公司 2000 年以來的會計虧損是來自 9100 萬美元的非現金攤銷費用。接著，他以最後的懇求來作這篇講稿的結論：

我理當以鼓舞人心、勾勒美好希望的訊息來作為這篇講稿的結論，但

且容我向你們傳達嚴酷的事實。我不知道任何一個股東或一群股東接下來將會怎麼說或怎麼做。本公司的未來由不結盟的股東自行決定。沒有折衷的空間。我們提名的人選是由外部個人組成。伯頓 · 墨基爾是股東應該需要的那種董事。他是經濟顧問委員會（*Council of Economic Advisors*）的前任委員之一，是普林斯頓大學長年的全職經濟學教授，也是先鋒公司（*Vanguard*）許多不同基金的受託人之一。巴特 · 古德文是私募基金界的優質投資人。在我們的資產管理公司於 *1996* 年併入 BKF 公司以前，這兩位紳士就已經擔任我們的董事。他們是最佳獨立董事人選。請把你們的票投給他們。

6 月 23 日當天，BKF 資本集團公司股東以二比一的落差，投票選擇了史提爾合夥公司提名的董事。[48] 董事長約翰·李文被股東投票罷免，不過，他又馬上被邀請回到新董事會。然而，雖然李文和列支敦斯登同為公司董事，卻未能就共同帶領公司前進的一項計畫達成協議。巴爾頓·畢格斯在 7 月 12 日離開董事會。公司在 8 月 23 日宣布李文的辭職案，不過，他還是保有「名譽董事長」頭銜。到了 9 月底，BKF 的資產管理規模剩 96 億美元，比年初時減少 29%。

壞消息接踵而至。10 月 18 日當天，BKF 宣布亨利·李文及事件驅動型基金團隊其他高階經理人離職，公司並表示這一檔避險基金將永久關閉。12 月 20 日，財務長葛蘭·艾詹（Glenn Aigen）離職，到李文的新公司任職。到那一年年底，該公司管理的資產只剩 45 億美元。安森·伯德與詹姆斯·帝希分別在 1 月 10 日及 11 日辭去董事職務。4 月 3 日當天，BKF 宣布兩名管理 6.15 億美元的避險基金資產的經理人離職。兩週後，又有一個避險基金經理人離職，這迫使該公司又清算了另外 1.33 億美元的資產。

到 2006 年 6 月底，BKF 的資產管理規模僅剩 19 億美元，季營收僅略高於 100 萬美元，較一年前的 3000 萬美元減少 96%。7 月時，致命的一擊來臨。BKF 的作多型基金經理人去職，這導致它不得不宣布將清算剩餘的資產。到 2006 年 9 月底，也就是委託書爭奪戰後十五個月，BKF 資本集團已經沒有任何營運中的業務，也沒有任何資產。[49] 該公司股價從股東投票選擇異議董事人選的那一天起，重挫了 90%。[50]

披著股票公開上市公司外衣的私人企業

無疑的，如果維權投資人未曾插手 BKF 資本集團，股東的下場應該不會這麼慘。就算約翰·李文直到最後一刻還是我行我素地將 80% 的營收發給員工，市場賦予 BKF 的評價，應該還是會高於它在 2006 年年底對只剩空殼子的 BKF 所做的評價。不過，BKF 資本公司的故事不僅是一個和失敗的股東維權運動有關的警世故事，它更凸顯出一些和股票公開上市公司本質有關的根本問題。

約翰·李文清楚告訴股東，**他是為了促進公司的成長而慷慨投資在員工身上，問題出在股東不怎麼相信他**。股東擔心李文持有的股權太低（只有 10%），他們知道那樣的持股比率，讓李文沒有強烈的誘因來為投資人把關，換言之，他可能不會為了股東利益而嚴密控管成本。一旦缺乏兼顧各方利益的誘因，公司治理就會演變成一種單純的信任問題。但在商業界，過於信任他人反而常導致自己受到傷害。BKF 的股東根本不信任李文會為了關注他們的利益而犧牲他手下員工的利益，因為 BKF 先前在公司治理方面的紀錄 —— 因毒藥丸計畫和任期交錯制董事而遭到玷污 —— 早已讓李文的信譽嚴重受創。也因如此，全體股東最後才會決定安插三個新的董事成員

到董事會。史提爾合夥公司固然是重要的催化劑，但股東強烈的不滿才是真正的動力。

不過，股東對李文的不信任真的有道理嗎？沒錯，BKF 的確使用了反購併工具，而且，李文確實也的確付了幾百萬美元給他兒子，但他對公司的管理是否失當？他是否濫用股東資源？要評估外界對於李文的自肥指控，首先應該先觀察李文本人的薪資。在委託書爭奪戰展開前五年，他每年的平均總薪酬是 400 萬美元。[51] 這不是一筆小錢，但觀察資產管理規模同樣超過 100 億美元的投資公司同業，李文的薪酬和這些同業的執行長兼投資組合經理人的薪酬水準比較起來，還稱不上離譜。1997 年時，李文的薪酬約當公司營收的 7% 左右，約佔員工總薪酬的 14%。到 2004 年，他的個人薪資已遠低於公司營收的 3%，而且僅略高於員工總薪資的 3%。所以，從這些數據，很難說約翰・李文發給他自己過高的薪資。

亨利・李文的薪資引來維權股東的許多關注。他 2003 年的所得約 800 萬美元，2004 年也接近 900 萬美元。這些數字確實非常高，也被史提爾合夥公司當成指控 BKF「未能對股東當責」的最佳攻擊。不過，李文和另一位資深避險基金經理，在 2003 年為公司賺了 5100 萬美元的費用收入，2004 年更賺了 6000 萬美元。避險基金產業向來以「無底薪佣金制」的薪酬結構而聞名。亨利管理的避險基金資產高達 25 億美元，以業界的標準來說，他的薪資幾乎肯定低於多數其他產業同儕。（記得《機構投資人》估計卡羅・坎內爾在 2002 年賺了 5600 萬美元嗎？）

BKF 讓該它的事件驅動型基金團隊領走了他們自己創造的三分之二盈餘。[53] 在避險基金產業，這樣的安排其實對公司方面還算慷慨。根據多數避險基金的種子協定（seed arrangements），公司收取的比率更低（譯注：

換言之，基金團隊收取的比率更高），大約僅 25%，而且一旦基金成功了，基金團隊勢必會再和公司協商對他們更有利的條件，換言之，一旦避險基金的翅膀硬了，種子投資人幾乎都會被迫接受這樣的強制性調整。BKF 的維權股東要求該公司重新調整它和避險基金經理人所簽訂的薪酬協議，但說實在，公司分到的 33% 費用收入已經很多了，確實很難再高。[54]

華倫・列支敦斯登在史提爾合夥公司於 2004 年 12 月發出的第一份委託書中寫道：「或許最驚人的是，當我們拿 BKF 的財務指標和其他股票公開上市的資產管理公司的相同指標加以比較後，結果令人難以置信。即使是匆匆一瞥，都會發現這些數字證明該公司真的有必要進行某些變革，才能為公司股東實現合理價值。」[55] 不過，如果匆匆一瞥所看到的數字有誤導效果，那又該當如何？拿 BKF 和伊頓萬斯公司（Eaton Vance）及瓦戴爾與瑞德公司（Waddell & Reed）等公司比較，實在沒有太大意義，因為那些公司規模比較大，業務較多角化，而且擁有基礎雄厚的品牌名稱。如果李文想要實現跟那些公司相當的效率，勢必會傷害到 BKF 的成長展望。

卡羅・坎內爾是非常優秀的投資人，但連坎內爾這麼一個不墨守成規，而且因避險基金業的績效收費結構而賺大錢的人，都無法體會 BKF 跟產業同儕有何根本的差異，箇中奧妙實令人難以漠視。

BKF 資本集團一案的最大諷刺是，**力促公司降低薪酬的股東，本身也都是坐領高薪的避險基金經理人**，他們理當更了解箇中道理才是。他們認定降低員工薪酬是提高公司盈餘的捷徑之一，但這麼做最終卻趕走了公司的人才。約翰・李文告訴我：「我們從 40 億美元的管理規模成長到 150 億美元，創造了 5000 萬美元的現金收入，還發放了 6.8 億美元的股利給股東，但這一切都被維權主義毀了。」[56]

市場終究是健忘的

　　總體來說，**我相信股東維權主義對美國經濟及美國股票公開上市公司而言，是非常良性的影響**。我認為自金融危機爆發後，股票公開上市股份有限公司的邊際利潤能屢屢創下歷史新高水準，原因之一就是股東維權主義的威脅無所不在。不過，股東地位的興起也促使產業同儕之間產生一種「從眾的偏差」。以今日的市場而言，我們可以把伊坎曾說的「最好在別人幫你拉抬股價以前，自己先把股價推高」，重寫為：「最好將公司的邊際營運利潤拉高到產業常態水準，否則別人會試著幫你達到這個目標。」當今很多維權股東無所不用其極地爭取邊際營業利潤最大化。過份的是，他們明明知道未來成長展望總是隱含不確定性，卻認定過去的盈餘一定能守得住，成為未來的銀行存款。這是和班傑明‧葛拉罕的主張非常不同的維權主義，葛拉罕重視的是資本的分配。

　　幾乎每個參與 BKF 委託書爭奪戰的人都承認，**股票公開上市公司和私有企業的標準確實不同**，而這一點顯露出癥結所在。菲爾‧高德斯坦、史提爾合夥公司和卡羅‧坎內爾都強調，BKF 的營運模式根本像一家私有企業。坎內爾告訴我：「我並不是批判他們貪婪，」「我批判的是，如果他們要採用那種類型的結構，那最好就轉為私人經營模式。」[57] 短暫接替李文擔任董事長的董事安森‧伯德告訴《紐約時報》的喬伊‧諾瑟拉（Joe Nocera）：「打從一開始，BKF 就不該讓它的股票公開上市。」[58] 即使約翰‧李文在寫到他兒子亨利時，都拐彎抹角地提到這個分歧立場：「我了解身為股票公開上市公司的一員，我有必要降低他的現金薪酬…」

　　如今，約翰‧李文非常後悔沒有在貝克芬翠斯公司改組時推動「超級

投票股份」（supervoting shares）。他說：「我犯了一個可怕的錯誤，」「這聽起來很荒謬，但我們當時認為，既然我們都已創造了發放 6.8 億美元股利給股東的巨大勝利，有沒有超級投票股份都無所謂。」[59] 如果李文透過某種雙重股份結構來確保對 BKF 的投票控制權，他永遠也不會因為對員工太過慷慨，而被股東投票逐出董事會。這凸顯出當今股票市場上常見的一種有趣分歧。其中一端是採用「一股一票」結構的股票公開上市公司，這種公司幾乎都很容易受股東維權主義左右；另一端則是徹底取消企業民主的企業，這些企業發給創辦人特殊的控制股份。於是，諸如谷歌等大型科技公司雖坐擁巨額現金，而且還把幾十億美元揮霍到諸如太空探索技術公司（SpaceX）等企業，卻還是絲毫不受維權主義威脅。

實質上，谷歌的關鍵字廣告（AdWords）是有史以來最棒的業務之一，該公司股東為了能夠參與它的成長，選擇放棄身為股東對公司的監督權。因此，**谷歌和股東之間的關係除了信任以外幾乎無他**，幸好到目前為止，股東都還能獲得相當豐厚的報酬。雖然谷歌收購諸如安卓（Android）和 YouTube 時，股東多少有些疑慮和不認同，但事後證明那些收購案都非常成功。儘管如此，仔細觀察這些仁慈的獨裁者隨著時間而逐漸改變的情況，將會非常有意思。以谷歌來說，由於慷慨發放股票與認股權給員工，所以它已經違反和股東之間的原始協議－將所有權集中在創辦人手上，畢竟這些員工紅利股和認股權已稀釋了創辦人的投票權。股東還會信任這家公司多久？你還能真心信賴那些宣稱自己不邪惡的人多久？

BKF 資本公司破產時，約翰・李文完全沒有受到傷害，事後甚至更加成功。他帶了 20 億美元的客戶資產到他的新公司，並進而將資產管理規模

擴大到 90 億美元，而且多半是透過新關係來實現這個成就。該公司有一半以上的員工是李文的 BKF 舊部屬。李文說：「不管是過去或現在，我們的原則就是要給員工非常、非常好的薪酬。」「這家新公司獨樹一格的特質之一是，超過二十五個營運、投資和交易人員全部緊密合作，在這個行業，這是非常罕見的。整個 BKF 的文化實質上被徹底摧毀，但又被轉移過來新公司。」李文將他後來的成就局部歸功於不再受「股票公開上市的問題所困擾」。[60]

儘管如此，很多人可能還是不禁會納悶，如果當初史提爾合夥公司和約翰‧李文之間達成某種妥協並彼此合作，最後的結果將是如何？ BKF 的幾檔分支避險基金如危難型基金（distressed fund）── Onex 基金 ── 後來的發展還是非常好。李文的做多型商業基金也顯然蓬勃發展，吸引了 70 億美元的新資金。坎內爾將 BKF 股東價值的崩潰，歸咎於李文不理性的焦土政策。坎內爾說：「我個人對約翰‧李文沒有成見，但他的作法真的很蠢。」「這件事對他的傷害，遠比對任何人的傷害更大。」[61] 至於李文則認為，公司的崩潰並非他的離職所致。「我個人確實有一點聲望，但真正有才華的是那些年輕人，問題是，他們完全沒有和那些人才交涉。這件事最大的錯誤是，我認為他們理當聘請很多人，但他們卻沒有做這件事，一個人也沒錄用。」[62]

BKF 資本集團是體現**「股東維權主義也能摧毀巨大價值」**的災難範例。不過，市場很健忘，它很快就會把你的錯誤忘得一乾二淨，因為卡羅‧坎內爾、約翰‧李文和華倫‧列支敦斯登事後不僅倖存，還再創其他成就。不經一事，不長一智，經過這個事件，他們都變得更聰明一點，但也都變得稍微窮一點。至於 BKF 的殘骸呢？這個曾經榮耀長達一個多世紀的芝加

哥機構，最後的下場如何？ 2006 年時，它被降級為一家空殼公司，僅剩微薄的現金餘額和高額的稅損結轉（tax-loss carryforward）——你應該也想像得到，這時，又有一批新的維權股東開始逼近，打算伺機而動。

結語

　　股東維權主義不是過氣的時尚。它已是公司治理領域一個根深蒂固的核心環節，它的根源可回溯到上個世紀。股東維權主義歷經了各種週期性變化，在不同的市場情勢會以不同形式出現。不過，股東維權主義的核心非常單純。誠如卡爾・伊坎在三十五年前指出的，當股票公開上市公司的資產評價低於它的可能拍賣價，或是低於不同經營階層管理下的可能評價，它就有套利的空間。在班傑明・葛拉罕時代，市場先生給予北方油管公司的評價，遠低於它轉投資的證券的清算價值。如今，很多維權股東鎖定經營績效看似較產業同業差勁的企業，但他們將這個方法應用到 BKF 資本集團時，卻遭到嚴厲的反撲，不過，羅伯特・查普曼所謂「對經營權與所有權進行暫時且有益健康的隔離」還是相當可行的投資策略。[1]

　　股東維權主義能善加利用股票公開上市公司在公司治理方面的弱點，創造優渥的投資報酬。若想要弱化維權主義的影響力，董事會和經理人就必須設法改善績效，消除伊坎所謂的套利空間。不過，誠如我們透過通用汽車、謝雷爾膠囊公司和星辰天然氣公司等例子見到的，有些股票公開上市公司無能到令人難以置信。本書的每個故事在在凸顯出那類監督失靈問題。

　　恩隆、美國國際集團（AIG）、房利美（Fannie Mae）到英國石油等股票公開上市公司的災難，是過去十五年間美國商業界的重要特色之一。一

般人傾向於將這些企業的災難視為個別的怪誕現象，就算不是這麼想，也將之歸咎於「企業的貪婪」。但光是用「資本主義肆無忌憚的貪婪」，並無法透徹解釋這些問題為何發生。由於如今的股份有有限公司規模愈來愈大，結構愈來愈複雜，這個問題絕對不能等閒視之。目前各個大型企業之間的交叉關連性比以往任何時刻都密切，儘管現代技術不斷創新，但要善加管理這些企業，也絕非簡單的任務，而且一旦出狀況，附帶損害有可能非常可怕。

提諾・德・安傑利斯的過去不明不白，信用記錄也參差不齊，所以他很難為他的聯合公司開立正常的銀行帳戶。然而，他竟神通廣大地說服美國運通為他的存貨進行價值擔保。**美國運通是世界上最大的金融機構之一，但它的高階經理人竟從頭到尾都不了解自己承擔了多少風險。**當最後的事實證明該公司擔保的近十億磅大豆油只是一文不值的海水，好幾家經紀商和出口商接連因大沙拉油騙局而倒閉。四十年後，類似的監督不周問題再次在 AIG 發生，但這一次，它的金融商品單位幾乎拖垮了全球經濟體系。

唯一從提諾・德・安傑利斯的行徑賺到錢的人是提諾本人和他的親信。就算最後提諾證明是合法的，美國運通公司內部也不會有人因此賺大錢。然而，美國運通卻放任這個騙局發生。這個情況和 AIG 的情況類似到令人不寒而慄：一個小小的事業部竟能售出價值數兆美元的次級房貸信用違約交換（credit default swaps）。即使是在 AIG 金融商品公司（AIG Financial Products）這個可恥失敗單位的顛峰時期，它因信用違約交換業務而獲得的利潤，也還不到該事業部的 10％盈餘。[2] 誠如麥可・路易斯（Michael Lewis）在《浮華世界》（*Vanity Fair*）雜誌有關 AIG 金融商品公司的概述中指出的，這個事業部的薪酬結構其實是以長期獎勵為中心，所以當 AIG 崩潰，

員工自己也受傷慘重，虧掉超過 5 億美元。換言之，美國運通和 AIG 的某些重要員工因那些業務而承擔了鉅額的專業、個人和財務風險，但潛在利益卻有限，所以，問題看起來並不盡然是肆無忌憚的貪婪所致。

股票公開上市公司的災難通常是長期缺乏當責文化與監督所引發的外顯症狀，而這些症狀是漫不經心的股東、事不關己的董事，以及不夠專心的經營團隊共同造成。股東維權主義就是為了透過這個動態獲取利益而存在。基於獲利的目的，維權投資人經常以對公司及其他股東有益的方式，「掠食」沒有效率的經營團隊。不過，誠如我們所見，當維權股東瞄準一個機會，他們絕對也會為了自己的利益而佔其他漫不經心的股東的便宜。所以，儘管維權股東滿口仁義道德，宣稱要為全體股東創造價值，我們也不該忘記他們的真正動機－他們只為自己及他們的財務支持者牟利。

以制式的檢核項目來因應公司治理議題有用嗎？

從雅朵夫‧伯利（Adolf Berle）在 1932 年撰文分析所有權與控制權分離的危險後，很多聰明人就開始深思公司治理問題。不過，一般人很容易就陷入泥淖般的理論細節，而那些理論細節無法幫助我們了解股票公開上市公司的真正運作。2012 年，康乃爾大學教授琳恩‧史都特（Lynn Stout）寫了一本發人深省的書 —— 《股東神話》（*The Shareholder Value Myth*），她在書裡解釋：「美國公司法從未規定股票公開上市的股份有限公司一定要『將股東價值最大化』。」[3] 她也主張，股東權利受到非常大的限制，他們甚至不代表公司的真正「所有權」。[4] 即使嚴格來說，史都特這兩個說法都是正確的，但現實世界的企業董事會真的能公然提倡「輕投票權股東之利益、重其他目標」的企業宗旨嗎？[5] 本書納入的很多維權股東信件，都

直言不諱地才指出股東才是企業的正當「所有權人」。就所有含義和目的而言，這樣的主張也並沒有錯，因為股東才是真正為股票公開上市公司出資的人，而且是唯一能投票選舉董事的「選民」。關於企業所有權的本質的抽象討論，並不能解決種種導致公司治理事務如此令人頭痛的現實問題。最終來說，股東是否「擁有」企業並不重要，公司是否依法必須讓股東價值最大化也不重要。只要投資人的動機是獲取財務利得，而且只要他們有權決定股票公開上市公司董事會成員，這些企業自然會以股東利益為優先考量，畢竟有投票權的是老大。

若是由學術界的公司治理專家來發起實務面的改革，結果可能會流於剛愎自用，違反常理。舉個例子，2011 年至 2014 年間，一群哈佛大學教授自設一個任務，意圖鎖定「任期交錯制的董事會」（任期交錯制是指董事的任期年數不同，不是在同一年改選整個董事會）。我們可以把任期交錯制董事會想成美國參議院式的治理方法 —— 參議員的任期會重疊 —— 而非眾議院（House of Representatives），眾議院的議員是所有席次同時改選。這個哈佛小組成功促使 100 家標準普爾 500 指數成分企業暨財富 500 企業解除其董事會交錯任期制。[6] 這是一個不可思議的結果，從中可見，在股東有點矛盾情結的領域，只要有幾個說話比較大聲的人挺身而出，確實足以產生顯著的影響。我不知道這個小組是否真的認為任期交錯制董事會是個名正言順的問題，說不定他們只是把它當成一個能吸引到最多關注的軟柿子；不過，無可否認的事實是，任期交錯制董事會並不是什麼大問題。原因是，在董事改組期間保留部分董事席次之延續性，自有其道理，何況任期交錯制董事會也鮮少讓任何人有機會鞏固自己的力量。如果一個維權股東夠聰

明，又能憑藉著正確的行動計畫介入，通常只要一個選舉週期內就足以說服其他董事支持他。本書討論的委託書爭奪戰中，戰況最激烈的是謝雷爾膠囊公司和 BKF 資本集團，這兩家公司的特色都是採用任期交錯制董事會，不過，最後，他們的維權股東都只靠一次選舉就達到目的。

或許最偏好以制式的檢核項目（不依據常識）來因應公司治理問題的範例之一是**委託書顧問業**。世界上最大的委託書顧問——機構股東服務公司在 1980 年代初期剛成立時，可謂立意良善，它針對投票事宜為很多機構投資人提供建議。由於主管機關要求投資公司必須建立健全的委託書投票政策，最後促使愈來愈多機構投資人將這項責任外包給 ISS 或它的競爭者—葛拉斯路易斯公司。但儘管這些公司努力嘗試，終究沒有足夠資源可適當追蹤每一家股票公開上市公司的董事會績效，所以，它們最後不得不訴諸標準化的評估方式，並因此偶爾會提出輕率到令人震驚的建議。

我在 2014 年加入坦迪皮革工廠公司（Tandy Leather Factory）的董事會後不久，ISS 建議投資人除了投給我，不要投票給其他任何一個董事。坦迪公司是一家小公司，經營一種古怪的皮革雕刻業務，我的基金在公開市場上購買了該公司的 30% 股份。我認為其他投資人低估了坦迪公司業務的品質，所以，多年來，我一直樂於購買這一檔股票，因為我認為該公司的股價嚴重低於其內含價值，故竭盡所能力購買這一檔股票。當該公司董事會體認到我實質上只要再打兩通電話，就能在不支付溢價給股東的情況下，輕易取得該公司的控制權後，隨即設置了一個**毒藥丸計畫**，阻擋我買更多股份。

雖然我對這個毒藥丸計畫非常憤怒，還發了一頓小脾氣，但該公司董事會以這個行動方針來回應它的處境，倒也算合理。事實上，主導相關事

宜的坦迪公司董事麥可・尼瑞（Michael Nery）並不是那種一心鞏固自身勢力的公司高階主管，他其實是持有該公司 10%股權的價值型基金經理人。但由於坦迪是在沒有經過股東投票的情況下設置這個毒藥丸計畫，所以 ISS 建議股東不要投票給尼瑞和經營階層中的內部人 —— 其實這些內部人的全部經歷加起來，等於在這家獨特又有利基的公司擁有 100 年的資歷。ISS 的建議聽起來一點道理也沒有。

ISS 不僅是針對一些不受注意的小型企業提出這種短視的建議。2004年時，他們還建議可口可樂的股東不同意投票給華倫・巴菲特，理由是他對嘉力達公司（Dairy Queen）的持股導致他有利益衝突的嫌疑。為此，可口可樂董事候選人赫伯特・亞倫（Herbert Allen）在《華爾街日報》刊登一篇憤怒的社論，他挖苦地寫道：「或許 ISS 有強烈的理由主張，巴菲特先生有可能因為忘記他持有一家和可口可樂之間僅維持極小額合約往來的公司（這家公司相對他的 500 億美元財富，簡直猶如九牛一毛），而在可口可樂公司董事會上投票時動搖。」[7]

大型股票公開上市公司的董事會經常會見到利益衝突。不過，我們不能因法規或是 ISS 所謂「最佳作業」那種強大的支配力量，而認定任何一種潛在的利益衝突都會導致董事提名人失格。一個擁有深厚產業知識和經驗的企業董事，絕對很可能涉及利益衝突的問題。若股東想選出一組真正優良的董事，必須利用自己的判斷能力，研判哪些利益衝突真正事關重大，哪些又無關緊要。儘管巴菲特對嘉力達公司的所有權，相較於他持有的 100億美元可口可樂股票可說是九牛一毛，但 ISS 那種公式化的評估方法讓巴菲特處於不利的處境。顯然 ISS 的檢核清單上並沒有「這個候選人是不是史上最了不起的資本分配者？」之類的問題。

本書研究了真實的維權股東案例，並探討他們的經濟影響力，我希望透過本書揭開公司治理的神秘面紗，幫助讀者像經營自己的事業那樣，更清晰地思考眼前的問題——「如果你有極高比重的淨財富取決於可口可樂的股票，你是否會對因為華倫・巴菲特持有嘉力達公司股份而不同意把票投給他？」答案是當然不會！

如果我們將這個常識型分析套用到其他頗受歡迎的公司治理創議，就會發現其中很多創議（像是討伐任期交錯制董事會的「哈佛十字軍」）不怎麼有道理。舉個例子，只要執行長也是董事的一員，那麼由不同人來擔任董事長與執行長，也不見得能對公司治理產生實質影響，因為根據多數企業的結構組成方式，董事也享有董事長的多數特權。

另一個經常被提出來討論的概念是，**應該賦予持股期間較長的股東某種特殊投票權**。不過，這項改革似乎不可避免地將股東歸類為有產階級和無產階級，還會賦予基礎雄厚的基金某種巨大的優勢。這將導致現有的維權股東愈來愈有勢力，讓他們獲得遠比小型新基金更大的競爭優勢。

公司治理領域最熱門的主題是代理權參與（proxy access）條款（譯注：亦稱委託書使用條例），很多股票公開上市公司激烈反對這個條款。這個條款的目的是要讓符合資格的股東有能力提名董事，並讓那些被提名人的姓名得以印在公司委託投票說明書的投票單上。常見的代理權參與條款之一是——允許持有3%以上股份且持股期間滿三年的股東，擁有提名25%董事的權利。表面上來看，代理權參與條款似乎不太重要，畢竟發動委託書爭奪戰的成本並不是那麼高，而且大型機構投資人擁有足夠的財力可提倡這些改革。不過，雖然代理權參與條款看似平淡無奇，卻可能產生一個

深遠的影響：異議提名人選將不再被污名化。如果大股東能提名董事，並在無須發動惡意活動的前提下，讓這些被提名人成為有效的候選人，就能讓經營團隊變得更當責。實質上來說，代理權參與條款等於是將股東維權主義予以制度化－由此可見為何企業那麼害怕這個條款了。

從掠食性動物變成獵物

本書含括了史上最精彩的股東致股票公開上市公司信件。身為這些優美作品的保管人，我必須坦承，我在浩瀚的股東維權主義天空下，只是一個卑微的小角色。我曾寫過維權股東信件，但那是一封史上最糟糕的「致董事長信件」。2009 年 5 月時，我寫了一封公開的 13D 信件給一家稱為無與倫比系統公司（Peerless Systems）的小企業，該公司的交易價比它的現金餘額價值還要低。我用短短 175 個字，肉麻地對消極的股東宣示效忠，問題是，我犯了可怕的文法錯誤。幸好我的基金持有該公司 20%的股權，這掩飾了那一封文筆奇差的信所造成的蹩腳觀感，該公司也很快就提名我合夥人和我擔任它的董事。

無與倫比公司是一家軟體公司，但一個名叫帝摩西・布洛格（Timothy Brog）的聰明激進維權股東，不當將該公司當成他的投資工具。在我們申報 13D 信件後五天內，無與倫比公司就對另一家海伯瑞金融公司（Highbury Financial）申報 13D 表格。海伯瑞公司本身也是一個收購工具，它也收購了某一檔持續成長的共同基金公司的部分股權。海伯瑞公司和 BKF 資本集團不同的是，前者的經營階層並未參與資產管理業務。它在尋找新收購目標的同時，支付其關係人（那是海伯瑞公司的董事長所經營）非常高的顧問費。布洛格認為，只要去除海伯瑞公司的不必要高階主管層級，它的股

東就能獲取非常可觀的利潤。他也希望能藉此為無與倫比公司爭取到共同基金業務。我還記得我們在開始參加無與倫比公司董事會後的某一場會議中，逐字閱讀一份帝摩西寫給海伯瑞公司的 13D 信件，信件的內容非常嚴厲，而且我們還討論了信上「*cojones*」的拼字。

當時的情況真的很荒誕。我的基金是無與倫比公司的維權投資人，無與倫比公司則是海伯瑞的維權投資人，而海伯瑞又打算進行另一項收購案。到最後，海伯瑞公司將它自己賣給一個策略性收購家，為無與倫比公司創造了極大的利潤。而無與倫比公司又進行一次大規模「自我標購」（self-tender），將資本返還給股東，並全面收購我的基金持有的該公司股份。接下來，布洛格又透過庫藏股買回及其他更巧妙的收購活動，將殘存的無與倫比公司的股價推高一倍。最後，他又把公司賣斷給另一個維權投資人。

無與倫比公司的命運凸顯出遭到維權投資人控制的股票公開上市公司的一個古怪事實：**這類公司經常也成為其他維權股東的獵物。**

曾幾何時，卡爾·伊坎、布恩·皮肯斯（Boone Pickens）和哈洛德·西蒙斯（Harold Simmons）以前所控制的投資工具，後來都成為其他維權股東的目標，羅伯特·楊的阿列格尼公司以及班·海尼曼的西北工業公司，最終也被其他購併藝術家併吞。商業世界擁有自我消耗的能力，偉大投資人一生的成果，不可避免會被重新吸入這個產業大染缸，沒有多少人感激他們的成就。就算有人還記得他們，或許也只記得他們如何花費自己的財富，而不記得他們如何賺到那些財富。談到這一點，我們不由得又想起華倫·巴菲特。

巴菲特的遺產是波克夏海威公司，他絕大多數的財富都將捐給「比爾

與梅琳達‧蓋茲基金會」，而且，巴菲特要求他每年的捐款都必須在一年內花完。[8] 他的名字將不會出現在很多圖書館、博物館或曲棍球競技場。波克夏公司當然是個不朽的成就，它是一家相當分權又極端龐大的綜合企業集團，遠比本書討論到的很多已內爆的企業更笨重。波克夏累積了五十年的驚人成功記錄，但一如其他大型多角化控股公司，它的價值也傾向於被低估。就在不久前的 2011 年與 2012 年，波克夏海威的股票就曾便宜到簡直傷風敗俗的水準。

股東維權主義不會放過任何企業，不管它有多麼顯赫。波克夏海威公司是一家股票公開上市公司，而就我們所知，巴菲特並未以新型的超級投票股或其他類似的機制來鞏固接班人的勢力。在這個股東維權主義盛行的年代，他的一生心血傑作還能倖存多久，實不得而知。**看起來巴菲特的公司似乎不可避免將成為一個目標**，一如很多其他成功投資人的公開工具。要不要捍衛波克夏公司，取決於該公司股東的意向。

市場的固有環節

約翰‧李文在致 BKF 資本集團股東的信中寫道：「我理當以一段鼓舞人心、勾勒美好希望的訊息來作為這篇講稿的結論。」在此，我也理當在此提出能因應未來局勢的適當處方，但我實在沒有任何好建議。關於公司治理問題，我提不出任何簡單的解決方案。取而代之的，我希望本書能讓你獲得和股東維權主義有關的寶貴見解，讓你更懂得如何評斷爭奪股票公開上市公司控制權的各方勢力，並當個有智慧的投票股東。

隨著股東維權主義愈來愈普及化，它看起來愈來愈不像是一種輪廓分明的運動，目前的情況已和委託書之狼及企業狙擊手時代不同。如今，**股**

東維權主義已是股票市場固有的一環，當對董事會與經營團隊不滿的股東達到一定門檻，幾乎肯定會有人出面干預，這已是我們這個時代不可避免的事實。

卡爾·伊坎在 1985 年年初浮出檯面，成為菲利浦斯石油公司的大股東後，短短幾天內他就遭到控告。但如今不管他鎖定哪個目標，對方反而經常會展開雙臂，歡迎他進入董事會。現代股票公開上市公司的經營團隊及董事會都深知，在面臨維權股東威脅時選擇不溝通並嚴陣以待，只會讓股東與公司派漸行漸遠。最佳企業防禦對策，就是預見自身的弱勢領域，並主動讓投資人了解這些弱點。舉個例子，如果你公司的邊際營業利潤低於產業常態值，或如果公司使用的槓桿較低，最好是在維權股東侵門踏戶以前，就先解釋清楚問題的緣由。因為漠視股東是絕對失敗的策略，而維權主義的盛行，已讓股票公開上市企業的反應變得更加明快。如果股東也能投桃報李，這個系統的運作會更加順暢。

如果你以為每個股東都有足夠能力，思慮周詳地透徹評估維權股東運動，並根據這個評估結果來投票，那你就太過天真了。這是過去六十年間**整個股票市場遭到受託投資人支配**的原因之一。但從公司治理的角度來說，這些受託實體雖然擁有成為明智投票人的資源，卻和缺席沒兩樣。他們應該要改變先前的被動因應方式，而改變所付出的時間和精力，一定會讓他們值回票價。若能藉由明智投票的方式來促進良善的公司治理，即使是諸如指數型基金（index fund）和量化投資經理人（quantitative investment managers）等被動的投資人，一樣能獲得更好的績效回報。

美國公司治理制度的目的是要善加利用專業經理人的才華，但又確保他們忠誠且正直對待外部股東的資本。長久以來的經驗告訴我們，良善的

企業監督機制，需要一群有能力的經理人、苛求的董事，與積極參與的股東戮力合作才能實現。當這個制度失靈（經常如此），當責文化的折損有可能引來災難般的後果。透過本書，我們了解到企業有多麼容易從優質公司治理轉變為劣質治理的狀態。最顯而易見的例子是通用汽車：本來由亞弗瑞德‧史隆擔任執行長，以及由大型個人股東和杜邦公司（持有 23% 股權）代表人組成積極董事會的通用汽車，輕易就能變成由一連串羸弱的執行長、僅持有微小股權且沉默的董事會、以及散佈各地又失聯的股東群組成的通用汽車。

商業史告訴我們，追求利潤的心會讓誘發人類極端與沉迷的那一面。當我們有能力善加駕馭這種追求利潤的心，就能造就沃爾瑪、萊斯施瓦布輪胎公司（Les Schwab Tires,）、西南航空和蘋果公司。如果我們未能好好駕馭那種心態，就會促成沙拉油騙局、垃圾債券操縱行為，以及牛排與奶昔公司（它將公司的現金挪移到執行長的避險基金）等。股票公開上市公司向來是促進人類進步與經濟成長的重要引擎，因為它能將大量資本交給擁有適當想法的適當人選。但若缺乏適度監督，股票公開上市公司有可能浪費掉令人難以想像的資金，並對它周遭的世界造成重大傷害。

股東興起為公司治理領域的中流砥柱之一後，投資人 —— 即選民 —— 便已被賦予引導股票公開上市公司創造（而非破壞）更優異成果的巨大權力與責任。

特別收錄
原始信件

第 1 章 信件 · 葛拉罕

1927 年 6 月 2 日

小約翰 · 洛克斐勒先生

雷蒙 · 佛斯迪克先生（Raymond D. Fosdick）

弗里德里克 · 史特勞斯先生（Frederick Strauss）

洛克斐勒基金會財務委員會

紐約市

各位親愛的先生：

懇請留意原為標準石油公司之子公司的各油管公司目前的某些事態；基於洛克斐勒基金會及其他股東的利益，這些公司迫切需要採取一項具體行動。筆者持有這些企業相當大的股權，舉其中一家公司為例，到目前為止，我們已是北方油管公司記錄上僅次於貴基金會的最大股東。此外，我們已和許多較小股東聯繫過，若說我們代表他們與我們自身的觀點也不為過。

洛克斐勒基金會自 1915 年開始投資這些公司，但如今它們的工業與財務狀況已大幅轉變。經過內外在條件的大幅變化，某些自十二年前施行至今的政策，雖說當年堪稱合理且令人滿意，但如今已引發了荒謬且令人遺憾的事態。除了牽涉到草原（Prairie）與伊利諾州的部分，近幾年來，這些

公司的油管投資業務的繼續經營價值已大幅縮減，但在此同時，它們持有的有價證券則顯著增值。因此，儘管 1915 年時，這些公司的資產原是依照合理比例適當分配到廠房和現金，但過去幾年間，現金資產的比重已大幅超過油管業務的繼續經營價值，以致於衍生一種反常的全新企業結構。

此時此刻，這些公司已不再像工業企業，它們的本質更貼近投資信託，因為股東的資金多數被投資到淨報酬率極端低的金邊證券（gilt-edged securities）。請准許我們說明，這個事態對洛克斐勒基金會非常不利，對其他油管公司股東更是大大不利。這些證券當中，有一大部份是鐵路債券，而鐵路債券的利息必須課徵 13 又 1/2% 的企業所得稅。如果貴基金會是直接持有這些證券，而不是透過對這些油管股票的投資來中介，貴基金會因此而獲得的所得將能免除企業稅，淨報酬顯然會更高。而為了規避前述的沉重稅負，該公司把相當多資金投入政府與市政債券。但就算它這麼做，以上論述同樣成立——該公司透過這些債券直接獲得的收益，遠低於貴基金會本身的平均投資收益率，因為基金會在選擇投資標的時根本無須考量避稅要素。

在此懇求你們認真考量其他股東因這些公司不尋常的財務情況而承受的更不利處境。由於洛克斐勒基金會持有這些企業的最大股權，也由於貴基金會的名號所代表的聲望，某種程度上，外界一定會從道德立場，將貴基金會視為眾多小股東的受託人。事實顯示，貴基金會在很多領域一向不吝於付出崇高與慷慨的熱誠，因此我們也期待，貴基金會能在某種程度上以相同的熱誠來對待其他股東伙伴。

如今，這些公司的投資人感覺到，他們持有的股票已變成一檔「混合證券」（hybrid security），一種完全不屬於公認財務作業範圍內的證券。他們持有的每一股股票，代表著對一筆高額優質債券的所有權，還有對一家

業務起伏不定且明顯每下愈況的工業企業的小額股權。在這些條件下，這些股份的真正投資價值，多半因油管資產的投機特質而遭到掩蔽。此外，若從股票投資的觀點來說，這些金邊投資標的衍生的收益明顯過低，尤其遠低於油管產業的收益水準。因此，大眾與股東的內心很容易會將這些投資標的的有效價值貶抑到極端不合理的低水準——考量到這些財產的所有權人擁有的資產與獲利能力 a 實際上非常豐厚，上述粗劣的細節使得股東令人遺憾的處境更顯不幸。

股東因這個事態而承受的不利處境並非憑空想像，而是徹徹底底的事實，從以下單一事例便明顯可見：1926 年年底，北方油管公司的股票持有人共 1909 名，相較之下，1924 年年底還有 2154 人。這代表在短短兩年內，至少有 12% 的股東處分了他們的股票。實質上來說，這些持股人因賣掉股份而收到的錢，比每一股股份所表彰的自由現金資產價值還要少——換言之，目前還繼續在創造盈餘的油管業務，等同完全沒有價值可言。其中某些持股人的售股所得，更僅約當公司每股現金資產的 80%。

我們附上幾個和其中三個議題有關的數字，作為當前情勢的具體例證：

1926 年 12 月 31 日	紐約運輸	尤瑞加油管	北方油管
每股現金與投資（市場價值）	$52.40	$49.50	$89.60
油管暨其他資產每股淨值（帳面價值）	77.60	101.20	21.30
每股總資產價值	$130.00	$150.70	$110.90
1926 年 12 月 31 日市場價格	31	50	72
當前市場價格	35	57	85

為了洛克斐勒基金會與其他股東的利益，目前的事態迫切需要補救，方法簡單明瞭。這些油管公司應將正常事業營運所需或基於合理或有事件而提撥的金額以外的現金資本返還給股東，這是股東的資本，應以特殊股利與／或減資的方式返還給他們。有兩家公司——即南方油管公司（*Southern Pipe Line*，每股配發資本 50 美元）以及坎伯蘭油管公司（*Cumberland Pipe Line*，特殊股利 33 美元）——已朝這個方向前進，並採取具體步驟。不過，其他公司並未向其股東擔保或甚至暗示將在合理的期間內，代表股東採取類似的行動。（對股東來說）最終將得到寬慰的希望，當然不足以彌補眼前這些公司的無能所造成的遺憾，尤其它們本就有能力輕易且迅速地落實明快的行動。

　　過去兩年間的不同時間點，筆者都曾和北方與南方集團的總經理討論這個問題。根據我們的理解，洛克斐勒基金會也在幾年前提出和我們類似的建議，但因政府稅聲索權（*tax claims*）的懸而未決，導致那個行動拖延迄今未能落實。如今政府稅聲索權已然底定，且多數採非常有利的條件，所以，謹建議應再次審慎考量這件事。

　　我們相信，不管是基於法律或實務理由，這個方向的創議理應由股東提出才適當，而非經營階層的職權。要判斷業務上用不到的資金應該留在公司或者提領出來，首先應該是由這些資本的所有權人決定，而非管理資金的人決定。因此，文末署名者－他們本身也是大股東，並代表很多其他股東發聲 —— 極力懇求能有機會和洛克斐勒基金會的代表討論此一局面，並期許能因此擬定一套完整計畫，補救目前令人不滿的局面，以改善所有股東的處境。

班傑明・葛拉罕

紐約市畢佛街 60 號

R. J. 馬隆尼（R. J. Marony）

紐約市百老匯 42 號

敬啟

副本致：

小約翰・洛克斐勒先生

雷蒙・佛斯迪克先生

弗里德里克・史特勞斯先生

第 2 章 信件 · 羅伯特 · 楊

致紐約中央鐵路公司股東

親愛的股東朋友們：

請把提高股票價值的工作交給我們。以當前的市場價值計算，我們已購買價值了 2500 萬美元的股票，因為我們有信心能達到上述目的。

羅伯特 · 楊

代表阿列格尼—楊—柯爾比所有權董事會提名人

1954 年 4 月 8 日

請將您的委託書放入隨函附上的信封寄回，無須貼郵票。

- -

為何你們的公司迫切需要一群新的高階董事

懷特先生在 *3 月 15 日*的紐約證券分析協會中，為中央鐵路公司股東擘畫的最佳藍圖，也不過是未來四至五年間，股東有可能獲配 *2* 美元或稍微低一點的年度股利。如果我們當初是抱持這樣的觀點，就不會購買目前的持股。

1929 年，紐約中央鐵路公司扣除所得稅與各項費用的淨利為 *7700* 萬美元。那一年，它發放每股 *8* 美元的股利，約當目前發行股數的每股 *5.75* 美元。*1953 年*，它的淨利只剩 *3400* 萬美元，較 *1929 年*降低 *56%*，但其他所有 *I* 類鐵路的盈餘卻是 *1929 年*數字的 *102%*。所以說，即使這在期間內，

中央鐵路花了超過 7.5 億美元在資本設備的改善上，結果盈餘卻不增反減。

1929 年，穆迪鐵路股平均指數的最低點是 96.92 美元，而紐約中央鐵路股票的最低價是 160 美元。今年 4 月 2 日，穆迪的鐵路股指數為 46.32 美元，下跌 52%，而中央鐵路公司當天的收盤價是 23.62 美元，下跌 85%。所以說，過去 25 年間，中央鐵路股票的市場價格比平均指數多下跌 33 個百分點。如果中央鐵路公司股票的表現與平均指數相當，而不是比平均績效差，它目前的價格應該會比市價高 53 美元，也就是大約每股 77 美元。

這就是讓范德比家族、第一國家銀行、摩根公司及過去 25 年間代表紐約中央鐵路公司董事會的諸多銀行利益團體負責管理公司財務的結果。

優秀的經營團隊能做什麼

我們尤其懇求你從第 4 及第 5 頁上的表格來觀察這個關連性（見原文第 247 頁的表格），這個表格細述了 1938 年至 1954 年間，阿列格尼公司及其關係企業的比較市場歷史。在這些年間，證券價格因產業的獲利能力成長而上漲。

要看一個經營團隊是否優秀，必須觀察有多少新增盈餘被用來復興公司的活力，而這通常會反映在該公司證券的後續市場價格上。1938 年時，C & O 鐵路是阿列格尼投資組合的各主要鐵路與工業股票中，唯一擁有良好財務狀況的公司。因此，它的跌幅不像投資組合的其他鐵路股那麼大，事後的漲幅也沒有那麼大。

由於注意到煤炭的競爭地位江河日下，故阿列格尼公司在 1938 年至 1954 年間，將它持有的 194 萬 1033 股的 C & O 股票全數出清，處分總價金大約為 8300 萬美元。換算每股平均出售價格為 42.88 美元，相較之下，今年 C & O 的最高價是 36 又 7/8 美元，最低價是 33 又 1/8 美元。

差勁的營運記錄

根據洲際商務委員會運輸統計局選擇與製表的數據，在東部地區
（*Eastern District*）、寶嘉康蒂（*Pocahontas*）和南部地區的十九大鐵路公司中，
紐約中央鐵路公司的運輸服務營運比率（費用相對營收的百分比）排名倒
數第二。中央鐵路公司的這項比率是 *73.85%*，其他 *18* 條鐵路的平均數字
是 *66.72%*。

在我們看來，這些數字徹底推翻了一個迷思：紐約中央鐵路的乘客運
輸比重較高是該公司營運記錄不佳的唯一原因。

中央鐵路座落於世界上最有利的運輸領域，而且擁有最受喜愛的水平
面路線。

另外也必須一提的是，根據拉卡瓦納鐵路─也就是懷特先生在 *1952* 年
加入紐約中央鐵路前，待了 *11* 年的老東家，他在那裡擔任總經理─ *1953*
年的營運狀況，它的運輸費用率幾乎是東部 *77* 條鐵路中最高，比它高的只
有破產的長島鐵路（*Long Island*）、加拿大政府的西部大幹線（*Grand Trunk
Wester*），以及規模微小的薩斯奎哈納鐵路（*Susquehanna*）。

為何中央鐵路公司的事態會演變至此遺憾地步？

紐約中央鐵路公司的事態演變至此，實令人遺憾，而我們認為這一切
的根本原因是，根據去年的委託投票說明書，現任董事共僅持有 *1* 萬 *3750*
股的股份，換言之，他們持股不到 *1%* 的四分之一。

請你想想，為何目前擔任董事會成員的四名銀行家只共持有 *450* 股的
中央鐵路公司股票，卻那麼堅定地緊緊抓住你們的公司不放？難道那不是

因為那四家銀行將透過公司的現金存款、託管業務和其他無數種管道而獲得龐大的利益嗎？

這四家銀行的董事與主管和另外 50 家工業企業與另外 14 家鐵路公司之間的關係環環相扣，而那些企業的總資產超過 1070 億美元。在這個情況下，你們認為這四個銀行人員對你們能有多忠誠？

載客部門的赤字

我們的首要行動之一是要積極處理中央鐵路公司載客部門的問題，去年這個部門虧損超過 5000 萬美元。

C & O 鐵路（在普爾曼標準車廂製造公司〔*Pullman Standard Car Manufacturing Company*〕的協助下）正在研發 X 列車，這是一種重量輕、低底盤的全新現代列車。根據工程師的估計，X 列車將符合洲際商務委員會的安全標準，它的營運成本只要現有設備的一半，而且建造成本只要三分之一。我們相信，這款新列車將非常有助於消除中央鐵路載客部門的虧損。

由於沒有接駁轉運鐵路（*connecting railroads*）的合作，故實務上 C & O 鐵路無法採用安裝 X 列車，但中央鐵路可以。

紐約市的房地產

1947 年以來，C & O 鐵路一直催促中央鐵路賣掉它的紐約市房地產，這些房地產的帳面價值為 4876 萬美元，而我們估計其現值為 1.5 億美元。如今，這項估計價值的收益率不到 5%。如果能利用出售房地產而收回的資金，大量購買紐約中央鐵路的債券—目前的報價為折價 30%—我們相信公司的財務狀況可望大幅改善。在我們的不斷施壓下，中央鐵路公司的董事

會終於採取行動，控告摩根公司及另外四家債券受託保管銀行，並透過法院確認判決（*declaratory judgment*）——這份判決裁定了因出售特定房地產而取得的資金可作何用途——建造紐哈芬鐵路。

蘭吉參議員為改善銀行業控制本公司的現況所做的努力

對 130 檔 I 類鐵路股遭受銀行家控制的現況感到憂慮的不是只有我們。以下幾段內容引用自美國參議院司法委員會主席威廉·蘭吉（*William Langer*，共和黨籍，北達柯塔州）參議員在 1954 年 3 月 18 日寫給州際商務委員會董事長克隆尼爾·蒙洛·強森（*Colonel J. Monroe Johnson*）的一封信，從中可見他也對此甚感憂心。

「擔任參議院司法委員會主席已一段時日的我，曾參與一項有關我國鐵路遭少數紐約、匹茲堡和費城金融家與銀行家控制的現象的研究。由於本人對鐵路控制權被集中掌握在少數人手中的情況深感憂慮，所以一直希望某人或某個團體，能出面打破長期以來我國鐵路業遭到摩根、庫恩洛布（*Kuhn Loeb*）與梅隆等利益關係團體支配的現況。

因此，當我透過文字得知羅伯特·楊先生正希望藉由取得紐約中央鐵路的控制權來實現我的願望，內心感到相當安慰。我認為此刻正是讓紐約中央鐵路擺脫銀行集團，回歸由股東掌控的好時機，我了解楊先生和他提議的董事會成員是最大的股東。如果楊先生和他的伙伴在這場競爭中獲勝，我認為，那將是打破鐵路領域遭壟斷控制的現況的一大進展。」

我們為你打官司

目前的董事會沒有權力為了保有自身的董事資格並排擠掉我們的提名

人選（我方人選毫無利益衝突疑慮，且持有超過 100 萬股的中央鐵路公司股票），無限制取用公司的財富。然而，現在的董事會卻表示，它打算在報紙、廣播、電視和雜誌上發動全面性廣告。

他們已聘請權威公關公司羅賓森漢尼根聯合公司（*Robinson-Hannegan Associates*）和專業的委託書徵求公司喬治森公司（*Georgeson & Co.*），以對他們有利的方式來動搖你們的投票意願。他們顯然相信股東絕對沒辦法阻止他們為了保住自己的候選人而亂花你們的錢，也認為你們無法阻擋他們利用你們的十萬名主管及員工來為他們提供委託書徵求服務。

我們已代表公司和諸位股東，在紐約對現任董事會成員提起訴訟，以期阻止這些支出的發生，並為股東追討先前花掉的錢。

懷特與梅茲曼（Metzman）的終生合約

請想想，懷特先生從關係企業拉卡瓦納鐵路被拔擢上來時，他有何理由獲得 65 歲退休前每年 12 萬美元、70 歲前每年 7 萬 5000 美元，以及往後每年 4 萬美元的優渥薪酬合約？那樣的合約當然會導致他失去努力工作的誘因，所以在我們來看，那樣的合約有害你們的利益。

你們的現任董事會成員並未將這份合約或另一項與前總經理哥斯塔夫・梅茲曼先生（*Gustav Metzman*）簽訂的終生合約 —— 每年 2 萬 5000 美元 —— 提交給你們核准。梅茲曼先生的合約還不包括他一年 2 萬 6000 美元的全額自由退休金，更不包括傳聞中美國鐵路車廂協會（*American Railway Car Institute*）一年支付給他的 6 萬美元的詭異薪資，儘管他目前已 68 歲高齡。該協會是車廂製造商公會，是各鐵路公司 —— 包括中央鐵路 —— 的設備供應商（1942 年時，一個供應商支付了一筆 10 萬美元的遺贈財產給你們的前任

總經理威廉森先生）。你們真的值得為了梅茲曼先生的服務，而付他這麼多報酬嗎？

其他未擔任摩根公司或紐約第一國家銀行董事（梅茲曼先生與懷特先生分別擔任這兩家公司的董事）的中央鐵路公司員工，並沒有獲得那樣的褒獎。如果他們當初把這些合約提交給股東，C & O 鐵路應該不會對現任董事會的行動－企圖犧牲你們的利益，讓這兩人領取終生保障－投下贊成票。

公司的章程細則第七條明訂：「董事會成員應擁有隨時可開除任何主管的權利，而這項細則理當納入公司和每個主管簽訂的合約。」我們的法律顧問洛德戴伊與洛德公司（*Lord, Day & Lord*）認為，懷特先生擔任總經理的期限，隨時取決於董事會的意志。

除非懷特先生修正對公司盈餘潛力的悲觀看法，並交出有效率的工作成果，否則新董事會保證不會繼續支付他目前高達每年 *12* 萬美元的薪資。

以下署名者將以每年一美元的代價擔任董事長 —— 但不擔任主要營運主管 —— 為股票持有人效勞。

開放競爭能降低成本

阿列格尼—楊—柯爾比公司先前促進的鐵路債券密封競價原則，已擴大使用到電信與公用事業產業，並為股東、消費者及運輸業者節省了數億美元，銀行的利潤相對縮水。

在 *ICC* 導入競價規則以前，中央鐵路公司及其主管和銀行家總是竭盡所能地反對將這個基本的美國競爭原則套用在他們的好友摩根公司身上。

唯有所有權人下定決心，為公司每一階段的事務導入競爭條件，並下

達警告意味濃厚且魄力十足的最高指導原則，才能剷除事事遭銀行業者支配的中央鐵路公司董事會所造成的弊病─即運輸比率過高。在現有的董事會主導下，公司和供應商、特許經銷商及合約承包商之間的關係糾結不清，所以我們認為，懷特先生根本不可能堅決地支持開放競爭政策。

為何我們要花自己的錢為你幹活兒？

首先，因為我們堅信，在優質經營團隊管理下，中央鐵路公司的價格將再度遠高於目前的價格，而且發放遠高於目前的股利，因此我們已購買了超過 100 萬股的中央鐵路股票。

除了你們和我們身為股東理應獲得的股利及增值利益，我們相信，一旦我們控制中央鐵路公司，將為鐵路產業、透過鐵路旅遊的大眾以及貨運商帶來極大利益。

羅伯特・楊

代表阿列格尼─楊─柯爾比所有權董事會提名人

4500 克萊斯勒大樓

1954 年 4 月 8 日

紐約市 17，紐約州

警告

如果任何銀行業者、律師、貨運公司、供應商或其他人，懇求你把委託書交付給現任的董事會，一定要問他和他們有何特殊利害關係，或紐約中央鐵路公司為了這項服務而給他多少好處。一如現在擔任董事的銀行業者，他可能想要透過你的鐵路或銀行業者得到特殊的好處。

如果你的股票是透過經紀商持有，或以其他人名義持有，請特別留意對方是否遵從你的指示，以確保我們能收到你的委託書。

隨函附上你的委託書。

請即刻簽名並以隨函附上的信封寄回。無須貼郵票。

比較市場歷史：阿列格尼及其關係企業，1938 年～ 1983 年

雖然羅伯特・楊與亞倫・柯爾比雙雙在 1937 年 5 月進入阿列格尼公司的董事會，羅伯特・楊還成為董事長，但他們和那時的合夥人寇爾畢（Kolbe），總共僅佔九席董事中的三席。接下來，他們不斷和一個惡意的總經理和董事會多數搏鬥，直到 1938 年 1 月 5 日，才終於完成促使現任總經理辭職的目標，並由柯爾比取代他的職務。在此同時，他們促成擴大董事會規模的目標，將董事會成員擴大為十名，而且首度在這個董事會取得多數控制權。當時阿列格尼公司的債券報價介於 71 美元（最早到期者，在 1944 年到期）至 37 又 1/2 美元（1950 年到期者）。當時它的普通股售價為 1 又 1/2 美元。羅伯特・楊最先是在 1938 年 1 月 19 日開始擔任鎳板鐵路董事，當天它的普通股價格為 18 又 1/2 美元，而票面利率 6%、1938 年 10 月到期的黃金票據，報價則是 60 又 1/4 美元。他在 1938 年 5 月 3 日成為皮耶馬奎特鐵路的董事，當天它的普通股報價為 10 美元，而各個到期日的優先債券的價格，分別介於 56 美元至 66 美元。控制了阿列格尼公司的董事會，也等於控制了阿列格尼的子公司匹茲頓及債務公司密蘇里太平洋鐵路的控制權（正處於第 77 條的重整程序）。關於密蘇里太平洋鐵路，在阿列格尼公司主導下，連續三次成功阻止了銀行與保險利害團體支持的組織重整計畫，每一次都讓各類證券的持有人獲得更好的待遇。

阿列格尼公司與關係企業（隨信附表）

	比較市場價格				
	最高價	-1938 年 -	最低價	最高價 -1953 年 -	最低價
阿列格尼					
第一優先	21		8	80⁺	
優先 A 股系列	17		5	152	130
普通股	1 又 5/8		7/8		
				贖回價格	
抵押可轉換					
票面利率 5%，1944 年到期	85		45	102 又 /21*	
票面利率 5%，1949 年到期	76		44	102 又 /21*	
票面利率 5%，1950 年到期	51		25	102 又 /21*	
鎳板鐵路					
1947 年					
優先股	38		12	123⁺⁺	
普通股	23		7	34⁺⁺	
				贖回價格	
6% 黃金票據，原 1938 年到期，展延至 1941 年 ª	106ª		30	100ª	
第一順位，票面利率 3 1/2%，1947 年到期	95		65	101*	
償債債券，票面利率 5%，1974 年到期	74		30	103 又 1/2*	
償債債券，票面利率 4%，1978 年到期	62		27	102*	
切薩皮克與俄亥俄鐵路				最高價 -1953 年 -	最低價
普通股	38		22	42	33

+ 這檔股票絕大多數在 1953 年被交換為新的第一優先可轉換股票（每股股利 4 美元），沒有交換的股份以每股 80 美元贖回。

* 所有標上「*」記號的證券，都在 1943 年至 1945 年間以買回價格贖回。

++ 1947 年 11 月 10 日－即 C & O 鐵路將它的鎳板鐵路持股當成額外股利分配給 C & O 鐵路的股東當天－的價格。

a. 票面利率 6%、1938 年 10 月到期的黃金票據並未在 1938 年還款，而是展期到 1941 年。到了還款時，這些票據有 20% 是採現金付款，剩餘部分被交換為票面利率 6%、1950 年到期的票據，不過這些票據在 1943 年 12 月被以 100 美元贖回。

比較市場價格

	最高價 -1938年- 最低價		最高價 -1953年- 最低價	
	最高價	最低價	最高價	最低價
皮耶馬奎特				
第一優先	43	17	99	91[b]
優先股	38	15	85	67[b]
普通股	18	5	21	16[b]
			贖回價格	
抵押可轉換				
第1順位，票面利率5%，1956 年到期	81	53	105[*]	
第1順位，票面利率4%，1956 年到期	75	50	100[*]	
第1順位，票面利率4.5%， 1980年到期	76	50	105[*]	
密蘇里太平洋鐵路			最高價 -1953年- 最低價	
第一順位與償債債券	25	14	118	102
一般責任，票面利率4%，1975 年到期	8	4	117	84
可轉換債券，票面利率5.5%， 1949年到期	6	3	101	69
優先股	4	1 又 1/8	58	33
普通股	2	1/2	14	6
匹茲頓				
普通股	3/4	1/8	31	18
投資人分散投資服務公司[c]				
普通股	18 又 1/4[d]	22	98	82

b. 從皮耶馬奎特鐵路（Pere Marquette）在 1947 年被併入 C & O 鐵路公司後，這些價格代表它換得的 C & O 鐵路股份的目前約當報價。

c. I. D. S. 是三家美國國內開放型投資公司：投資共同公司（Investors Mutual）、投資人股票基金（Investors Stock Fund），以及精選基金（Selective Fund）等關係企業的投資管理公司，這些投資公司持有相當分散的證券投資組合，包括鐵路股票和債券。

d. 1949 年 4 月與 5 月為購買控制股份而花費的取得成本。

第 3 章信件・巴菲特

1964 年 6 月 16 日
霍華德・克拉克先生
美國運通公司總經理
百老匯 65 號
紐約市，紐約州，10006

- -

親愛的克拉克先生：

我們的合夥公司最近購買了大約 7 萬股的美國運通股票。我們是在深入調查過旅行支票使用者、銀行行員、銀行主管、信用卡機構、信用卡持卡人和以上各業務領域的競爭者的意見後，才出手購買貴公司股份。所有人都向我們確認，美國運通公司的競爭活力與卓越的商業地位，並未因這次的沙拉油問題而遭受損害。我敢肯定，最近經營階層一定難免會感覺自己因中轉倉儲業務活動而像掉進無底深淵，但我們認為，三至四年後，這個問題很有可能會讓公司在建立優異財務誠信與責任標準的路途上－目前公司的這些標準已遠高於一般商業企業－更加百尺竿頭。

由於我們才購買公司的股份不久，故此時此刻就對經營階層提出建議，似乎有點冒昧。但我還是要懇切地建議，或許由您寄一封年中信件，向股東說明年度股東大會中提到的幾個要點——公司仍保有原來的競爭優勢——是適當的。我不認為一個長期股東會過於擔憂沙拉油索賠事件的精確淨和

解金額，或那件事過後六個月間的精確淨利金額（因為季節性差異和全世界的會計問題等，你應該很不願意評論那個數字）；不過，長期股東一定很想了解旅行支票的銷售額、信用卡持卡人、信用卡變更、外國存款等，是否都還維持和沙拉油事件爆發前一樣的成長。

我們從報章媒體上得知，某個股東為防範母公司自願承擔子公司因沙拉油事件而產生的負債而提起訴訟。我是財務分析師協會（*Financial Analysts Federation*）的會員，也在企業資訊委員會（*Corporate Information Committee*）服務。幾個月前，我們和美國運通公司或它的股票毫無瓜葛。我非常願意自費出庭作證，如果我們認為這家母公司打算漠視外界對其子公司的求償，我們就不會購買目前這 7 萬股的股票，因為我們認為，如果母公司真的這麼做，它的長期企業價值將大幅降低。換言之，我們判斷，如果美國運通勇於為子公司的各項行為負起責任，並提出公平或甚至慷慨的賠償條件，那這家公司的價值就會遠比推卸責任的情況下高很多。我們已經以大約 280 萬美元的投資來支持這個觀點。我不知道我的觀點是否對法庭的判斷一判斷公司經營階層提出和解條件的行為是否適當一具有重大意義，如果有，讓我再次重申，我願意到庭作證。

這段時間對你和其他經營階層來說想必很不好受。讓我向你保證，絕大多數的股東（雖然或許不是說話最大聲的股東）認為你們表現非常卓越，儘管公司遭受這種多半應歸類為天災的颱風蹂躪，你們卻穩住整個局面，更帶領大家全速前進。颱風一定會過去，而我認為，歷史將證明，這艘船會繼續創造耀眼的進展。

誠摯的
華倫・巴菲特

第 4 章信件・伊坎

威廉・道斯
董事長
菲利浦斯石油公司
菲利浦斯大樓
巴爾特斯維爾，奧克拉荷馬州 74004

親愛的道斯先生：

我是 750 萬股菲利浦斯石油公司股票的受益人，我因持有這些股份而成為公司最大股東之一。我檢視了你寄來的文件上所提出的條件，發現這些條件嚴重不足。我接到唐納森路金詹瑞證券股份有限公司（*Donaldson, Lufkin & Jenrette Securities Corporation*，它是國內最一流的石油分析公司之一）寄來的審計報告（*opinion letter*），他們在報告中表示，這整個配套僅價值大約每股 42 美元。

因此，我寫這封信提議讓所有菲利浦斯公司股東都能擁有一個選擇的機會可考慮另一個替代交易條件，我相信，相較於你建議的資本結構調整計畫，這個替代交易條件將對他們更有利。

根據我的建議案，我將以每股 55 美元收購 100% 的菲利浦斯公司普通股，包括每股 27.5 美元的現金，以及一檔次級票據，根據某些全國知名的獨立投資銀行人員的意見，一旦全額分配，這一檔次級票據將價值每股

27.5 美元。

我收購公司股份的資金來源，將由德崇投資銀行安排，該銀行已通知我，如果菲利浦斯公司同意這項交易，並以合作的態度，根據當前的條件將事情順利完成，假定德崇最晚能在 1985 年 2 月 6 日下班時間以前展開融資作業，該銀行非常有信心可在 1985 年 2 月 21 日安排好必要的融資。我的開價不受實質審查進度影響，只取決於董事會－希望董事會同意若我們的資金在 2 月 21 日到位，菲利浦斯公司將暫停原訂在 2 月 22 日召開的特別股東會，並另外安排一個開會時間，讓股東自行決定要選擇我或你們的開價。

請特別注意，我絕對不反對 EISOP 購買菲利浦斯石油的股份，我是對董事會不允許所有股東以公平價格出售他們的所有股份，表達堅決的抗議。如果我能以每股 55 美元，全面槓桿收購菲利浦斯的股份，諸如 EISOP 這種擁有稅賦利益的團體也應該能輕易這麼做。如果你們為了收購所有流通在外的菲利浦斯股份而提高開價，以每股 55 美元價值的配套方案來收購，我會很樂意退讓。

由於你們提早召開特別會議而造成時間上的限制，逼得我不得不要求你們在 1985 年 2 月 6 日下班時間以前接受或拒絕這份提案。

我建議你們修正計畫，向菲利浦斯公司的所有股東提出每股 55 美元或更高的收購價。我堅決強調，不管是任何情境下，除非你以對我開出的相同精準條件，向菲利浦斯公司的所有公眾股東提出收購股份的請求，否則我不會接受你或你的任何代表人收購我的任何或全部股份。如果資本結構調整計畫沒有依照我建議的方式進行修正，我打算開始徵求委託書，反對你們的提案。我也計畫立刻展開以每股 55 美元公開收購菲利浦斯流通在外

51%股份的行動，未來也會以價值每股 55 美元的證券來收購剩餘的股份。誠如附加信件上提到的，德崇投資銀行有信心能為這次收購安排好必要的資金。

真誠的
卡爾·伊坎

第 5 章 信件・裴洛

1985 年 10 月 23 日

機密

羅傑・史密斯

董事長

通用汽車股份有限公司

14130GM 大樓

3044W 大包烈佛

底特律，MI 48202

親愛的羅傑：

為了消除我對休斯收購案的疑慮，我們必須解決兩大領域的問題：

—— 經濟與商業層面。

—— GM 的經營風格對擁有先進技術的公司的負面影響，以及這對休斯的長期寓意。

要善加解決休斯商業層面的問題，最好要有外部的

—— 律師。

—— 會計師。

—— 投資銀行人員。

我將要求實質審查型的簡報，這份簡報必須重點說明休斯的主要問題

以及它的優勢。具體來說，我不要聽休斯的銷售簡報。

這場簡報應該含括一份分析休斯公司獲利為何降低，以及各項沖銷項目的緣由等事實分析報告（*factual analysis*）。

此外，我希望 GM 能說明收購休斯的主要理由，請以條列方式提出說明，而且以這些理由對 GM 而言的重要性來排序。

我能在一、兩天內完成這份簡報，我隨時都可以馬上開始準備。

若你能接受以上提議，請讓艾莫爾（*Elmer*）或適合的 GM 主管人員和我聯繫，搞定這件事。

下一步就是公開處理與解決我們之間的問題。如果不這麼做，休斯將來還是會因相同的問題而受到負面的衝擊。

唯一重要的是 GM 成功與否。你我之間的齟齬不是重點。

基於 GM 的利益，你必需停止把我當成麻煩人物，並認同我是：

── 大股東。

── 積極的董事會成員。

── 有經驗的商人。

你必需承認，我是少數有能力且一定會和你唱反調的人。

愈來愈多 GM 人要求我告訴你：

── 他們感覺你必需知道的事。

── 他們擔心你不想聽的事。

── 他們害怕告訴你的事。

不管你要不要聽，我都將告訴你所有有助於建構與強化 GM 有關的事。

舉個例子，資深的 *GM* 人多半認為休斯公司對 *GM* 品質與成本競爭力的提升，不會有多大的貢獻。收購休斯公司無法解決讓 *GM* 陷入競爭劣勢的種種根本經營議題。這是我個人最擔心的根本商業問題。

　　至於你我之間的關係，

　　—— 如果我認為你是對的，我一定會全力支持你。

　　—— 如果我認為你錯了，我一定會坦承告訴你。

　　—— 如果你不改變目前的專制風格，我將在關鍵議題上和你作對。

　　我將：

　　　　—— 私下和你辯論。

　　　　—— 如果必要，我將在董事會和股東面前，和你公開辯論。

　　你和其他 *GM* 員工可能認為，如果你把局面搞得很僵，我會因為沮喪而打退堂鼓。但你必需了解，基於我對以下相關人等與職務的義務，我絕對不會掉頭離開；

　　—— *EDS* 的顧客。

　　—— *EDS* 的員工。

　　—— *E* 股的股東。

　　—— 我身為 *GM* 董事的責任。

　　我只有一個目的 —— 見到 *GM* 成功。我沒興趣擔任 *GM* 正式經營團隊的一員。

　　我不期待我的所有想法都會被接受。但我堅持你們要聽取並審慎考慮我的想法。

　　我將以有建設性的方式，努力協助 *GM* 成功，而我也期待其他人也能

和我一樣。

　　且容我更具體說明你我之間的問題。舉個例子，最近在底特律召開的一場會議中，你：

　　—— 明顯感到厭煩。

　　—— 幾乎無法容忍其他人說的話。

　　—— 你的態度和評論徹底抑制公開溝通的氣氛。

　　—— 例如「GM 沒有企業策略」—— 不管你喜不喜歡聽，很多高階 GM 人都不知道 GM 的企業策略是什麼。高階主管認為我們正「一步步退出汽車市場。」

　　你必須了解，

　　—— 你的風格令人敢怒不敢言。

　　—— 發脾氣只會傷害 GM。

　　—— 你試圖打壓所有反對者的傾向，傷害了你在 GM 內部的效率。

　　—— 你必須了解別人怕你。畏懼感會壓抑坦承的意願和 GM 的向上溝通效率。

　　—— 你必須知道，GM 所有階層的人都用諸如無情和惡霸等字眼來形容你。

　　—— GM 上上下下普遍感覺到你不關心別人。

　　—— 你不能以為只要聚焦在你注意到的單一問題，就能修正 GM 的所有毛病。你的這個傾向令 GM 人普遍深感憂心。

　　如果我們公開、坦承且彼此信任，上述商業問題自能迎刃而解。從此時此刻開始，身為 GM 董事，我不接受全美汽車產業工人聯合會（UWA）

式的對抗、錯誤的情報和混淆視聽的聲明。

過去這類的例子包括：

—— E 股的最初交易。

—— 莫特的薪資 —— 宣稱 GM 不知道這件事；莫特的薪資過高，因此 EDS 每個人的薪資都過高。

—— 宣稱未能將莫特的薪酬計算方式納入公開說明書違反 SEC 規定。

—— 以技術問題為由，扣住 SIP 股份長達幾個月，但從未討論真正的理由。

—— 宣稱 GM 不能延後了結休斯一案；在特定日期後不能對休斯計算利息。

—— 未能信守購買時所做的承諾。

—— 只有在對你自己有利的情況下訴求公平議題。

最後，我並不相信 GM 投入大量技術和金錢來解決自身的種種問題，就能成為世界一流且具成本競爭力的企業。

—— 日本人不是以技術或金錢打敗我們。他們使用舊設備，卻以更優質的管理，在日本和在美國（一樣使用 UAW 的工人），製造更好且更便宜的汽車。

—— 儘管我們花費鉅額支出在自動化廠房，卻仍無法拉近和他們之間的品質和價格缺口。我們不願意為了追求具競爭力的價格，設定一個目標完成日，這件事顯示我們打贏這場戰爭的意願並不高。

未來關係的基礎建立在誠實、公開和坦承之上，簡單說，就是互信與互重。從此時此刻開始，行動才重要，多說無益。我們必須集中我們的所

有精力，幫助 GM 打贏這場仗。

　　羅傑，我的目標是成功解決上述問題。我試著將這些問題定義為我的第一步。這件事和我們之間的恩怨無關，只和 GM 的成敗有關。我承諾將竭盡一己所能，追求 GM 的勝利，而我知道你也和我一樣。

　　我建議我們針對這些議題當面商談。

　　請讓我知道你何時想和我見面。

　　誠摯的

　　羅斯

第 6 章 信件 · 裴洛

198 年 8 月 4 日

親愛的股東朋友：

謝雷爾膠囊股份有限公司董事長及總經理寄了一封信給你們，日期標註為 1988 年 7 月 28 日，那封信蓄意扭曲「卡爾拉·謝雷爾·芬克拍賣謝雷爾膠囊股份有限公司股東委員會」的所要追求的目的。

本委員會的目的只有兩個：

—— 基於所有股東利益，以最大現金價值將公司出售。

—— 反對專為最高主管人員設置的「黃金降落傘」方案，因為我們相信這些主管級人員的薪酬已相當優渥，而他們優渥的薪酬是由你們買單。

那封信斷言本人 —— 卡爾拉 —— 要求擔任公司執行長，那個說法**絕對是子虛烏有**。我們從未提出那樣的要求。另外，發信人宣稱他們代表董事寄信給你們，也屬捏造。我們兩人身為董事，卻直到公司經營階層將信交付新聞媒體後，才知道有這封信的存在。最後一次董事會日期是 1988 年 6 月 8 日。

我們相信經營階層為了防止公司被拍賣而刻意誤導你們，以便讓最高主管人員能繼續為自己圖謀私利。在 1985 年 4 月 1 日至 1988 年月 31 日間，董事長威爾博·馬克（我們認為這個職務多半是有名無實的形式職務）及總經理彼得·芬克，共獲得 300 萬 7000 美元的薪酬，這包括現金、公司發給的獎勵性股票的價值，以及執行股票選擇權所實現的淨價值，但不包括

他們的退休福利對公司造成的成本—在那三年間，這項成本超過公司發放給股東的股利支出的三分之一 —— 在這段期間，公司發放給股東的股利共僅 900 萬 2000 美元。在我們看來，謝雷爾膠囊公司經濟政策的真正受益人非常顯而易見，就是公司的最高主管人員。

從我們在 1988 年 5 月 23 日公開表達要賣掉公司的決心後，你們持有的謝雷爾膠囊公司股票已上漲到 1988 年 6 月 24 日的每股 28.75 美元，換言之，股價因預期公司將被拍賣而上漲了 80% 左右。眼前最重要的是**你的財務福利** —— 不是經營階層為了導致你分心而發出的人身攻擊。

光是認同我們並不夠。敬請**支持**我們，請**今天**就在隨函附上的綠色委託書卡上**簽名、標註日期**，並**寄回**。

卡爾拉·謝雷爾·芬克　　　　　　　約翰·謝雷爾

第 7 章 信件・洛伯

透過傳真與美國郵政傳送

2005 年 2 月 14 日

艾瑞克・塞芬先生

董事長、總經理暨執行長

星辰天然氣合夥公司

2187 亞特蘭大街

史丹佛 ST 06902

- -

親愛的艾瑞克：

第三點公司（以下稱「第三點」）為持有 194 萬 5500 單位的星辰天然氣公司（以下稱「星辰天然氣」或「公司」）普通單位（*common units*）的特定實體提供顧問建議。我們持有的 6%公司普通單位權益，讓我們成為你們的最大單位持有人。和當初以 24 美元價位購買公司普通單位的不幸散戶投資人（其中很多人已聯合對你個人和公司提請集體訴訟）不同的是，我們的股份是在這些價位購買，而且在接近每單位 7 美元的水準賣出 50 萬股，獲利回吐。

由於你們多項收購活動與營運方面的失策，已導致單位持有人承受了大約 5.7 億美元的價值減損。我實在不了解為何你會那麼怯於和股東溝通。

我們呼籲你召開電話會議，討論公司的困境，並提出一套行動計畫。

我們也試著在很多場合和你接觸，但得到的答案都是：你的法律顧問建議你不要和債券持有人及股份持有人談，因為目前高階經營人員和公司面臨了洪流般的股份持有人訴訟案件。誠然我們接到公司財務長艾米・特勞伯（*Ami Trauber*）的電話（有意思的是，我後來知道他先前在席拉科技公司〔*Syratech*，那斯達克代號：*SYRA*〕工作，目前該公司的每股交易價僅剩 6 美分，而且正在進行債務重整）。問題是，幾乎所有已申報的股東集體訴訟的申訴意見中，都不約而同地提到他的名字，所以，艾米怎會不受公司法律顧問的禁言令影響？由於幾個月以來，我們打無數通電話給你，但你都不願接聽，故令人遺憾的是，我只好在根據 *1934* 年證券交易法第 *13* 條（*d*）規定的公開論壇上和你溝通。

悲哀的是，你的不稱職不僅表現在你未能和債券與單位持有人溝通的問題上；回顧你的紀錄，就可發現你多年來不斷從事價值破壞的行為，並犯下許多策略性失誤，我們已因此將你封為美國最危險且最不稱職的高階執行主管之一。（令人莞爾的是，我在調查過程中發現，康乃爾大學〔*Cornell University*〕有一個『艾瑞克・塞芬獎學金』，對於那個因為把你的名號附加在自己的學術記錄上而蒙羞的窮學生，我們只能表達同情之意。）

2004 年 *10* 月 *18* 日當天，星辰天然氣公司宣布暫時停止發放普通單位股利，導致單位價格重挫 *80%*，從 *10* 月 *17* 日的 *21.6* 美元，跌到 *10* 月 *18* 日的 *4.32* 美元，摧毀了超過 *5.5* 億美元的價值。

2004 年 *11* 月 *18* 日當天，股價溫和復原後，星辰天然氣宣布要出售丙烷業務，這導致普通單位價格又從 *11* 月 *17* 日的 *6.68* 美元跌到 *11* 月 *22* 日的 *5.55* 美元。經營階層顯然感覺到這麼做能創造股東價值，但事實上正好

相反。公司顯然不覺得有為單位持有人創造最大利益的受託義務，所以選擇在出售丙烷部門前，不回覆我們這個主要單位持有人的電話。如果你們的反應能更明快一些，我們就能提前警告你們，這個行動無法創造價值。令人震驚的是，公司還暗示，單位持有人將因該事業部的出售，而被「轉嫁」最高每股 10.53 美元的應稅利益，儘管某些單位持有人已承受了每單位 15 美元以上的虧損。

更糟的是，我們發現，受公司的特殊委員會指派評估出售丙烷業務的兩名委員 —— 史帝芬・羅素（*Stephen Russell*）與威廉・尼可列堤（*William P. Nicolletti*），分別獲得 10 萬美元的一次性酬勞！這等於是讓已受傷慘重的單位持有人再度受到羞辱，也讓你在爛經營階層的天空裡，更顯得閃耀奪目。既然你已經支付顧問費給雷曼兄弟公司（你的前雇主），也支付額外的顧問費給基班克資本（*KeyBanc Capital*）公司，請他們提供建議給特殊委員會，還支付了和這項交易有關的高額法律費用，那還有必要付錢給他們兩人嗎？你們怠忽受託義務的程度，實令人太過震驚，因此，我們要求羅素先生與尼可列堤先生必須立即返還公司支付給特殊委員會的所有費用。

2004 年 12 月 17 日當天，星辰天然氣和摩根公司敲定了一筆 2.6 億美元的營運資金融通額度。到 2004 年 12 月 31 日，公司已違反了固定支出保障倍數（fixed charge coverage ratio）不得超過 1.1 倍的規定，只剩 1.0 倍。結果，公司被迫動用出售丙烷業務所獲得的 1.435 億美元額外資金中的 4000 萬美元，以維持營運資金融通額度的最低可用金額 — 2500 萬美元，以避免違反既定的信用融通合約。由於這項合約是在 2004 年 12 月 17 日敲定，所以，顯然摩根公司並沒有預料到，公司至 2004 年 12 月 31 日為止那一季的 EBTIDA 會是 0 元（扣除非經常性項目以前）。我也假設彼得・所羅門（Peter

J Solomon，公司的重組顧問）並沒有根據那樣的預估數字來爭取再融資機會。

在公司於 2004 年 12 月 14 日（距離季末僅 17 天）申報的 10-K 表格上，說明了至 2004 年 11 月 30 日為止那兩個月的熱燃油業務量，較前一年同期下降 7.2%。然而，公司在 2004 年 12 月 31 日申報的 10Q 表上，又暗示那一整季的熱燃油業務量降低 15%。這樣的情況可能代表三件事：（*i*）到年底為止那十七天，業務量大幅降低超過 50%（這令人難以置信）；（*ii*）經營階層無法精確掌握業務的發展方向；或（*iii*）經營階層感覺就算即將進入對公司最重要的冬季，也沒有必要向單位持有人報告有關顧客的重大資訊。

誠如以上所述，到 2004 年 12 月 31 日為止那一季，EBITDA 從前一年的 2600 萬美元降到 0 元。熱燃油業務量降低 15%，每加侖的邊際毛利降了大約 10%，也就是 0.05 美元，但固定成本（運送、分支機構、管理費用）卻上升 8%。這令人無法接受，而且勢將造成死亡螺旋（*death spiral*）。你要如何為這項業務的成本結構辯解？艾米・特勞伯向我們暗示，公司相信能將每加侖的邊際 EBITDA 利潤改善到 0.12 美元的歷史水準（你們的某些競爭者的邊際利潤比那個數字高 50%）。身為你們最大的普通單位持有人，我們堅持請你們提出一份行動計畫，說明要如何達成那個目標。

此外，我們也想要了解，為何即使在營運績效最好的巔峰時期，公司的邊際利潤也遠低於競爭者？我們實在不理解，如果公司對熱燃油配銷業務的管理得當，為何會無法創造和競爭者類似的 17% 邊際利潤率，甚至無法實現公司本身過去的邊際利潤？我們要組成一個單位持有人特殊委員會，而且要雇用一家獨立的顧問公司，來評估公司的營運與管理績效；我

們已準備好要簽署一份守密協議，以便能取用公司的必要數據。

公司因出售丙烷業務而收到 1.535 億美元的淨資金。星辰天然氣公司曾暗示，年底以前不會動用這些現金。不過，公司每年必須支付 MLP 票據的 10.25% 利息，如果公司未能立即買回這些 MLP 票據，每年共得花 1570 萬美元（即每股近 0.5 美元）的成本。我們要敦促你別再像以前那樣，恣意摧毀單位持有人的價值；我們相信，除非這些現金有更好的用途，否則就應該盡快拿這筆錢來償還對票據持有人的債務，以免現金一步步被消耗殆盡。

然而，如果你認為除了還款給票據持有人，這筆錢還有更好的替代用途，像是鉅額的收購計畫，也請在動用這些現金以前，讓我們了解你們的策略。

公司花費在法律與銀行往來的費用令人完全無法理解，而且和公司的規模、資源與微薄的盈餘不成正比。我們估計，過去四個月間，公司花了大約 7500 萬美元（大約是 SGU 市值的 50%）在補償費用、過渡性融資（bridge financing）、債務融通、專業顧問費用以及法律成本等有關的費用支出上。此外，謹慎閱讀公司最新的 10-K 表格上的小字印刷內容，就會發現公司治理的紀錄更加悲慘。其中特別值得一提的是，你的薪資高達 65 萬美元，不僅和公司規模不成正比，更和你身為高階主管的巨大失敗顯得極不相稱。

再者，考量到你的薪資已經非常高，或許你應解釋為何公司會在 2004 年支付 4 萬 1153 美元的專業費用給你，以及為何公司讓你個人使用公務車之餘，還付給 9328 美元。我們向特勞伯先生質疑過這筆費用的內涵，坦白說，我非常好奇究竟你是開什麼樣的豪華車（或是你有雇用司機嗎）？他告訴我們，你開的是一輛 12 年的老爺車。如果真是如此，那公司怎麼可

能花那麼多錢在一輛供你私人使用的 *12* 年老爺車上？此外，你私人使用公司公務車的行為，似乎違反了公司的職業與道德準則，準則上規定「所有公司資產（例如電話、電腦等）都必須使用在合法的業務用途。」我們要求你停止基於私人使用公司公務車而領取津貼，因為這顯然違反公司的職業與道德準則。我們也要求你自願取消支薪，直到公司恢復對普通單位持有人發放股利為止。

公司的職業與道德準則也明訂，根據利益衝突條款：

「當一個人的私人利益妨礙或甚至只是看起來將妨礙到該員與公司之間的專業關係與／或 *SGP* 的利益，就稱為衝突。」如果你的行動導致你難以客觀且有效率地為 *SGP* 效勞，或你個人的利害關係導致你無法有效為它效勞，那你就涉及利益衝突。相同的，如果你或你的家人因你在 *SGP* 的職務而獲得個人利益，你也涉及利益衝突…你應該避免那種衝突的發生。舉個例子，如果你有以下行為，就可能涉及利益衝突：

I. 促使 SGP 和你的親戚或朋友進行商業交易…

根據這個明文規定的政策，你怎麼可能會選擇你高齡 *78* 歲的老母親來擔任公司董事，並讓她擔任為員工及單位持有人提供服務的全職員工？我們更納悶，究竟你是根據什麼樣的公司治理理論，才讓你母親擔任董事。就算你在高階執行主管職務上的績效遭到唾棄—我們認為你身為高階主管的績效確令人唾棄—我們也不認為你母親會善盡職責地炒你魷魚。我們擔心你幫家人增加所得的貪婪及慾望—透過 *2* 萬 *7000* 美元的董事酬勞及你母親的 *19* 萬 *9000* 美元基本薪資—的程度，更甚於關心單位持有人的利益。我們堅持要求你母親必須立刻從公司的董事會辭職。艾瑞克，此時此刻，

你持有的次級次順位單位（*junior subordinated units*）已一文不值，未來也不太有潛力恢復任何價值。情況顯示，你只是把星辰天然氣公司（*Star Gas*）充作個人的「蜂蜜罐」，從中為自己及家族成員搾取薪資，為你的好友搾取費用，同時讓你得以免於面對先前因涉嫌偽造、謊報及背信等行為而起的眾多個人法律訴訟案件。

我認識私底下的你已有多年，所以，我即將說出一些看起來似乎有點嚴厲的話，但我絕對有說這些話的權力。你該辭去執行長與董事職務了，唯有如此，你才能去做你最擅長的事：回到你位於漢普敦的水岸豪宅，在那裡打打網球或和你的名流社交圈朋友聚聚會。你應該把你一手造成的亂局，留給專業經營階層以及將因公司命運而承擔經濟風險的人處理。

誠摯的
丹尼爾‧洛伯

第 8 章信件・坎內爾

約翰・李文，董事長暨執行長

巴爾頓・古德文，董事

伯頓・墨基爾，董事

巴爾頓・畢格斯，董事

大衛・葛魯姆豪斯（David Grumhaus），董事

詹姆斯・帝希，董事

小安森・伯德，董事

彼得・所羅門，董事

迪恩・高橋，董事

BKF 資本集團公司

洛克斐勒廣場一號，25 樓

紐約市，紐約州 10020

「喔！喀提林，你要到何時才會真正停止濫用我們的耐性？你的瘋狂還要讓我們失望多久？你何時才會結束那肆無忌憚的傲慢無禮行徑？」

西元前 *63* 年，馬庫斯・圖利烏斯・西塞羅在他的「對魯休斯・喀提林的第一場演說」中，如此揭露羅馬元老院（*Roman Senate*）的腐敗與邪惡。

如今就在我們研究BKF資本集團的紀錄之際，他的字字句句顯得至為中肯。

基金管理理當是艱鉅但也單純的業務—只要善加控制成本、明智地管理投資標的，基金收取的費用自然會成為利潤。要藉由新增的管理資產取得更多營收，並不需要花費太多的額外費用。

但BKF並非如此，它的成本高得離譜。在這裡，貪婪與自肥的文化猖獗。過高的薪資消耗掉新增的營收，所以，儘管過去五年資產和營收分別成長18%和64%，BKF還是持續虧本。經營階層一點一滴地浪費掉它新增的營收，製造更嚴重的虧損，他們犧牲股東，將78%的營收發給一群結黨營私的高階主管。在此同時，原本理當保護股東權益而非維護只顧鞏固自身勢力的經營階層的董事會，也未能善盡其受託義務，好好控制失控的薪酬及其他成本。

金額：百萬美元	2004	2003	2002	2001	2000
營收	120.7	98.6	89.3	91.4	76.6
員工成本	93.8	77.8	61.8	60.1	57.4
占營收比重 (%)	65.8%	65.8%	65.8%	65.8%	74.9%
淨利	-1.8	-8.4	-2.5	1.5	2.1

資料來源：2004 年的 BKF 10-K 表格

BKF 的高薪員工、無人可比的高租金成本以及定義含糊的「其他營運費用」，皆不符合股東的最大利益。BKF 的營運指標（邊際營業利潤、每位員工營收等）極度糟糕。和類似的股票公開上市公司比較後，明顯可見該公司的經營不善。

金額： 百萬美元	公司名稱 股票代號	資產管 理規模	營收	邊際營 業利潤	員工 人數	營收／員工	每位員工 成本
CLMS 卡拉莫斯資產管理公司 （Calamos Asset）		$38,000	$342.8	45%	264	$1,298.5	$248.9
GBL 嘉百利資產管理公司 （Gabelli Asset Mgmt.）		28,700	255.2	39%	188	1,357.4	553.7
HNNA 軒尼詩顧問公司 （Hennessy Advisors）		1,261	9.5	50%	10	954.5	201.6
TROW 普信集團 （T. Rowe Price）		45,200	1,277.0	41%	4,139	308.5	110.6
LIO LN 雄獅信託資產管理公司 （Liontrust Asset Mgmt.）		£5,035	£24.5	35%	43	£569.4	£369.3
BKF BKF 資本集團 （BKF Capital）		$13,604	$126.5	4%	151	$837.7	$634.1

資料來源：Factset 研究公司，2004 年 10-K 表格

　　BKF 在 2005 年 4 月 22 日申報的 8K 表格中，揭露了其事件驅動型投資組合經理人——法蘭克・蘭哥（Frank Rango）與約翰・李文（BKF 董事長暨執行長的兒子）——的薪酬協定。董事會默許這兩位經理人將事件驅動型基金營收的 67%，耗用在這個團隊的薪酬。這兩位經理人有權領取 80 萬美元的底薪，而且能獲得這個團隊的剩餘淨利的 67% 做為獎勵。然而，額外的肥水還不僅如此。如果 BKF 無故解除和蘭哥與李文的約定，他兩人各將獲得 200 萬至 400 萬的遣散費。就算他們離職，公司也不禁止他們帶走

BKF 的投資人或員工。這兩個經理人的薪酬都不是以 BKF 的股票來發放，也不是以長期獎勵的形式發放，但唯有採長期獎勵形式，才真正能鼓勵他們留任。這些協定有兼顧這兩個經理人和你們股票持有人的利益嗎？對私人企業來說，上述種種過份行為沒有什麼大不了的，問題是，BKF 是股票公開上市公司。

BKF 在 2005 年 5 月 10 日申報的 10Q 表格上說明；「由於非常仰賴關鍵人事，加上投資部人員或投資部人員小組可以另創他們自己的獨立事業，導致經營階層不太有能力和高階人員協商薪酬。」那樣的說詞實在太過荒謬。我本人是坎內爾資本公司的老闆，從 1992 年起，坎內爾資本公司就一直擔任東加合夥公司（Tonga Partners LP）的無限責任合夥人。沒有人為我提供保障最低底薪。如果我的公司被清算了，也沒有人會付遣散費給我。我只重視利潤。我唯一的保障就是努力維持我公司過去 12 年間為投資人創造的複合年度毛報酬率－超過 30%。

讀過 BKF 的「關係人交易」清單，會以為那是一連串滑稽的惡作劇。如果薪酬委員會必須保證將公司的 78% 盈餘支付給李文先生、他的親戚和親信，那他至少應該以股票的形式發放。這麼做才算是兼顧企業經營者和企業所有權人的利益。也唯有採用這種方式，員工才能獲得更高的稅後福利。我懷疑多數 BKF 員工必須支付非常高的聯邦政府、州政府和紐約市所得與銷售稅，相對的，以股票為基礎的薪酬只需要課徵 15% 的長期資本利得稅，故若能發放這種形式的薪酬，他們獲得的經濟利益會更大。這麼做能取悅他們，也能取悅我們。

BKF 無情濫用股東資產的行為激怒了我們，想必也會激怒西塞羅。我們去拜訪公司時，住的是每晚只要 39.95 美元的汽車旅館，不是接待櫃檯上

有招待水果的華麗酒店。浴室不採用紙杯的平價旅館，我們也不敢住。我們沒有大搖大擺地搭乘林肯（*Lincoln Town*）座車，遑論聘請一個噴得滿身香水的男僕（不過我必須承認，坎內爾資本揮霍了 *1200* 美元買一台蠢休旅車〔*http://donkeynation.com*〕，那是 *1995* 年的福特二手 *Econoline* 休旅車，是 *2004* 年向喜思糖果公司〔*See' s Candies, Inc.*〕購買）。

　　2005 年 *5* 月 *26* 日去拜訪你們辦公室後，我非常震驚，那麼一個不賺錢的企業，怎麼會設立在美國境內最昂貴的辦公室空間之一？你們位於洛克斐勒中心的 *5* 萬 *6000* 平方呎辦公室所費不貲，而那些費用都是 *BKF* 的股東買的單。為何要用掉半個樓層的空間來「測試」戴爾電腦？然而，並非所有浮誇的裝飾都是不應該花的商業費用。我能理解賭場為了引誘大人物到賭桌上賭博而砸錢大搞門面的作法，但我之所以能接受賭場的作法，是因為我能預測到那些浮誇的裝飾有助於提高盈餘，有助於促成有利可圖的機會。但窩在洛克斐勒中心的你們根本搞不出什麼名堂。

　　如果 *BKF* 董事會能接觸到我心目中的英雄之一——亞倫「艾斯」葛林伯格，貝爾斯登（*Bear Stearns, Inc.*，以下簡稱 *BCS*）的董事長—他們將受益良多。^{後注}葛林伯格謹慎的管理及成本控制方法，為 *BSC* 創造了 *24%* 的稅前利潤。然而，*BKF* 在上個星期申報的 *DEFA 14A* 表格中強調，「採用積極裁減成本的策略無法改善 *BKF* 資本的狀況。」—多麼厚顏無恥的主張。

　　如果「艾斯」能升任 *BKF* 董事長（這個前景會讓我們樂不可支），他可能會問以下問題：

- 為什麼 *BKF* 要付 *17* 萬 *4600* 美元給李文先生的女兒珍妮佛・李文・卡特？他們宣稱她為「公司的幾個另類投資策略提供顧問服務」，試問，究竟那都是些什麼樣的服務？

- 考量到 BKF 的邊際營業利潤那麼糟糕，公司方面要如何為付給董事長暨執行長之子亨利·李文的 870 萬美元辯解？

- 高階經營主管本身是否投資 BKF 的基金？如果有，投資多少錢？如果沒有，為何不投資？為何你們這些董事持有的 BKF 股份那麼少？董事是否有在公司開立大帳戶？請試著吃吃看你們自己煮的菜。股東覺得很好吃。

流氓地痞有那樣的舉止不足為奇，但你們這些華爾街崇高名士做這種事，實令人嘆為觀止。我原本希望畢格斯先生能表現更好一點，畢竟他過去經由擔任一般投資人的顧問而建立了非常卓越的職業生涯，而 BKF 迫切需要良好的投資建議。我也希望墨基爾教授能表現得更好，畢竟他帶領先鋒集團成為堅守財務誠信與責任感的典範。我希望伯德先生能表現得更好一點。很難相信這是在 2005 年 5 月 12 日寫信給摩根士丹利公司（Morgan Stanley）股東的那個伯德，那個伯德在信中寫道：

「股東有資格得到更好的對待。我們深深相信，新的領導階級將是公司的成功關鍵，也是創造股東價值的關鍵。」

董事會缺乏可信的避險基金管理經驗，對 BKF 來說的一大妨礙。雖然這個董事會可謂星光熠熠，且深獲肯定與信任，但除了詹姆斯·帝希以外，我實在看不出董事會的其他成員擁有任何和這個領域有關的營運經驗。我沒興趣管理 BKF，也不打算管理它的任何資產（事實上，坎內爾資本公司為了保持營運的靈活度，近幾年已將超過 2.5 億美元的資金發還給投資人）。不過，BKF 的董事會確實應該延攬一些擁有可靠避險基金管理專長且長期績效良好的人。

從 1995 年 11 月貝克芬翠斯公司與約翰・李文公司合併後，BKF 的規模持續成長，但過去五年間，BKF 的營收雖高達 4.646 億美元，卻沒有獲利可言。事實上，BKF 還虧損了 6240 萬美元。李文先生以經營私人財產的方式來經營 BKF，他似乎並沒有把股票持有人視為重要的合夥人或選民。

因此，我強烈要求董事會應：（i）將 BKF 私營化，要揮霍請私下揮霍；（ii）聘請一家投資銀行來辦理公司的拍賣事宜，機會合夥公司（Opportunity Partner）的菲利浦・高德斯坦也曾在 2003 年 11 月 17 日的 13D 申報內容中提出這樣的建議；或是（iii）引咎下台，將指揮棒交給對股東友善的董事會。我們今天和很多有興趣的團體談過，他們都已做好準備，隨時可開始設法提高你們的營運效率與生產力，並強化投資團隊的活力，以創造更優異的績效，進而大幅增加資產管理規模。請考慮最後提到的「夢幻團隊」選項。

雖然喀提林意圖與其他有錢及貪污人士組成反叛軍，西塞羅最終還是擊敗了喀提林。

「這個城市應該慶祝，因為它免於受到血腥造反的蹂躪。他不為自己求些什麼，只求這個城市能感恩他所做的一切，並紀念他的貢獻。他承認這裡的勝利比在外國更難以實現，因為敵人是羅馬人民。」

你們還有時間逃，逃吧，喀提林。

真摯的

卡羅・坎內爾

管理成員（Managing Member）

- -

後注：已用美國郵政署（USPS）的印刷品專用分類標準，將一份亞倫・

葛林伯格董事長備忘錄的二手影本寄給你，以下是我最喜愛的某些摘錄內容：

- 「我剛剛通知採購部門不該再採購迴紋針。我們每個人每天都會收到很多夾了迴紋針的文件。如果能把這些迴紋針保留下來，未來不僅會有足夠的迴紋針可使用，短時間內還會面臨迴紋針氾濫的問題。我們可以定期收集多餘的迴紋針，再將之轉售出去（因為對我們來說，這些迴紋針的成本是零，所以套利部門告訴我，這麼做的資本報酬率將會高於平均值）」

- 「我唯一在乎的統計數據是股東權益報酬率（return on equity，以下簡稱 ROE）。幫我們的某些商學院研究生上過許多課後（沒錯，我們公司是有一些商學院研究所學生），我認為他們幫助我認清了改善公司 ROE 的秘密。看起來只要提高營收並裁減費用，股東權益報酬率自然就會上升，而這就是能讓我感到欣喜的事。」

- 「貝爾斯登將不再採購橡皮筋。如果我們能將收到的信件裡的迴紋針保留下來，也一樣能保留橡皮筋，而我希望我們的小小橡皮筋會多到氾濫。」

- 「如果你是一家私人企業，節省下來的費用將會直接成為盈餘。如果你是一家股票公開上市企業，節省下來的費用也一樣會成為盈餘，不過，那些省下來的錢的影響，會被放大到約當股票本益比或淨值比的倍數之多。」

第 8 章 信件・李文

2005 年 6 月 16 日

親愛的股東夥伴們：

BKF 諸董事採取激烈的行動，撤銷年度股東大會的所有議題，只留下一個核心議案：哪一群候選人將能組成有助於促進公司成長與成就的最佳董事會。本董事會（1）撤銷毒藥丸；（2）修正提案以廢除董事會任期交錯制，讓所有董事席次都將在 2006 年改選，故多數表決程序有可能免除董事的職務；以及（3）修正公司章程細則，讓持有 25% 股份的股東有權召開特殊股東會（基於免除董事職務或任何其他目的）。

此外，公司揭露它將雇用兩家投資銀行，探討要用哪些交易來實現股東價值。為何要採取這些步驟？**為了讓股東徹底了解這次選舉的目的並非賣掉公司或反對購併計畫，而是要探討如何促進一個股票公開上市公司的成長茁壯**。由於反對派的董事提名人並未提出任何可信的商業計畫，股東應該對他們的真正目的提出質疑。

我們認為，最近卡羅・坎內爾申報的信件，精確反映出異議股東的意圖。他們意圖透過一場喧鬧的惡意公開活動來強迫公司私有化，或是將公司強賣給第三方。事實上，我們已嚴肅檢視甚至實行過這兩項手段，但到目前為止，事實證明這些選項都不可行。坎內爾的信還提出第三個選項，

要求股東把信心託付給一個未指名的「夢幻團隊」。如果坎內爾先生能和股東分享誰是這個「夢幻團隊」的成員，還有他們計畫怎麼做，那就再好也不過了。

我們數度要求史提爾合夥公司公布其商業計畫，而該公司也終於在2005 年 6 月 9 日當天製作一份提案，但這份提案反映出他們仍頑固地拒絕了解他們目前企圖要控制的這項業務。**他們要求到今年年底，我們必須實現和幾個競爭者足以比擬的邊際利潤率，問題是，那些競爭者的規模遠比我們大，且業務內容和我們相去甚遠。**史提爾合夥公司的確聘請了一些經驗豐富的財務分析師，他們向股東提出很多論述，但那些論述迴避了諸如規模、業務組合、分配模型、無形費用攤銷等基本議題，以及一系列其他有助於了解本公司業務之財務成果的必要議題。

我們和史提爾公司所引用的某些競爭者不同，我們管理的並不是資金規模固定不變的封閉式基金，也不是經營多元的大型共同基金複合業務，那類基金的收入足以吸收行政成本。此外，那種公開交易的投資工具通常比較不依賴特定的投資組合經理人，也不會被視同特定經理人。相反的，我們的營收基本上來自以基本面為基礎的作多型與另類投資策略，這些基金的客戶尤其重視投資組合經理人及其他投資團隊成員的身份。以另類投資策略基金來說，我們相信由於我們能提供優良的研究、分配與作業平台，所以相關的寶貴人力資源才願意留在我們公司，不過，這些人與基金創造的邊際營業利潤通常較低。

誠如我們常解釋的，我們希望建立一個在基金管理規模方面更接近競爭者的公司，以便獲取更大的利潤。就那個目的而言，我們已打造了許多種單純作多與另類投資策略基金，但由於這些基金還處於發展績效記錄的

階段，故相關的薪酬成本難免對我們的邊際利潤造成衝擊。過去三年，我們辛苦建構了兩檔多／空策略基金，這兩檔策略基金目前的資產管理規模共約 9 億美元，而在過去 18 個月間，我們又成立了另外三檔經過審慎籌畫的多／空股票策略基金，以及小型股價值型產品。如果當中有合理比重的新產品成功了，這些投資應該能為股東創造不少的報酬。

所以，儘管我們公司由許多經驗豐富的專家組成，但算起來它終究是一家羽翼尚未豐滿的年輕股票公開上市公司，我們一直努力尋求開發能促進成長能量的多元投資策略。**在這個發展階段，我們的命運－繼續成長還是淪落為失敗者－掌握在股東手上。**反對陣營並不願坦白承認這一點，他們的行為等同反對成長，只是一味建議立即大幅縮減薪酬；問題是，如果強制施行這些對策，將不可避免導致重要人事離職，使得現有業務的價值降低。

從史提爾合夥公司開始攻擊本公司以來，我們就一直被迫花費非常多時間和精力和客戶、員工及潛在員工溝通，試著消除他們的疑慮，說服他們相信自己選擇或考慮的企業將會一直與他們同在。雖然我們確實需要一個高階主管人員來強化公司的經營團隊並提高公司的利潤，但史提爾合夥公司的行為已導致我們極端難以延攬到那樣一個人才。當然，史提爾公司一直迴避討論它採取這些行動可能衍生的後果，另一方面，我們也極端憂心我們的競爭對手之一可能只一心想著要以他們的產品來取代本公司產品，而不重視全體股東價值的創造。**我們無論如何都不相信，一旦新經營團隊取代我們的高階投資組合經理人，公司還能繼續保有目前的客戶。**反對我們的股東可能是一些技藝高超且擁有優異績效紀錄的投資組合經理人，但事實上，客戶選擇我們，是因為他們要我們的人以特定的風格來管

理他們的資金。如果他們要列支敦斯登先生或坎內爾先生來管理他們的資金，早就已經選擇他們了，何必等到如今，而且，就算我們的某些客戶真的把資金交給他們投資，我們也不會感到意外。但儘管我們的某些客戶已選擇列支敦斯登先生或坎內爾先生為他們管理資金，也不代表他們想讓這兩位先生為他們管理更多資產。

我們認為，攻擊我們的那些投資組合經理人深知要留下現有客戶資產有多麼困難，所以，我們必須問，這些投資組合經理人是否認為他們可藉由將其旗下的一個或多個實體併入我們的股票公開上市公司，進而透過本公司股價的可能下跌（本公司股價或許會因他們造成的干擾而下跌）來牟取利益？或者說不定列支敦斯登先生認為他的投資風險已經對沖了，因為 BKF 對他的資產管理業務（這項業務屬於他，而非他的投資人）來說，是一個潛在的直接收入來源。SEC 申報文件揭露，列支敦斯登先生的資產管理公司因他成為某些股票公開上市公司的執行長而得以收取非常多的管理與顧問費；我們認為股東有必要知道這個訊息。

如果你想知道我們為何那麼不信任反對陣營的董事提名人選，請看看他們攻擊我們的論述有多麼低劣。對所有人公認的資產管理產業專家巴爾頓‧畢格斯的攻擊－說他在某一小段期間內花錢租用我們內部未充分利用又無法分租出去的空置辦公室空間－簡直是笑話，所有人一聽過我們稍加說明，就都清楚那是怎麼回事。他們也攻擊我們付給彼得‧所羅門的投資銀行組織的費用金額相對偏低，問題是，這些抨擊者又同時批評我們未能奉行策略性替代方案來實現股東價值。

至於對我子女的攻擊，我必須說，那些攻擊內容只透露了對手有多麼惡質，但也顯示所有安排絕無不當。他們對公司支付給犬子亨利的薪酬多

有微詞，不過，我要懇求股東，以他身為事件驅動型策略基金的兩名資深投資組合經理人之一，且多年來為公司創造非常高比重的營收與自由現金流量等條件來評估他。這些策略基金擁有穩定的長期績效紀錄，重要的是，這些基金還吸引投資人事後又投資本公司的其他策略基金。他的薪酬是根據他所管理的策略基金對公司獲利能力的貢獻來決定，而批評我們的那些避險基金經理人，也是根據這樣的給付標準支薪。我了解，身為股票公開上市公司的一員，降低現金薪酬或許有其必要，但我不了解的是，從什麼時候開始，我們根據他管理的帳戶的獲利能力來決定他的獎勵方式，竟變成了不正確的作法，尤其他必須執行和業界很多私人公司的同儕一樣的客戶服務、行銷與人員管理作業。

小女珍妮佛‧李文‧卡爾特（*Jennifer Levin Carter*）的學術記錄非常傑出，她在耶魯大學念大三那一年，就獲得美國大學生優等生（*Phi Beta Kappa*）資格，她以卓越的分子生物物理學和生物化學成績從耶魯大學畢業，並以優等成績從哈佛醫學院及哈佛公共衛生學院畢業。她提供的寶貴研究成果讓我們的投資專家在研究生物科技及其他隸屬她的專業領域的企業時獲益良多，他們都認為與她互動為他們的研究加分不少。公司是以時薪的標準支付顧問費給她，而且基於大眾觀感問題，她因此獲得的酬勞絕對低於她為其他類似公司提供服務而得到的酬勞。

至於我們的業務所衍生的「虧損」，我只請求投資人以一個經驗豐富的理性投資人的合理角度來看待我們的業務－當然，攻擊我們的那些投資組合經理人也都是經驗豐富的投資人。史提爾合夥公司反覆宣稱它不了解我們怎麼會虧本，另外，坎內爾也在他的信中主張，從 *2000* 年起，我們的業務造成 *6200* 萬美元的虧損。列支敦斯登先生和坎內爾先生便宜行事地忘

了提到公司在那段期間提列了 9100 萬美元和無形資產攤銷有關的費用，那些攤銷是因我們的資產管理業務和某封閉式基金在 1996 年的一筆交易而產生。換言之，那些「虧損」和我們的業務經營方式無關，而且他們刻意不提我們實際上創造的現金流量。我們能理解某些股東質疑我們無法創造更高的現金流量的心理，但那些經驗豐富的基金經理人拿「虧損」來攻擊我們，似乎有刻意模糊重要事實以達其真正目的的傾向。

我要再問一次：這究竟是怎麼了？史提爾合夥公司為了讓外界更相信它「維權股東」的立場、為了威嚇現有與未來的購併目標，從而強化它的整體投資組合報酬等，不惜漠視本公司當前處境可能衍生的價值崩滅後果，這種種發展是否已導致 BKF 陷入可怕的困境？史提爾公司正無所不用其極地妄想獨攬本公司的公司治理改革功勞。如果史提爾公司想要藉由一個足以趕走主要人事的薪酬計畫來強行介入公司，那試問它的具體商業策略又是什麼？經過我們多年的努力，公司的資產管理業務終於掛牌上市，而個過程也為股東創造了極大利益─分配了大約 7 億美元的資產。如今眼見這一群假裝受苦股東的避險基金恣意進行他們的破壞活動，我尤其感到痛心，因為他們在乎的是如何美化自己一手營造的形象，在他們眼中，其他 BKF 股東的利益無足輕重。從本公司成為股票公開上市公司以後，我們就說明，一群支持公司的股東對我們的業務攸關重大。我曾以為，對經營階層失望的股東大可以選擇賣掉（事實上，我們的股票表現一向極端良好）股份，想要提出有建設性提案或有效批評的股東，也大可以提出。我能接受與理解批評，但我不了解為何有人要做出明顯摧毀公司價值的行為。

此時此刻，我猜你可能想知道是什麼因素促使我繼續戰鬥。事實上，我最近一直在深思那個問題。我的很多長期夥伴強迫我繼續留任，他們希

望公司不要被一小群股東摧毀。他們的鼓勵是我能堅持至此的主要原因。這是一家擁有優秀人才的偉大企業。我們和很多成功的投資公司一樣，做過很多好決策，當然也多少做過一些爛決策，不過，管理一家必須面對惡意股東的股票公開上市公司，並不是一件值得羨慕的工作，尤其是像我這種只鍾情於資產管理的人。

我理當以鼓舞人心、勾勒美好希望的訊息來作為這篇講稿的結論，但且容我向你們傳達嚴酷的事實。我不知道任何一個股東或一群股東接下來將會怎麼說或怎麼做。本公司的未來由不結盟的股東自行決定。沒有折衷的空間。我們提名的人選是由外部個人組成。伯頓‧墨基爾是股東應該會需要的那種董事。他是經濟顧問委員會的前任委員之一，是普林斯頓大學長年的全職經濟學教授，也是先鋒公司許多不同基金的受託人之一。巴特‧古德文是私募基金界的優質投資人。在我們的資產管理公司於 1996 年併入 BKF 公司以前，這兩位紳士就已經擔任我們的董事。他們是最佳獨立董事人選。請把你們的票投給他們。

誠摯的
約翰‧李文
董事長暨執行長

謝辭

　　《大股東寫給經營者的8封信》一書緣起於兩個想法。第一個想法非常好——利用股票公開上市公司的投資人原始信件，訴說股東維權主義的短暫歷史。第二個想法則很糟——我本人必須擔起撰寫這本書的重責大任。除了「我不是個作家」這個明顯的問題，我還要應付一份要求相當高的全職工作，還有一個剛成立不久，不能太過輕忽的家庭。

　　就在我幾乎放棄之際，幾個關鍵事件讓這個專案得以繼續向前推進。首先，華倫・巴菲特把他寫給美國運通的信寄給了我。巴菲特或許只花了30秒鐘閱讀我向他解釋這個專案的信件，或許還花了另外15秒鐘指示某人幫他找出這封信並寄給我。而他那45秒鐘的關注，敦促我花了一整年的時間，睡眠不足地和鍵盤搏鬥。這件事不僅鞭策我非寫這本書不可，還必須盡最大的力量把它寫好。謝謝你，華倫・巴菲特。

　　就在接獲巴菲特來信後幾個星期，我和友人克里斯汀・路德（Christian Rudder）一同去觀賞一場布魯克林籃網球賽，他也正在寫一本書。我告訴他這本書的概念，並解釋我計畫先把書寫完再找出版商。他呻吟了一聲，說：「老兄，千萬別做傻事。」隔天，克里斯汀就把他的代理商克里斯・巴瑞斯・蘭伯（Chris Parris-Lamb）介紹給我，而且克里斯很快就給我實現這本書的必要截止日期和承諾。謝謝你，克里斯汀・路德。

　　克里斯就書本提案架構給了我一些提點後，我便開始動筆。光是寄給他的前五頁內容，就花了我很多時間，但結果卻像災難一場。如果當時他把我的電話搞丟了，我應該不會繼續寫下去。但他沒有，而且還指點我朝

正確的方向前進，幫助我製作一份精美的提案，接著說服了哈波柯林斯公司（HarperCollins）的荷莉絲‧赫姆班奇（Hollis Heimbouch）購買這本書。謝謝你，克里斯‧巴瑞斯 - 蘭伯以及詹納特公司（Gernert Company）。

非常感謝原文版哈波柯林斯公司的荷莉絲幫我出版與編輯《大股東寫給經營者的 8 封信》一書。她的編輯功力讓本書變得更好且更有焦點。如果沒有荷莉絲的幫忙，這本書將會漫無邊際到一團糟，充斥許多荒謬的音樂參考文獻（不過，我還是堅持拿第三個合併風潮來對照第三波流行舞音樂潮）。另外，我也要感謝史戴芙妮‧希區考克（Stephanie Hitchcock）及哈波柯林斯的其他團隊成員。

我的研究助理約翰‧范吉利歐（John Vengilio）對我助益良多，他讓我一直得以維持有條不紊的狀態，還幫忙取得發表這些信件的同意。他提醒我注意到謝雷爾膠囊公司和比爾‧史蘭斯基，以及其他很多有趣的小道消息。他還不斷纏著 SEC，向它索取很多舊申報文件。

感謝凱文‧巴爾克（Kevin Barker）為我作尾注。凱文的太太艾咪‧米勒（Amy Miller）是兩名負責閱讀稿件並提供寶貴評論的律師之一。另一位律師是尼克‧約瑟夫（Nick Joseph），凱文、艾咪和尼克，謝謝你們。

打從一開始，艾迪‧蘭姆斯登（Eddie Ramsden）就和我討論本書的概念，並增補很多卓越的見解，他也惠我良多。另外，我也想特別感謝一下娜塔莉‧班納斯（Natalie Banas）、安迪‧史匹茲（Andy Shpiz）、瓊恩‧菲斯曼（Jon Fasman）以及弗瑞德‧柯維（Fred Kovey），他們幫忙閱覽初始版本的提案內容和某些章節內容，並提供非常有幫助的回饋。

傑森‧琴洛曼（Jason Zinoman）幫助我理解出版圈生態，並在整個過程中提供非常棒的建議。

有太多其他人幫過我，所以要感謝的人非常多，包括：泰瑞‧康托斯

（Terry Kontos）、馬汀·利普頓（Martin Lipton）、湯瑪斯·甘迺迪（Thomas Kennedy）、布瑞德利·拉多夫（Bradley Radoff）、吉爾·威斯布倫姆（Gil Weisblum）、彼得·戴克（Peter Decker）、詹姆斯·帕帕斯（James Pappas）、諾伯特·劉（Norbert Lou）、比爾·馬汀（Bill Martin）、彼得·賽奇尼（Peter Cecchini）、帝摩西·布洛格（Timothy Brog）、史帝芬·伍洛斯基（Steven Wolosky）、羅伯·荷頓（Robert Holton）、史帝芬·布朗森（Steven Bronson）、赫伯特·溫諾柯（Herbert Winokur）、哈維·高德施密德（Harvey Goldschmid）、布萊恩·契芬斯（Brian Cheffins）、達米恩·帕克（Damien Park）、溫索·史密斯（Winthrop Smith）、娜塔莉·達·席爾瓦（Natalia Da Silva）、羅斯·裴洛、小卡羅·霍夫曼（Jr., Carol Hoffman）、傑克·米契爾（Jack Mitchell），以及喬治·科洛摩斯（George Konomos）。

特別感謝本書的所有主角讓我重新發表你們的精彩信件。這是你們的故事，而我也盡全力以公平的角度來闡述這些故事。

我要感謝我幾近十年的事業夥伴葛瑞高瑞·畢林斯基（Gregory Bylinsky）。葛瑞是一個偉大商業書作家的兒子，他不僅忍受我投入這個專案，還提供很多協助和寶貴的意見。感謝我的其他同事，包括剛剛提到的娜塔莉，還有羅比·比爾斯（Robbie Beers）、理查·巴路猷（Richard Baluyut）以及喬治·史洛克（Gregory Shrock）。小葛瑞總是非常有耐心地聆聽我對股票公開上市公司所有天馬行空的隨機想法，並向我解釋實際上的運作模式。

感謝我的基金的投資人。你們對長期投資的耐心和承諾，讓我得以從事一件我喜愛的工作，因撰寫基金每一季信件而產生的靈感，是促使我考

慮寫這本書的根本原因。未來我更希望竭盡所能，利用我透過研究與撰寫這本書時所學到的教誨，為你們創造良好的報酬。

亞瑟・李維特（Arthur Levitt）堪稱我的良師益友，他和喬・葛林布雷特（Joel Greenblatt）讓我得以發展我的職涯，我永遠感謝他們。

我也要感謝我的家人，尤其是我的雙親，我將本書獻給他們。我父親一如往常地不斷給我壓力，而且不斷跟我說「你花在這本書上的時間不符合經濟效益」、以及「你最好別搞砸了，因為你的名字將永遠和這本書綁在一起」之類鞭策我的話。我母親不僅在關鍵時刻為了拯救這本書而幫我照顧小孩，也比我更了解公司治理議題，她一向是個傑出的意見測試專家。

感謝我哥哥馬歇爾和他太太泰瑞莎，他們和我雙親一樣，都是經濟學教授。打從我開始思考這本書，我就非常依賴馬歇爾的回饋，他總是快速給我回應，而且提供非常明智的建議。

感謝我可愛又可親的太太蘇西・赫姆貝奇（Susie Heimbach）和我們的孩子吉爾伯特與班吉。蘇西是一流的轉譯者，她也幫我編輯很多章節。一整年來，她和孩子們比因受不了小熊隊傍晚球賽而受苦的比爾・布蘭斯基更辛苦。吉爾伯特跟班吉，我現在已正式完成這本書，我們有時間再唱卡拉 OK 了。

以上所述的每個人——當然還有很多我不小心遺漏的人——都讓這本書變得更好，單憑我自己的力量，不可能成就這本書。本書很多不錯的見解或許就來自其中某個人。如果我在打造這本書的過程中有任何錯誤、不精確、誤判和未能善盡維護與忠誠責任等問題……呃，我已組成一個七人董事會，而且我們正打算投保高額的董事及主管人員保險。這個董事會將很樂意每年和你們見上一次面，地點在阿拉斯加的諾姆。每人僅限提出一個問題。

各章注釋

前言

1. Jimmy Greenfield, *100 Things Cubs Fans Should Know Before They Die* (Chicago: Triumph Books, 2012), 66.

2. 這些數字都來自伊利諾州受理上訴法院的第 51750 號案例 *Shlensky v. Wrigley* 檔案。

3. Johan Matthijs de Jongh, "Shareholder Activists Avant La Lettre: The 'Complaining Participants' in the Dutch East India Company, 1622–1625," in *Origins of Shareholder Advocacy*, edited by Jonathan G. S. Koppell (New York: Palgrave Macmillan, 2011), 61–87.

4. Ross Perot, speech to the General Motors board of directors, November 4, 1985.

5. Alice Schroeder, *The Snowball: Warren Buffett and the Business of Life* (New York: Bantam Books, 2008), 486.

6. Steven M. Davidoff, "Nader, an Adversary of Capitalism, Now Fights as an Investor," *New York Times*, DealBook, January 14, 2014.

7. Steve Fishman, "Get Richest Quickest," *New York*, November 22, 2004.

8. 8. 威廉「米奇」哈雷（William "Mickey" Harley）在 2004 年 2 月 23 日寫給丹尼斯公司執行長尼爾森·馬奇奧利（Nelson Marchioli）與董事長查爾斯·莫蘭（Charles Moran）的信。米奇在這封信上簽名，這封信雖是我執筆，而我的直屬上司葛瑞格·史洛克（Greg Shrock）提供非常明智的資訊，並幫我修改。

9. 華倫·巴菲特在波克夏海威公司 1998 年股東大會上的談話。

第 1 章

1. *Benjamin Graham: The Memoirs of the Dean of Wall Street*, edited by Seymour Chatman (New York: McGraw-Hill, 1996), 200.

2. Ibid., 200: "They were duly brought me, and I soon found I had treasure in my hands."

3. John H. Armour and Brian R. Cheffins, "Origins of 'Offensive' Shareholder Activism in the United States," in *Origins of Shareholder Advocacy*, edited by Jonathan G. S. Koppell (New York: Palgrave Macmillan, 2011), 257.

4.　"Cent. Leather Proxy Fight," *New York Times*, January 31, 1911.

5.　Armour and Cheffins, "Origins of 'Offensive' Shareholder Activism," 257.

6.　T. J. Stiles, *The First Tycoon: The Epic Life of Cornelius Vanderbilt* (New York: Vintage Books, 2010), 439, 449–65.

7.　瓊斯常被譽為 1949 年世界上第一檔避險基金的創始人。葛拉罕在 1936 年創辦紐曼與葛拉罕公司。Alice Schroeder, *The Snowball: Warren Buffett and the Business of Life* (New York: Bantam, 2008). 紐曼與葛拉罕公司一如瓊斯公司，合夥人人數有限，也收取績效分配獎金，另外還採用放空與避險策略。請見 *Benjamin Graham: The Memoirs*, 268.

8.　*Benjamin Graham: The Memoirs*, 180.

9.　有關「投資合夥公司」：嚴格來說，葛拉罕紐曼公司是一家股份有限公司。有一次，美國國稅局質疑班傑明‧葛拉罕聯名帳戶（Benjamin Graham Joint Account）的稅籍，葛拉罕的會計師建議他們主動組成股份有限公司，以避免該公司後續被主管機關判定為股份有限公司時，還要繳更多稅。請見 *Benjamin Graham: The Memoirs*, 268. 根據喬‧卡爾蘭（Joe Carlen）的說法，葛拉罕的平均年度績效是 17.5%，而 S & P 是 14.3%。另外，當基金清算時，投資人取得了 GEICO 的股票，這一檔股票表現良好。*Joe Carlen, The Einstein of Money: The Life and Timeless Financial Wisdom of Benjamin Graham* (Amherst, NY: Prometheus Books, 2012), 262.

10.　年度報酬數字來自於 "47 Year Results of Walter & Edwin Schloss Associates," 備忘錄，Walter Schloss Investing Archive, Heilbrunn Center for Graham & Dodd Investing, Columbia Business School, New York.

11.　Benjamin Graham, *The Intelligent Investor* (New York: Harper, 1973), 107:「允許自己因無法以正當理由解釋的市場下跌走勢而匆促出清持股或無謂擔憂的投資人，等於是違反常情地將自己的基本優勢轉化為基本劣勢。如果他的股票完全沒有市場報價，他的財務成果說不定會好一點，因為那麼一來，他就不會因為其他人的判斷錯誤而產生心理上的痛苦。」

12.　Ibid., 109.

13.　Ibid., 281.

14.　John Micklethwait and Adrian Woolridge, *The Company: A Short History of a Revolutionary*

Idea (New York: Modern Library, 2003), 62.

15. Ibid., 62.

16. *Benjamin Graham: The Memoirs*, 142.

17. Ibid., 142.

18. Ibid., 143.

19. 《智慧型投資人》的標題是說明葛拉罕的學者本質的好例子。本書發行者雖然幾度更新副標題（「價值投資的經典教科書」、「價值投資的經典暢銷書」，還有「價值投資最可靠的教科書」等），但葛拉罕的原始副標題卻是簡單的「務實的忠告書」。

20. *Benjamin Graham: The Memoirs*, 200.

21. Ibid., 201.

22. Ibid., 203.

23. Ibid., 207.

24. 他是和包伯‧馬隆尼（Bob Marony）一起寫這封信，馬隆尼是葛拉罕—紐曼公司的股東及董事之一。葛拉罕是在 1919 年認識馬隆尼，當時葛拉罕正在分析芝加哥、密爾瓦基及聖保羅鐵路。他最後寫了一篇研究報告，指稱聖保羅與西南鐵路比起前者更吸引人，更值得買進。馬隆尼是芝加哥、密爾瓦基及聖保羅鐵路公司的財務副總，但他並沒有對葛拉罕的評估報告表達反對意見。這兩個人事後成為好友，並開始分享投資想法。馬隆尼本人認識伯特蘭姆‧卡特勒和湯姆‧迪比沃伊斯（Tom Debevoise）。收到葛拉罕的信後，卡特勒寫了一張便條給沃比沃伊斯，說馬隆尼「…他將成為我所害怕的麻煩製造者。」

25. *Benjamin Graham: The Memoirs*, 210.

26. Ibid., 211.

27. Joe Nocera, "The Board Wore Chicken Suits," *New York Times*, May 27, 2006.

28. Leonard Marx, letter to Warren Buffett dated April 15, 1957, Walter Schloss Investing Archive, Heilbrunn Center for Graham & Dodd Investing, Columbia Business School, New York.

29. 這是價值型投資人的成年禮之一—即使有某些掌握內幕消息的人說一旦你知道他們所掌握到的資訊，你一定會賣掉股票，但你還是堅定持有一項部位。

30. 我在列上 ICC 員工名單的委託書郵件中交叉引用董事姓名。對於「關聯董事」的斷言，

引用自 *Benjamin Graham : The Memoirs*, 211。

31. 強納生‧馬凱（Jonathan Macey）在 2006 年 10 月 9 日到耶魯大學法學院擔任山姆‧哈瑞斯公司法教授（SamHarris Professor of Corporate Law）的就任演說中，討論到《聯邦黨人文集》第十篇。Jonathan Macey,"Where's the Theory in Corporate Governance?," https://itunes.apple. com/us/itunes-u/corporate-law/id387940792?mt=10, released August 6, 2007.

32. 湯瑪斯‧迪比沃伊斯之子艾里‧惠特尼‧迪比沃伊斯，在 1931 年與其他人共同創辦了迪比沃伊斯與普林普頓公司（Debevoise & Plimpton）。通識教育局是老約翰‧洛克菲勒先生創辦的慈善機構。以二十世紀初那段時間來說，他對該局的捐獻是美國史上最大金額的慈善捐獻。引用自湯瑪斯‧迪比沃伊斯：letter to Wickliffe Rose dated April 16, 1925, Folder 181, Box 18, Rockefeller Family Collection, Rockefeller Archive Center.

33. Thomas Debevoise's son Eli Whitney Debevoise cofounded Debevoise & Plimpton in 1931. The General Education Board was a philanthropic organization started by John D. Rockefeller Sr. His donations to the board in the early twentieth century were, at that time, the largest philanthropic donations in the history of the United States. Quotation from Thomas M. Debevoise, letter to Wickliffe Rose dated April 16, 1925, Folder 181, Box 18, Rockefeller Family Collection, Rockefeller Archive Center. Northern Pipeline proxy mailing dated January 12, 1928, Folder 912, Box 121, Rockefeller Family Collection, Rockefeller Archive Center.

34. 見 Robert A. G. Monks and Nell Minow, *Case Studies: Corporations in Crisis*, June 30, 2011, http://higheredbcs.wiley.com/legacy/college/monks/0470972599/supp/casestudies.pdf, 84–85. 建造這座博物館的藉口是，它將能為西方石油創造商譽及知名度。*Time*'s review? "Most of itis junk." 1.5 億美元的數字引用自一份股東檔案。即使那個估計數字過高，西方石油委託書中的原始預估值也達 5000 萬美元，外加未來集資的 2400 萬美元。

35. Lucian A. Bebchuk and Jesse M. Fried, *Pay Without Performance: The Unfulfilled Promise of Executive Compensation* (Cambridge, MA: Harvard University Press, 2006), 113.

36. 美國國家金融公司後來當然被美國銀行（Bank of America）收購。荷蘭銀行被蘇格蘭皇家銀行、佛提斯（Fortis）與桑坦德銀行（Banco Santander）為首的一個銀行團收購。瓜分資產後不久，蘇格蘭皇家銀行和佛提斯因荷蘭銀行的債務而走上債務違約一途。

37. 關於這個現象有很多研究，最近的一份是：Michael Mauboussin and Dan Callahan, "Disbursing Cash to Shareholders: Frequently Asked Questions About Buybacks and Dividends," Credit Suisse report, May 6, 2014, http://www.shareholderforum.com/wag/Library/20140506_CreditSuisse.pdf.

38. 溫迪克西百貨破產前，連續多年發放優渥的股利，但對店面投資卻非常小氣。

39. 進入「山洞」不到幾秒，馬上就會有一群「顧人怨」的業務員大軍圍著你，跟你解釋諸如杜比音響降噪（noise reduction）等令人丈二金剛摸不著頭腦的產品特色。

40. *Benjamin Graham: The Memoirs*, 205.

41. 洛克斐勒檔案館並沒有收藏北方油管公司的會議紀錄，但有一些和事後分配有關的文件，文件中回溯了北方油管經營階層先前的部分討論內容。

42. *Benjamin Graham: The Memoirs*, 187.

43. Schroeder, *Snowball*, 186.

44. Graham, *The Intelligent Investor*, 269.

45. 波克夏海威年度信件，1976 年與 1996 年。1976 年的數字是以股票的成本加上未實現利益 4570 萬美元。

46. 這是假設執行它購買美國銀行股份的選擇權。

47. *Benjamin Graham: The Memoirs*, 208.

第 2 章

1. Joseph Borkin, *Robert R. Young: The Populist of Wall Street* (New York: Harper & Row, 1947), 50.

2. Ibid., 50. 原始的阿列格尼股權為 43%，所以剩餘的 41%略高於 70%。

3. Matthew Josephson, "The Daring Young Man of Wall Street," *Saturday Evening Post*, August 18, 1945.

4. David Karr, *Fight for Control* (New York: Ballantine, 1956), 99.

5. DJIA promotional flyer, Dow Jones Indexes, December 31, 2011, http://www.djindexes.com/mdsidx/downloads/brochure_info/Dow_ Jones_Industrial_Average_ Brochure.pdf.

6. Karr, *Fight for Control*, 93.

7. J. C. Perham, "Revolt of the Stockholder," *Barron's*, April 26, 1954.

8. Connie Bruck, *The Predators' Ball: The Inside Story of Drexel Burnham and the Rise of the Junk Bond Raiders* (New York: Penguin, 1989), 157, and Mark Stevens, *King Icahn: The Biography of a Renegade Capitalist* (New York: Dutton, 1993), 96. 同時，阿拉莫與蝙蝠事件並不是真的同時發生。

9. Borkin, *Robert R. Young*, 178. 羅伯特・楊花費 130 萬美元，紐約市花費 90 萬美元。

10. Robert Young, letter dated April 8, 1954, Robert Ralph Young Papers (MS 1738), Manuscripts and Archives, Yale University Library.

11. 羅伯特・楊，未完成的回憶錄。Robert Ralph Young Papers (MS 1738), Manuscripts and Archives, Yale University Library, 4。

12. 羅伯特・楊加入艾奎股份後不久，便對拉斯寇伯從事投機性投資活動時的差勁表現感到沮喪。雖然羅伯特・楊看空股票（他甚至說服杜邦在 1929 年 6 月將他個人的 1500 萬美元持股賣掉），拉斯寇伯卻還是不遺餘力地在泡沫市場上加碼。羅伯特・楊後來寫道，「拉斯寇伯的這些錯誤多半導因於他對別人懷抱不合理的信心，外加止不住的樂觀展望。這些錯誤是我崇拜他並愛他的理由…從 1929 年 10 月至 1933 年 3 月，他每個月都堅決相信下個月除了大漲，絕對沒有其他可能。」Young, memoirs, 5

13. Young, memoirs, 9–11.

14. Borkin, *Robert R. Young*, 35, 41.

15. Ibid., 98.

16. Ibid., 102.

17. Ibid., 108.

18. Ibid., 141.

19. Karr, *Fight for Control*, 11.

20. John Brooks, *The Seven Fat Years: Chronicles of Wall Street* (New York: Harper & Brothers, 1958), 6.

21. Ibid., 10.

22. Borkin, *Robert R. Young*, 142. 實際引用文字的結尾是：「身為執行長，經營的責任也不

會切割。」

23. Ibid., 144.

24. Karr, *Fight for Control*, 7.

25. Borkin, *Robert R. Young*, 146.

26. Brooks, *7 Fat Years*, 12. Also see Diana B. Henriques, *The White Sharks of Wall Street: Thomas Mellon Evans and the Original Corporate Raiders* (New York: Scribner, 2000), 133.

27. Karr, *Fight for Control*, 15.

28. Ibid., 32.

29. Borkin, *Robert R. Young*, 151, citing *New York Times*, February 16, 1954, 35.

30. Ibid., 154.

31. Ibid., 152. 完整的引用文字為：「這是很好的賭注⋯它倒向誰，誰就拿下中央鐵路。」

32. Robert Young, letter to the New York Central shareholders dated March 5, 1954, Robert Ralph Young Papers (MS 1738), Manuscripts and Archives, Yale University Library.

33. Northern Pipeline proxy mailing, January 12, 1928, Series 87.1N3, Box 121, Folder 912, Business Interests—Northern Pipeline, Rockefeller Family Collection, Rockefeller Archive Center.

34. Borkin, *Robert R. Young*, 203.

35. Ibid,. 170, from Associated Press (AP) interview.

36. Ibid,. 151.

37. Ibid,. 137.

38. Ibid,. 171, from AP debate.

39. Ibid,. 171, from AP debate.

40. Ibid,. 196–97, citing *New York Times*, February 17, 1954.

41. Ibid,. 201.

42. Ibid,. 162

43. Ibid,. 162

44. Brooks, *7 Fat Years*, 28.

45. Borkin, *Robert R. Young*, 202.

46. Karr, *Fight for Control*, 33-34.

47. Robert Young, letter to Henry Luce quoting *Fortune* article from May 1954, Robert Ralph Young Papers (MS 1738), Manuscripts and Archives, Yale University Library.

48. Brooks, *7 Fat Years*, 25.

49. Ibid., 32.

50. Ibid., 32.

51. Ibid., 35.

52. Karr, *Fight for Control*, 111.

53. Robert Young, "Little White Lies," proxy mailing, Robert Ralph Young Papers (MS 1738), Manuscripts and Archives, Yale University Library. For the Minneapolis & St. Louis, see Karr, *Fight for Control*, 109.

54. Karr, *Fight for Control*, 114.

55. "Soon-to-be-boss of North Western Collector of Two Kinds of Trains," *Toledo Blade*, February 23, 1956.

56. "Business: Challenge to Management—The Raiders," *Time*, July 25, 1955.

57. Henriques, *White Sharks*, 199, quoting Dero A. Saunders "How Managements Get Tipped Over," *Fortune*, September 1955.

58. Ibid., 99

59. Ibid.,172

60. Karr, *Fight for Control*, 151.

61. 他的沒落非常戲劇化。SEC 以他操縱美國馬達公司（American Motors）的股票以及利用他一手控制的投資工具－馬瑞特商號－從事人頭戶騙局而鎖定他。沃夫森的公開垮台也連累了最高法院法官艾比‧佛塔斯（Abe Fortas），因為他同意擔任沃夫森家族基金會的有給職顧問。

62. "Dissolution Approved by Merritt Chapman," *Milwaukee Journal Business News*, May 11, 1967.

63. Henriques, *White Sharks*, 307.

64. Borkin, *Robert R .Young*, 223.

65. 或許他和他太太最成功的投資，就是投資她妹妹葛蘿莉雅・歐・基菲（Georgia O'Keeffe）的藝術作品。他們的收藏品包括她最著名的幾幅畫作，1987 年時，那些畫作以數百萬美元拍賣價成交。Borkin, *Robert R. Young*, 47.

66. Henriques, *White Sharks*, 243–44.

67. Ibid., 264.

68. Ibid., 206–7.

第 3 章

1. L. J. Davis, "Buffett Takes Stock," *New York Times Magazine*, April 1, 1990.

2. Warren Buffett, letter to Mr. M. Rubezanin, April 10, 1957, Walter Schloss Investing Archive, Heilbrunn Center for Graham & Dodd Investing, Columbia Business School, New York.

3. Appendix to Buffett Partnership Ltd., 1963 Annual Letter to Partners, January 18, 1964.

4. Ibid.

5. Buffett Partnership Ltd., First Half 1963 Update Letter to Partners, July 10, 1963.

6. Alice Schroeder, *The Snowball: Warren Buffett and the Business of Life* (New York: Bantam Books, 2008), 230.

7. Ibid., 232.

8. Ibid., 232.

9. Norman C. Miller, *The Great Salad Oil Swindle* (Baltimore: Penguin, 1965), 79–80.

10. Ibid., 90.

11. Ibid., 80.

12. 12. Ibid., 81–83.

13. Ibid., 80.

14. Peter Z. Grossman, *American Express: The Unofficial History of the People Who Built the Great Financial Empire* (New York: Crown, 1987), 312.

15. Ibid., 312.

16. Miller, *The Great Salad Oil Swindle*, 88.

17. Ibid., 15.

18. Ibid., 16–17.

19. Ibid., 22–23.

20. Ibid., 23.

21. Grossman, *American Express*, 306.

22. Miller, *The Great Salad Oil Swindle*, 60–61.

23. Ibid., 104–5.

24. Grossman, *American Express*, 313.

25. Ibid., 309.

26. Miller, *The Great Salad Oil Swindle*, 82.

27. Ibid., 83.

28. 28. Ibid., 83–84.

29. Ibid., 134.

30. Ibid., 179.

31. 31. Ibid., 179–80.

32. 32. Ibid., 163–68.

33. Ibid., 178.

34. Schroeder, *Snowball*, 558.

35. Ibid., 264.

36. Buffett Partnership Ltd., 1962 Annual Letter, January 18 1963.

37. Buffett Partnership Ltd., 1963 Annual Letter, January 18 1964.

38. Buffett Partnership Ltd., Partnership Letter, October 9, 1967.

39. Schroeder, *Snowball*, 260.

40. Ibid., 151.

41. "How Omaha Beats Wall Street," *Forbes*, November 1, 1969.

42. Grossman, *American Express*, 327.

43. Ibid., 328.

44. Davis, "Buffett Takes Stock."

45. Stanley H. Brown, *Ling: The Rise, Fall, and Return of a Texas Titan* (New York: Atheneum, 1972), 56.

46. Bruce Wasserstein, *Big Deal: The Battle for Control of America's Leading Corporations* (New York: Warner Books, 1998), 58.

47. John J. Nance, *Golden Boy: The Harold Simmons Story* (Austin, TX: Eakin Press, 2003), 182–93.

48. Ibid., 202.

49. Ibid., 205.

50. Jim Mitchell, "The Inside Story of Harold C. Simmons from Huck Finn Looks to High-Rolling Investments," *Dallas Morning News*, October 1, 1989.

51. Peter Tanous, "An Interview with Merton Miller," Index Fund Advisors, February 1, 1997, http://www.ifa.com/articles/An_Interview_with_Merton_Miller.

52. Moira Johnston, *Takeover: The New Wall Street Warriors* (New York: Arbor House, 1986), 22.

53. John Brooks, *The Go-Go Years: The Drama and Crashing Finale of Wall Street's Bullish 60s* (New York: Wiley, 1999), 238.

54. Ibid.

55. Ibid., 258–59.

第 4 章

1. Mark Stevens, *King Icahn: The Biography of a Renegade Capitalist* (New York: Dutton, 1993), 133.

2. Ibid., 134.

3. Ibid., 150.

4. Ibid., 150.

5. Ibid., 159.

6. Bruce Wasserstein, *Big Deal: The Battle for Control of America's Leading Corporations* (New York: Warner Books, 1998), 78.

7. 惡意購併絕對不是 1980 年代的新發明。在 1960 年代與 1970 年代，這種活動已愈來愈普遍。有些人誤把 ESB1974 年那厄運般的購併視為史上第一宗大型惡意購併。

8. Connie Bruck, *The Predators' Ball: The Inside Story of Drexel Burnham and the Rise of the Junk Bond Raiders* (New York: Penguin, 1989), 117.

9. Ibid., 169.

10. "US Bond Market Issuance and Outstanding (xls)—annual, quarterly, or monthly issuance to December 2014 (issuance) and from 1980 to 2014 Q3 (through Novermber 2014)," Securities Industry and Financial Markets Association, accessed December 27, 2014, http://www.sifma.org/research/statistics.aspx.

11. 好吧，或許冰島銀行業者的債券持有人算吧。

12. Stevens, *King Icahn*, 168.

13. T. Boone Pickens, *The Luckiest Guy in the World* (Washington, DC: BeardBooks, 2000), 17–24.

14. Ibid., 31.

15. Moira Johnston, *Takeover: The New Wall Street Warriors* (New York: Arbor House, 1986), 53.

16. 全面股權收購價比宣布前一天的股票收盤價高 10%，比隔天的收盤價高 30%。

17. 雖然狙擊手們成為被怪罪的主要對象，相較於企業經營階層，我對企業狙擊手的觀感還是比較好一點的。他們確實對自家公司股東和投資人不夠忠誠，但並未這麼對待他們鎖定的標的企業。

18. Pickens, *The Luckiest Guy in the World*, 224.

19. Ibid., 229.

20. Ibid., 233.

21. Debra Whitefield, "Unruh Calls for Pension Funds to Flex Muscles," *Los Angeles Times*, February 3, 1985.

22. Johnston, *Takeover*, 60.

23. 23. Ibid., 70–71.

24. Stevens, *King Icahn*, 149.

25. Ibid., 14.

26. Ibid., 18.

27. Ibid., 28.

28. Ibid., 31.

29. John Brooks, *The Takeover Game* (New York: Dutton, 1987), 86.

30. Stevens, *King Icahn*, 43.

31. Ibid., 43.

32. Ibid., 111.

33. Ken Auletta, "The Raid: How Carl Icahn Came Up Short." *New Yorker*, March 2006.

34. Bruck, *The Predators' Ball*, 247.

35. James Stewart, *Den of Thieves* (New York: Touchstone, 1992), 136.

36. Bruck, *The Predators' Ball*, 17.

37. Ibid., 163.

38. John Taylor, *Storming the Magic Kingdom: Wall Street, the Raiders, and the Battle for Disney* (New York: Ballantine, 1988), 108.

39. Bruck, *The Predators' Ball*, 165.

40. Ibid., 166.

41. Pickens, *The Luckiest Guy in the World*, 234.

42. 前重後輕的「雙層」公開收購是將收購程序分成兩個階段。第一層通常是鎖定 51% 的股份。第二層是剩下的 49%，這個階段給予的條件通常比較不那麼有利。舉個例子，第一層可能是採全現金付款，而第二層則是採債務型證券付款。這能逼迫股東在第一層的 51% 股份收購階段就積極參與，因為他門會擔心自己一旦腳步落後，就必須接受較差的條件。

43. Stevens, *King Icahn*, 163.

44. Carl Icahn, letter to William C. Douce dated February 7, 1985, quoted in Phillips Petroleum Proxy Statement, February 8, 1985.

45. 蓄意啟動毒藥丸似乎有點瘋狂，但並非全然瘋狂。如果伊坎購買 30% 股份，毒藥丸實質上就是以債務取代其他股東，而他只要花 25 億美元就能取得完整控制權。到時

候，這項交易的整體考量將是每股 59 美元，比他提議的每股 55 美元高不了多少。

46. William C. Douce, letter to Icahn dated February 4, 1985, quoted in Phillips Petroleum Proxy Statement, February 8, 1985.

47. Robert J. Cole, "Phillips, Icahn Argue on Note Plan," New York Times, February 9, 1985.

48. Douce, February 4, 1985, letter to Icahn.

49. Bruck, The Predators' Ball, 166.

50. Daniel Rosenheim, "Recess Called, Phillips Shakes Bushes for Votes," Chicago Tribune, February 23, 1985.

51. Robert J. Cole, "Phillips Meeting Recessed for a Day," New York Times, February 23, 1985.

52. Johnston, Takeover, 86.

53. Ibid., 86–87; also Cole, "Phillips Meeting Recessed for a Day."

54. Cole, "Phillips Meeting Recessed for a Day."

55. Johnston, Takeover, 87.

56. Pickens, The Luckiest Guy in the World, 235.

57. Steven Brill, "The Roaring Eighties," American Lawyer, May 1985.

58. Robert Slater, The Titans of Takeover (Washington, DC: BeardBooks, 1999), 85.

59. Brill, "The Roaring Eighties."

60. Stevens, King Icahn, 187.

61. Ibid., 304.

62. Brill, "The Roaring Eighties."

63. Robert A. G. Monks and Nell Minow, Corporate Governance, 5th ed. (Hoboken, NJ: Wiley, 2011), 288.

64. T. Boone Pickens, Boone (Boston: Houghton Mifflin, 1987), xii–xiii.

65. 1990-1991 年的經濟衰退是從 1990 年 9 月延續至 1991 年的 3 月，存貸機構危機則是從 1986 年一直延續到 1995 年。

66. "The Milken Sentence; Excerpts from Judge Wood's Explanation of the Milken Sentencing," New York Times, November 22, 1990.

67. Kurt Eichenwald, "Wages Even Wall Street Can't Stomach" *New York Times*, April 3, 1989.

68. Robert Sobel, *Dangerous Dreamers: The Financial Innovators from Charles Merrill to Michael Milken* (New York: Wiley, 1993), 94.

69. Stewart, *Den of Thieves*, 259.

70. Harvey Silverglate, *Three Felonies a Day: How the Feds Target the Innocent* (New York: Encounter Books, 2011), 101.

71. Carol J. Loomis, "How Drexel Rigged a Stock," *Fortune*, November 19, 1990.

72. Benjamin J. Stein, *A License to Steal: The Untold Story of Michael Milken and the Conspiracy to Bilk the Nation* (New York: Simon & Schuster, 1992), 113.

73. Sobel, *Dangerous Dreamers*, 207, and Stein, *A License to Steal*, 114.

74. Stein, *A License to Steal*, 105.

75. Sobel, *Dangerous Dreamers*, 88.

76. See William K. Black, *The Best Way to Rob a Bank Is to Own One: How Corporate Executives and Politicians Looted the S&L Industry* (Austin: University of Texas Press, 2006).

77. "Drexel Burnham Lambert's Legacy: Stars of the Junkyard," *Economist*, October 21, 2010.

78. Brill, "The Roaring Eighties."

79. Ibid.

80. Ibid.

81. Ibid.

82. Bruck, *The Predators' Ball*, 172.

83. Stevens, *King Icahn*, 170.

第 5 章

1. Ken Follett 的 *On Wings of Eagles* 一書 (New York: Signet, 1984) 描述了這個英雄故事。

2. Doron Levin, *Irreconcilable Differences: Ross Perot Versus General Motors* (Boston: Little, Brown, 1989), 34–38. 當飛機被遣返,他帶著一副牛角,在寮國的北越大使館外抗議。

3. Ibid., 24.

4. Albert Lee, *Call Me Roger* (Chicago: Contemporary Books, 1988), 17.

5. Ibid., 175. 在 1980 年時，一輛 GM 汽車的製造成本比福特汽車的製造成本低 300 美元，並比克萊斯勒的製造成本低 320 美元。但到 1986 年，一輛 GM 汽車的製造成本比福特或克萊斯勒都貴 300 美元。

6. J. Patrick Wright, *On a Clear Day You Can See General Motors: John Z. De Lorean's Look Inside the Automotive Giant* (Grosse Point, MI: Wright Enterprises, 1979), 191.

7. Lee, *Call me Roger*, 110.

8. Ibid., 144.

9. Thomas Moore, "The GM System Is like a Blanket of Fog," *Fortune*, February 15, 1988.

10. Lee, *Call Me Roger*, 156.

11. Ibid., 253.

12. 多數豪華馬車製造商和輕便馬車製造商一樣，都被相同的命運折磨著。史都德貝克和杜蘭特都是非常明顯的例外。

13. Joshua Davidson, "Durant, William Crapo," Generations of GM History, GM Heritage Center, December 15, 2007. 杜蘭特的退休金是每年 1 萬美元。根據 dollartimes.com 的人所言，如果是 1947 年的這個金額，那約當 2014 年的 10 萬 8000 美元，如果是開始發放退休金的 1936 年的 1 萬美元，則約當 2014 年的 16 萬 9000 美元。

14. Alfred P. Sloan, Jr., *My Years with General Motors* (New York: Currency/Doubleday, 1990), 30.

15. Ibid., 140.

16. Ibid., 53.

17. Ibid., 429.

18. 不可思議的是，GM 在戰爭期間製造了 120 億美元的軍事設備，其中有三分之二是該公司從未生產過的設備。

19. 但 GM 並未將任何責任授權給工廠勞工，杜拉克對這個事實深感憂心。

20. Peter F. Drucker, *Concept of the Corporation* (New Brunswick, NJ: Transaction, 2008), 63-64.

21. Ibid., 65. 杜拉克在《企業概念》一書中，做出一個樂觀但極端不正確的結論：維護 GM 分權化與開放討論文化的必要政策，就是會計系統與聚焦部門資本報酬率。他的概念是，GM 只要靠財務控制，就能促使整個組織養成制訂理性決策的風氣。GM 年輕一輩的經理人認同這個觀點。在史隆退休後，GM 就開始將它的政策與結構視為一門以僵固規定與內部會計人員為重的營運科學，而不是以操作者為重。

22. 史隆的書也有捉刀人——《財星》雜誌的約翰‧麥當勞（John McDonald）。

23. Wright, *On a Clear Day You Can See General Motors*, 12.

24. Ibid., 7.

25. 迪勞瑞恩後來哀嘆，當時的情節對 GM 的損害或許超過助益，因為工程委員會為回應這個計謀，大幅提高對該事業部的監督。

26. Wright, *On a Clear Day You Can See General Motors*, 27.

27. Amanda Bennett, "GM Picks Roger B. Smith to Guide Auto Firm through Critical Decade," *Wall Street Journal*, September 10, 1980.

28. Lee, *Call Me Roger*, 96, and Levin, *Irreconcilable Differences*, 126.

29. Mike Tharp, "US and Japan Agree on Ceilings for Car Shipments through 1983," *New York Times*, May 1, 1981.

30. GM 一向太過島民心態，所以史密斯愈來愈積極到外部尋找新的想法。他以麥肯錫提供的組織重組建議為基礎，並介入幾項合資案，包括和日本一家機器人製造商之間的合資案。

31. Lee, *Call Me Roger*, 154.

32. Ibid., 144.

33. Levin, *Irreconcilable Differences*, 205–6.

34. Ross Perot, speech to the GM board, November 4, 1985.

35. Lee, *Call Me Roger*, 18.

36. 裴洛在 1985 年對 GM 董事會發表的演說中，引用一名本田汽車高階主管對 GM 某一座最新廠房的反應：「我在報紙上看到，投資了 50 億美元的 GM 土星廠，一年生產 40 萬至 50 萬輛車；土星廠員工有 6000 人。我們本田汽車只要投資 6 億美元，就能用 3000 名工人生產出 30 萬輛車。我應該錯過了什麼訊息吧？」其他例子是裴洛在

1985 年 11 月 4 日對 GM 董事會的演說中，引用詹姆斯‧哈爾博（James Harbour）的說法。

37. Drucker, *Concept of the Corporation*, 298.

38. Lee, *Call Me Roger*, 26

39. "403: NUMMI," *This American Life* radio program, aired March 26, 2010, Chicago Public Media.

40. Michael Moore, *Roger and Me* (Burbank, CA: Warner Home Video, 2003), DVD, minute 69.

41. 密西根大學安港分校的工程教授傑佛瑞‧賴克爾（Jeffrey Liker）：「這種非常彈性又完備的方法，正是豐田汽車在豐田生產系統早期所採用的方法。」Alan Ohnsman, "Tesla Motors Cuts Factory Cost to Try to Generate Profit," Bloomberg Business, April 12, 2012.

42. "NUMMI," *This American Life*.

43. Maryann Keller, *Rude Awakening: The Rise, Fall, and Struggle for Recovery of General Motors* (New York: Morrow, 1989), 131, and James Womack, Daniel T. Jones, and Daniel Roos, *The Machine That Changed the World* (New York: Free Press, 1990), 82–84.

44. Ross Perot, speech to the GM board, November 4, 1985.

45. Ibid.

46. Levin, *Irreconcilable Differences*, 251.

47. Lee, *Call Me Roger*, 27.

48. Levin, *Irreconcilable Differences*, 261.

49. Ibid., 28.

50. Ibid., 323.

51. Lee, *Call Me Roger*, 124.

52. Ibid., 207. 裴洛不讓 GM 的稽核人員進入 EDS，導致他和與 GM 的關係急轉直下。裴洛和 GM 之間的協議，具體言明允許 EDS 採用自家的稽核人員，但 GM 事後卻想要覆核 EDS 的成本加成帳務。裴洛最後讓步，但是在強大的壓力下讓步。

53. Levin, *Irreconcilable Differences*, 311.

54.　Lee, *Call Me Roger*, 198.

55.　Joseph B. White, "Low Orbit," *Wall Street Journal*, May 24, 1991.

56.　這實際上是一個有趣且值得深思的疑問。如果他原本的目的是要讓 GM 難堪，那又為何要簽這項協議？這麼做似乎不是裴洛幾經算計後，為了爭取到對自身有利的全面收購條件的決定，他似乎也不是真心憂慮。我傾向於認為 1) 裴洛真的不認為 GM 會通過這項協議，所以 2) 當公司派通過這項協議，他又真心希望 GM 的董事會或股東會不接受這項協議。另外也值得一提的是，GM 拒絕讓裴洛在協議執行前公開相關內容。

57.　Keller, *Rude Awakening*, 189–90.

58.　Lee, *Call Me Roger*, 253.

59.　Ibid., 258.

60.　Robert A. G. Monks and Nell Minow, *Case Studies: Corporations in Crisis*, dated June 30, 2011, http://higheredbcs.wiley.com/legacy/college/monks/0470972599/supp/ casestudies.pdf, 29; Robert A. G. Monks and Nell Minow, *Power and Accountability: Restoring the Balance of Power Between Corporation, Owners and Society* (New York: HarperCollins, 1992), 186.

61.　Jacob M. Schlesinger and Paul Ingrassia, "GM's Outside Directors Are Ending Their Passive Role," *Wall Street Journal*, August 17, 1988.

62.　Ibid.

63.　Monks and Minow, *Power and Accountability*, 183.

64.　Luis A. Aguilar, "Institutional Investors: Power and Responsibility," speech, Georgia State University, Atlanta, April 19, 2013.

65.　史隆一直活到九十歲，多數其他 GM 所有權人──那群資本家都活得比他老。

66.　政府主張杜邦的少數股權違反了反托拉斯法，因為它限制了汽車面料與裝飾的貿易─杜邦為 GM 供應這些用品。杜邦的代表辭去 GM 董事會職務，該公司也將它持有的 GM 股份分配給杜邦公司的股東。

67.　Peter Drucker, *The Unseen Revolution: How Pension Fund Socialism Came to America* (Oxford: Butterworth-Heinemann, 1976), 7–10.

68.　Ibid.

69.　高效能後引擎加上它的搖軸式懸吊系統，導致後方在高速轉彎時翻車失控。

70. 他是布基・納德森（Bucky Knudsen），他負責經營 GM 麾下的龐蒂克事業部，後來經營雪佛蘭。他也是 GM 前總經理之一威廉・納德森（William Knudsen）的兒子。羅斯福當年就是指名威廉・納德森領導戰爭用品的生產。

71. 該公司並未好好因應內部的問題，而是聘請偵探來監視納德，並散播他是同性戀的謠言，結果讓問題雪上加霜。

72. Alex Taylor III, Andrew Erdman, Justin Martin, and Tricia Welsh, "U.S. Cars Come Back," *Fortune*, November 16, 1992.GM 的產品失敗也因該公司採用「徽章工程（譯注：即品牌工程）」，企圖將新設計的用途最大化，最後產生極大的影響。1970 年代初期，GM 開始重新設定汽車品牌，利用雪佛蘭的諾瓦（Nova）車款製造龐蒂克、奧茲莫比爾（Oldsmobile）和別克的車款。雖然這降低了 GM 的生產、開發及工程成本，卻從內部損毀了各汽車事業部的創造力。這些標準化作業全都未能對品質改善形成有意義的貢獻。結果 GM 汽車還是和以前一樣蹩腳，而且看起來全都長得一模一樣。

73. Ricki Fulman, "Shareholder Activism: Pension Funds Led Corporate Governance Revolution: Not Just for Gadflys Anymore, Investor Activism Gets Results," *Pensions and Investments*, February 9, 1998.

74. Robert A. G. Monks and Nell Minow, *Corporate Goverance*, 5th ed. (Hoboken, NJ: Wiley, 2011), 208.

75. HBS California PERS (A), Case 9-291-045, August 17, 2000. Permission to use quotation granted by Harvard Business Publishing.

76. Doron P. Levin, "GM Executives to Explain Perot Buyout to Institutional Investors and Analysts," *Wall Street Journal*, December 15, 1986.

第 6 章

1. Karla Scherer, "Corporate Power, the Old Boys' Network, and Women in the Boardroom," speech, University of Windsor, Windsor, Ontario, September 12, 1997.

2. Ibid.

3. Greer Williams, "He Did It with Capsules," *Saturday Evening Post*, April 9, 1949, 29.

4. 見伊坎的反達爾文理論。

5. Ibid.

6. *Remington: The Science and Practice of Pharmacy*, edited by University of the Sciences in Philadelphia, 21st ed. (Philadelphia: LWW, 2005), 923.

7. Williams, "He Did It with Capsules."

8. Ibid.

9. Ibid.

10. "R. P. Scherer Historical Outline," R. P. Scherer press release, 1983.

11. Ibid.

12. Philip R. Pankiewicz, *American Scissors and Shears: An Antique and Vintage Collectors' Guide* (Boca Raton, FL: Universal-Publishers, 2013), 150.

13. "Historical Outline" press release.

14. John Goff, "A Woman Scorns," *Corporate Finance*, November 1989. "But there was a lack of direction coming from the corporate headquarters."

15. "Historical Outline" press release.

16. 小羅伯特有一個成功的記錄－史托茲儀器公司（Storz Instruments）。他以超過 1 億美元，將該公司賣給美國氰氨公司（American Cyanamid）。他後來繼續經營一家稱為謝雷爾醫療公司（Scherer Healthcare）的企業，這家公司在存續期間的報酬率還算中等。

17. "Historical Outline" press release.

18. R. P. Scherer dealbook, prepared by Goldman Sachs, circa 1988, 81–82. 19.

19. Ibid., 48–50.

20. 謝雷爾膠囊公司 1985 年的年報上揭露，該公司在 1985 年以 507 萬 5000 美元收購 Lorvic/Scientific Associates（以 66 萬 1578 股的謝雷爾股票外加現金）。1988 年的年報上揭露，該公司在 1987 年以 962 萬 7000 美元（66 萬 59 股股份，每股計價 13 美元，外加現金），收購 Southern Optical。謝雷爾膠囊公司的股票最終被希爾盛雷曼哈頓公司以每股 31.75 美元收購。

21. R. P. Scherer 1992 Annual Report.

22. R. P. Scherer 1986 Annual Report.

23. "Paco Status Report," R. P. Scherer company memo, February 2, 1989.

24. Karla Scherer, interview with the author, August 26, 2013.

25. 密西根大學讓卡爾拉全年無休地修課，以加速學位的取得。

26. 卡爾拉提到，她母親在 1980 年過世後，她和姊姊相繼離婚，弟弟則結婚，而她從此再也未和哥哥小羅伯特見面。

27. Scherer interview.

28. Ibid.

29. "R. P. Scherer Corp. Stock Prices," January 1979 through May 1988.

30. Scherer interview.

31. R. P. Scherer Proxy Statement, July 15, 1988.

32. Scherer, "Corporate Power" speech.

33. Scherer interview.

34. Scherer, "Corporate Power" speech.

35. R. P. Scherer 1988 Proxy Statement.

36. Scherer, "Corporate Power" speech.

37. R. P. Scherer 1988 Proxy Statement; Scherer interview.

38. R. P. Scherer 1988 Proxy Statement.

39. Ibid.

40. Scherer interview.

41. R. P. Scherer Board Minutes, June 8, 1988.

42. R. P. Scherer Proxy Letter, August 4, 1988.

43. Morrow and Company, "R. P. Scherer Corporation—Combined Classes," shareholder analysis, 1988.

44. "Scherer Management Yields Shareholder Names on Eve of Trial; Brother of Major Owner Claims of Major Harassment of Sister," Casey Communications Management press release, July 7, 1988.

45. James Janega, "Theodore Souris, 76: Michigan Court Justice and 'Exemplary' Lawyer,"

obituary, *Chicago Tribune*, June 22, 2002.

46. 芬克和梅克在後來的一封信，指卡爾拉拍賣公司的計畫是一個「陰謀」。

47. Morrow, "Combined Classes" shareholder analysis

48. 嚴格來說，理查森是製造商國民公司的董事長兼執行長，該公司是製造商國民銀行的母公司。他在這家銀行子公司的正式頭銜是董事長。

49. William M. Saxton and Philip J. Kessler from Butzel, Long, Gust, Klein & Van Zile, brief in support of motion to remove Manufacturers National Bank as trustee, August 10, 1988.

50. Ibid.

51. "Schedule 14D9," R. P. Scherer, May 5, 1989.

52. 見 Robert A. G. Monks and Nell Minow, *Corporate Governance*, 5th ed. (Hoboken, NJ: Wiley, 2011), 252:「他們是中間人（還有幾名女性），專為一小群公司總部主要經理人和一大群散佈世界各地的股東調解與斡旋利益衝突。」

53. 見 Jonathan Macy, *Corporate Governance: Promises Kept, Promises Broken* (Princeton, NJ: Princeton University Press, 2011), 51：「或許美國公司法最基本的原則，就是企業受董事會控制，而非受股東控制…具體而言，根據美國的法律，股份有限公司是依循董事會的指示或根據董事的指示來管理，這讓董事會成為股份有限公司的真正首長。」

54. 這是根據卡爾拉的記憶，她記得當時彼得談到一個朋友，那個人最終也受聘為謝雷爾膠囊公司的董事。

55. Arthur Levitt, *Take on the Street* (New York: Pantheon Books, 2002), 201.

56. Monks and Minow, *Corporate Governance*, 257.

57. Macey, *Corporate Governance*, 64.

58. James Madison, Federalist 10, again per Macey, *Corporate Governance*.

59. Warren E. Buffett, "2002 Chairman's Letter," Berkshire Hathaway, February 21, 2003.

60. Jim Jelter, "Coca Cola Executive Pay Plan Stirs David Winters' Wrath," *WSJ Marketwatch*, March 24, 2014.

61. Form 8-K, Securities & Exchange Commission, April 23, 2014.

62. Carl C. Icahn, "Why Buffett Is Wrong on Coke," *Barron's*, May 3, 2014.

63. Warren E. Buffett, 2014 Berkshire Hathaway shareholders meeting, May 3, 2014.

64. George W. Bush, "Remarks on Signing the Sarbanes-Oxley Act of 2002," July 30, 2002, *Public Papers of the Presidents of the United States: George W. Bush, Book II: Presidential Documents—July 1 to December 31, 2002* (Washington, DC: U.S. Government Printing Office, 2002), 1319–21.

65. Macey, *Corporate Governance*, 81.

66. Alex Erdeljan, interview with the author, July 21, 2014.

67. 這些數字全部來自 1984 年至 1999 年間的謝雷爾膠囊公司年報。

68. Erdeljan interview.

第 7 章

1. 或者誠如他的律師簡名的表達,這份申報內容「不應被推論為申報人承認他在這份 13D 表格上提出的事實有重大變化發生,也不能推論那樣的修正是為了配合 1934 年證券交易法的 13d-2 修正後規定提出。」Ron Burkle, "The Yucaipa Companies," 13d Morgans Hotels, amendment 10, September 3, 2013.

2. Ibid.

3. Robert A. G. Monks and Nell Minow, *Corporate Governance*, 5th ed. (Hoboken, NJ: Wiley, 2011), 220.

4. Jack D. Schwager, *Market Wizards: Interviews with Top Traders* (New York: Harper Business, 1989), 117.

5. Warren Buffett, "Our Performance in 1963," letter to partners, January 18, 1964:「我們承接控制部位的意願和財務能力,讓我們得以在「低估」類別的很多收購案件上獲得雙向利益。」Warren Buffett, "Our Performance in 1964," letter to partners, January 18, 1965:「在這個類別,很多時候我們擁有有利的「兩種對策」局勢,在這些局勢下,我們或能因外部因子而獲得市價增值,或能以物超所值的價格取得某企業的控制部位。絕大多數的案例都屬於前者,後者則是多數投資作業都缺乏的一種保險保障。」

6. Letter from Robert L. Chapman to Mr. Lawrence W. Leighton, Securities and Exchange

Commission Schedule 13D, May 18, 1999.

7. Letter from Robert L. Chapman to Riscorp/Mr. Walter L. Revell, Securities and Exchange Commission Schedule 13D, October 28, 1999.

8. Letter from Robert L. Chapman to ACPT/J. Michael Wilson, Securities and Exchange Commission Schedule 13D, March 30, 2000. 查普曼使用那種瘋狂的字眼，我不知道「underserved」是否為打字錯誤。

9. Deepak Gopinath, "Hedge Fund Rabble-Rouser," *Bloomberg Markets*, October 2005.

10. "Around the World with Robert Chapman," interview by Emma Trincal, January 5, 2006, http://www.thestreet.com/print/story/10260146.html.

11. Gopinath, "Rabble-Rouser."

12. 「buyside」是指投資管理行業，而「sellside」是指仲介經紀業務。

13. Gopinath, "Rabble-Rouser."

14. 1987 年傑佛瑞因兩項重罪指控而被判有罪，並向公司辭職。

15. "DBL Liquidating Trust Payouts to Creditors Exceed Expectations . . . Trust Aims to Complete Activities in One Year," Business Wire, April 26, 1995, http://www.thefreelibrary.com/DBL+LIQUIDATING+TRUST+PAYOUTS+TO+CREDITORS+EXCEED+EXPECTATIONS+. . . . .-a016863686.

16. "Liquidation of Drexel Is Ending on a High Note," *Los Angeles Times*, March 28, 1996.

17. Katherine Burton, *Hedge Hunters: After the Credit Crisis, How Hedge Fund Masters Survived* (New York: Bloomberg Press, 2010), 195.

18. Robert E. Wright and Richard Scylla, "Corporate Governance and Stockholder/Stakeholder Activism in the United States, 1790–1860: New Data and Perspectives," in *Origins of Shareholder Advocacy*, edited by Jonathan G. S. Koppell (New York: Palgrave Macmillan, 2010), 244.

19. Connie Bruck, *The Predators' Ball: The Inside Story of Drexel Burnham and the Rise of the Junk Bond Raiders* (New York: Penguin, 1989), 315.

20. Gopinath, "Rabble-Rouser."

21. William Thorndike, *The Outsiders: Eight Unconventional CEOs and Their Radically Rational Blueprint for Success* (Boston: Harvard Business Review Press, 2012), has an entire chapter on Stiritz.

22. Dan Loeb letter to William Stiritz, Agribrands, September 8, 2000.

23. Agribrands definitive proxy statement March 19, 2001.

24. Daniel Loeb letter to James Dearlove chairman and CEO of Penn Virginia, December 11, 2002.

25. Letter from Daniel Loeb to John W. Collins, chairman and CEO of InterCept, Securities and Exchange Commission Schedule 13D, May 27, 2004.

26. Letter from Daniel Loeb to John W. Collins, chairman and CEO of InterCept, Securities and Exchange Commission Schedule 13D, June 24, 2004.

27. Gopinath, "Rabble-Rouser."

28. 星辰天然氣是一家股份公開掛牌交易的業主有限責任合夥公司（master limited partnership），所以「股份」其實是指「單位」，但基於簡化的目的，我不會限定使用「股份」和「股票」之類的字眼。

29. Star Gas Partners, third-quarter 2004 earnings conference call, July 29, 2004.

30. Star Gas Partners third-quarter 2003 earnings conference call, August 6, 2003.

31. 這些數字全部來自星辰天然氣合夥公司的 SEC 申報內容。

32. 我使用 EBITDA 減資本支出，一如星辰天然氣攤銷它的顧客開拓清單。塞芬表現最好的那一年的 EBITDA 減資本支出是 9300 萬美元。2014 年，SGU 的 EBITDA 減資本支出是 9900 萬美元。

33. 完整揭露，我持有 SGU 股份，我管理的基金也有。

34. R. Kelly, "Ignition (Remix)."

35. Randall Smith, "Some Big Public Pension Funds Are Behaving Like Activist Investors," *New York Times*, DealBook, November 28, 2013.

36. Steve Fishman, "Get Richest Quickest," *New York*, November 22, 2004.

37. Max Olson, "The Restaurant Investor," Max Capital Corporation/Futureblind. com, November 25, 2009.

38. Greg Wright, "Friendly Ice Cream Cool to Overtures from Dissident Biglari," Dow Jones Newswires, March 8, 2007

39. Olson, "The Restaurant Investor."

40. Biglari Holdings Form 4 filing, January 15, 2015.

41. 認股價格是每股 250 美元，宣布當天的收盤價是 432 美元。

42. Jeff Swiatek, "Steak 'n Shake-up Looming? Investor Launches Effort to Oust Parent Firm's CEO Biglari," *Indianapolis Star*, January 18, 2015.

43. Letter from Sardar Biglari to Friendly's Shareholders, Securities and Exchange Commission Schedule 13D, March 6, 2007.

44. Jonathan Maze, "Biglari Holdings Co-Owns a Few Jets," *Restaurant Finance Monitor*, September 17, 2014. http://registry.faa.gov/aircraftinquiry/Name_Results.aspx?Nametxt=BIGLARI&sort_option=1&PageNo=1

第 8 章

1. Katrina Brooker, "How Do You Like Bill Ackman Now?" *Bloomberg Markets*, February 2015.

2. Pershing Square Capital Management LP, Securities and Exchange Commission Schedule 13F, November 14, 2014. 13F 不包括外國部位、未上市公司、債務型證券與放空部位。

3. 這些數字來自 "Think Big," Pershing Square Capital Management LP, May 16, 2012. 簡報。

4. 我可以發誓我聽到阿克曼這麼比喻他自己，不過我記不得是在何時或何地聽到的。

5. Svea Herbst-Bayliss and Katya Wachtel, "Hedge Fund Manager Ackman Says Mistakes Made in JC Penney Turnaround," Reuters, April 5, 2013.

6. Brooker, "Bill Ackman."

7. 相關例子請見 Lucian A. Bebchuk, Alon Brav, and Wei Jiang, "The Long-Term Effects of Hedge Fund Activism," 當中分析維權股東申報 13D 表格後五年間的經營績效與股票表現：http://www.columbia.edu/~wj2006/HF_LTEffects.pdf。

8. Jonathan R. Laing, "Hold' Em Forever: How Baker Fentress Invented Long-Term Investing," *Barron*'s, December 31, 1990.

9. Baker, Fentress & Company, 1995 Annual Report, February 27, 1996.

10. 「貝克芬翠斯對我們將非常有幫助的原因之一是，透過他們的公開投資組合和我們管理的投資組合，我們就能吸引其他投資經理人加入我們公司。我們隨即能給他們資金，讓他們為貝克芬翠斯管理這些資金，因此，這非常有助於我們透過在職業務來培養經理人，所以，它對我們來說是大大的加分。」Jessica Bibliowicz, "CEO Interview," *Wall Street Transcript*, March 1, 1998.

11. 約翰‧李文的單純作多行帳戶只收取約當資產的 0.5%的淨費用。他兒子的避險基金收費是前者的兩倍，外加分享 20%的投資利潤。

12. BKF 資本集團公司。SEC 的申報文件顯示 80%的成長來自 1998 年底至 1999 年底。

13. 約翰‧李文，作者於 2015 年 1 月 28 日對他進行的電話訪問。

14. Ibid.

15. 從該公司的委託投票說明書和華倫‧巴菲特 1999 年 8 月 3 日對證券交易委員會申報的 13G 表格。

16. ValueInvestorsClub 連續三年撰寫這一檔股票的正面報告，當然，巴菲特持有它也引來關注。

17. Levin, author interview.

18. 嘉百利資產管理公司，證券交易委員會 2001 年 7 月 3 日 13D 表格。

19. James McKee, General Counsel of GAMCO, letter to Norris Nissim, General Counsel of BKF Capital Group Inc., filed as exhibit to Securities and Exchange Commission Schedule 13D, September 19, 2003.

20. Phillip Goldstein, Opportunity Partners LP, letter to Norris Nissim, General Counsel of BKF Capital Group Inc., filed as exhibit to Securities and Exchange Commission Schedule 13D, November 17, 2003

21. Warren Lichtenstein, SL Full Value Committee, letter to Owen Farren, President and CEO, SL Industries Inc., filed as exhibit to Securities and Exchange Commission Schedule 14A, February 16, 2001.

22. 雅虎財經網，含股利。

23. BKF Capital Group Inc. Proxy Statement, and Walter Lichtenstein letter to Board of Directors, BKF Capital Group Inc., filed as exhibit to Securities and Exchange Commission Schedule 14A, December 16, 2004.

24. Ibid.

25. BKF Capital Group Inc. Proxy Statement, filed as exhibit to Securities and Exchange Commission Schedule 14A, May 18, 2005.

26. BKF Capital Group Inc. Proxy Filing, filed as exhibit to Securities and Exchange Commission Schedule 14A, May 26, 2005.

27. Ibid.

28. Ibid.

29. BKF Capital Group Inc. Proxy Filing, and Warren Lichtenstein open letter to shareholders, filed as exhibit to Securities and Exchange Commission Schedule 14A, May 24, 2005.

30. Joe Nocera, "No Victors, Few Spoils in This Proxy Fight," New York Times, July 22, 2006:「舊金山避險基金經理人坎內爾先生寫了一系列文藻華麗又極具搧動之能事的信件，讓 BKF 董事會與李文先生極度憤怒。他在其中一封信中指控該公司有『一種貪婪與自肥文化。』」

31. "Manna from Hedging," Institutional Investor, June 1, 2003.

32. J. Carlo Cannell, "Investor Insight: Carlo Cannell," interview, Value Investor Insight, March 31, 2006.

33. Ibid.

34. Value Investing Congress, 2009, in Pasadena, California.

35. "Carlo Cannell Announces He Is Stepping Down as Manager of Cannell Family of Hedge Funds," Business Wire, February 27, 2004.

36. Cannell Capital LLC, Securities and Exchange Commission Schedule 13G, February 14, 2005, and Securities and Exchange Commission Schedule 13D, June 1, 2005.

37. 卡羅‧坎內爾，作者訪談，2015 年 1 月 27 日。.

38. Ibid.

39. William H. Janeway, *Doing Capitalism in the Innovation Economy: Markets, Speculation and the State* (Cambridge: Cambridge University Press), 26.

40. Elizabeth Peek, "Farewell, Peter Cannell," *New York Sun*, May 3, 2005.

41. Ibid.

42. Joseph B. Werner, "Money Manager Interview," *Wall Street Transcript*, October 6, 1997.

43. Townsend Hoopes and Douglas Brinkley, *Driven Patriot: The Life and Times of James Forrestal* (Annapolis, MD: Naval Institute Press), 62.

44. 根據 BKF 資本集團公司的說法,股利是在 2005 年 4 月 6 日宣布。證券交易委員會表 99.1,2005 年 4 月 6 日。

45. Steel Partners, Proxy and Letter to Shareholders, filed as exhibit to Securities and Exchange Commission Schedule 14A, June 9, 2005.

46. Dated May 26, May 18, and June 8, 2005.

47. John Levin, letter to Institutional Shareholder Services, BKF Capital Group Inc. Proxy Filing, Securities and Exchange Commission Schedule 14A, June 17, 2005.

48. BKF Capital Group Inc., Proxy Filing, filed as exhibit to Securities and Exchange Commission Schedule 14A, June 23, 2005, and Steel Partners, Press Release, filed as exhibit to Securities and Exchange Commission Schedule 14A, June 23, 2005.

49. 這些資訊全都來自 BKF 資本集團公司的 SEC 申報資料。

50. Yahoo! Finance.

51. BKF 資本集團公司年度委託投票說明書。

52. 華倫·列支敦斯登在 5 月 16 日的 BKF 委託書申報資料中,以「缺乏當責」來作為 5 月 16 日致股東信函的段落標題。

53. BKF Capital Group Inc. Securities and Exchange Commission Schedule 8K, April 22, 2005, and SEC Exhibit 10.1, April 19, 2005.

54. 我任職的第一檔避險基金在 2002 年賣給了一家大型銀行,後來它採用的費用收入對分(50/50)機制徹底失敗,最後導致人才大量外走。

55. Steel Partners, BKF Proxy Filing, Securities and Exchange Commission Schedule 14A,

December 16, 2004.

56. Levin, author interview.

57. Cannell, author interview.

58. Nocera, "No Victors."

59. Levin, author interview.

60. Ibid.

61. Cannell, author interview.

62. Levin, author interview.

結語

1. Ben McGrath, "13D, " New Yorker, August 7, 2006.

2. Michael Lewis, "The Man Who Crashed the World: Joe Cassano and AIG," Vanity Fair, August 2009.

3. Lynn Stout, The Shareholder Value Myth (San Francisco: Berrett-Koehler, 2012), 23.

4. 股票公開上市公司的股份授與其持有人某種契約上的權利，包括投票選舉董事的權利，以及資產清算後可依比例分取相關價金的權利。股東也能提出無強制力的決議案，並對未能履行其義務的董事和經營階層提起告訴。總之，股東享有不少權利。

5. 很多法律學者引證 Dodge v. Ford Motor，主張法律並未強制規定董事必須將股東利潤最大化。另外也請見 Leo E. Strine Jr., "Our Continuing Struggle with the Idea That For-Profit Corporations Seek Profit," Wake Forest Law Review 47 (2012): 135–72.

6. Shareholder Rights Project at Harvard Law School, http://srp.law.harvard.edu/companies-entering-into-agreements.shtml.

7. Herbert Allen, "Conflict Cola," Wall Street Journal, April 15, 2004.

8. Warren Buffett, letter to Bill and Melinda Gates, June 26, 2006.

大股東寫給經營者的 8 封信

巴菲特、葛拉罕與維權投資人如何影響近代企業的思想與行動？

DEAR CHAIRMAN
BOARDROOM BATTLES AND THE RISE OF SHAREHOLDER ACTIVISM

大寫出版 〈知道的書 Catch-ON!〉　　書系號 HC0071

著　　者　傑夫‧葛蘭姆
譯　　者　陳昌儀
美術設計　張巖
行銷企畫　郭其彬、王綬晨、邱紹溢、陳雅雯、張瓊瑜、王涵、汪佳穎
大寫出版　鄭俊平、沈依靜、李明瑾
發 行 人　蘇拾平
發　　行　大雁文化事業股份有限公司
　　　　　地址：台北市復興北路 333 號 11 樓之 4
　　　　　電話：（02) 27182001　傳真：（02) 27181258
　　　　　地址：台北市復興北路 333 號 11 樓之 4
　　　　　讀者服務信箱 E-mail: andbooks@andbooks.com.tw
　　　　　大雁出版基地官網：www.andbooks.com.tw

初版一刷 2018 年 06 月
定　　價 420 元
ISBN 978-957-95532-7-8

國家圖書館出版品預行編目 (CIP) 資料

大股東寫給董事長的 8 封信：巴菲特、葛拉罕與維權投資人如何影響近代企業
的思想與行動？／傑夫‧葛蘭姆 (Jeff Gramm) 著；陳昌儀譯
初版，臺北市：大寫出版：大雁文化發行，2018.06
面；16*22 公分（知道的書 Catch-On；HC0071）
譯自：Dear chairman : boardroom battles and the rise of shareholder activism
ISBN 978-986-95532-7-8〔平裝〕
1. 股票投資 2. 組織管理 3. 美國

563.53　　　　　　　　　　　　　　　　　　107003674